JN165437

知と存在の新体系

知と存在の新体系

村上勝三著

知泉書館

凡　例

デカルト（R. Descartes）

AT :*Œuvres de Descartes*, publiées par Charles Adam & Paul Tannery, Nouvelle présentation, Vrin 1964-1973.

Alquié : *Descartes, Œuvres philosophiques,* 3 toms, édition de F. Alquié, Garnier, 1963-1973.

GB :René Descartes, *Tutte le Lettere* 1619 - 1650, A cura di Giulia Belgioioso, Bompiani 2005.

Œuvres complètes : René Descartes, *Œuvres complètes* sous la direction de J.-M. Beyssade et D. Kambouchner, Galimard, t. III, 2009, t. I, 2016.

Arm :René Descartes, *Œuvres complètes* sous la direction de J.-M. Beyssade et D. Kambouchner, Galimard, t. VIII, *Correspondance, 1 et 2*, éditée annotée par J.-R. Armogathe, 2013.

ライプニッツ（G.W. Leibniz）

Gerhardt: Gottfried Wilhelm Leibniz, *Die philosophischen Schriften von Gottfried Wilhelm Leibniz*, éd. par C.J. Gerhardt, Olms 1961.

これら以外の書物からの引用に際しては、そのつど出典を明記する。

また、［ ］内は著者による補足であり、*op.cit.* は前掲書を指し、*ibid.* は同頁であることを示す。

全体的注記

デカルトの思想のなかで「私」から「神」を経て数学と自然学の基礎づけまでを「デカルト形而上学」と呼び、数学、自然学（物理学）、医学、工学、道徳などを含めた全体を「デカルト哲学」と呼ぶ。そしてまた、「形而上学」の第一性と広汎性に鑑み、スコラ哲学についても神について論じる場を「形而上学」と呼ぶことにする。その理由については本書「第一部」において明らかにされる。

また、著者はこれまで nosco というラテン語を「識る」と訳してきたが、scio と同じように「知る」と訳すことにした。その理由は、デカルトの書いたもののなかで、nosco, notum, notitia などは、中世スコラ哲学における「学問的」水準上の区別に呼応しつつ用いられることが多いと看做されるが、それに相応する知的水準上の区別を、現代の我々の日本語のなかで予め想定することができず、使用によってそのことを明らかにすることもできなかったからである。

序　自我論的道程から宇宙論的見地へ

現代の哲学的課題は、底なしの相対主義と（自然科学への盲信を足場にする）自然主義を克服する新しい哲学の構築にある。そのことは哲学史的知見に基づいてなされなければならない。なぜならば、耳に快い斬新なだけの言説は、一時の流行りものにはなっても人心に長く留まることがないからである。そればかりではなく人類の培ってきた財産を無駄に捨て去ることになるからである。

日の下に新たなことなしという点からするならば、本書の表題（『知と存在の新体系』）は傲慢に響くかもしれない。しかし、我々は日々の時の流れと場所の移動の下に時々刻々の新しさに晒されている。そのなかで現象としての刷新を重ねて行かなければ伝統の継承もない。「新体系」と銘打っても、根底はデカルト形而上学である。それをいま現に刷新しようとするとき、「デカルト主義」的であってもデカルト形而上学と同じであるわけではない形而上学を構築しなければならない。それが「新体系」の「新」の意味するところである。

「神」という概念が哲学的思考から放逐されてすでに久しい。哲学にとって「神」という表現は欠かすことができないというわけではない。欠かすことができないのは、「神」ではなく、「我々」を超えた「我々」の一なる起源である。「神」なき時代である現代において、哲学に最も求められているのが相対主義の克服であるならば、我々が求めるべきはこの「一なる起源」である。「私」が既在であり、別個性を本質とする「個」として扱われるのならば、「私」を集積しても「私」の集塊にしかならず共同性の根拠を問うことは徒労に終わる。すべての「私」の別個性（是性《これせい》）と「人」としての共通本性とを、同じ根拠から理由をもって明らかにすることが相対主義克服への途である。そのためには伝統的な哲学的「神」概念を脱構築し、それを我々の知識の枠組みに据えなおし「この上ない高み」つまり「無限」に設定し直さなければならない。この「無限」は「無際限」ではない。「無際限」とは留まることのない進行のことである。通常言われる数学上の「無限」も「無限」宇宙もこの「無際限」に他ならない。「無際限」は「限りがない」ということを表現する概念である。それに対して、「無限」は、「それ」を設定しなければ、あらゆる進行が始まりも終わりもしない「それ」である。別の表現を求めれば、「無限」は「すべてのすべて」であり、「限定を欠いたすべて」、一切の条件を欠いた「すべて」である。それゆえに「無限」は善と真と存在が一つになる場として「一」である。この思考を理解するのは容易ではないかもしれない。

そのことはまた現代において相対主義を克服することの困難さを示している。相対主義の克服のためには「始まりの小さな誤りは終わりには大きいのだから Quia parvus error in principio magnus est[1]」、「始まり」をどこに定めるのか慎重でなければならない。伝統的な哲学における主流は、「始まり」をアリストテレスやトマス・アクィナスとともに「ある esse」に求めた。そして「あるものについてその何であるか」を求めた。しかし、それが一つの「始まり」に他ならないことに気づくのは、困難なことではない。もう一つの「始まり」とは「知ること」である。だからといってこのことは、カントの確立した認識批判の場を「あること」の前に開くことには留まるのではない。さらに「知ること」から「あること」への方途を切り拓かなければならない。困難事はこの「知ることからあることへ」と向かう思考の現出にある。この困難事の核心を占めるのが、対象を自ら生み出す知性の働きであった。アリストテレス以来の所謂「能動知性」の問題である。

「能動知性」の問題と相対主義の克服がなぜ結びつくのか。「あるもの」には個体化の原理が必要である。それに対して「知るもの」は、個体化の原理を先立てることのない個体、つまり、「知るもの」は常に「私」だからである。「あるもの」を超越するためには「あるもの」の「始まり」を「神と名づける」という超出が必要になる。この超出は信仰に裏づけられなければならない。信じることの闇ないし光が相対主義の苗床になる。光も闇もすべての色を包含するからである。それに対して「私」の知（思い）を探って「私」を超えて「無限」を見出すならば、「無限」が上に述べたように「一つ」であることを保証する。そこに相対化への途はない。「無限」は「私」が「我々」の一員である「私」であることの理由を提示する。

相対主義を克服することの困難さに対して、自然主義の克服はさほど困難なことではない。心（精神）と身体（物体）とが、異なる「始まり」（原理）をもっていることを見出し、そのことの理由を明らかにすればよいからである。簡潔に述べれば、物質的自然法則によって心的事象を律することはできないと弁えればよい。それととに身心合一体としての「人」に依拠しつつ「感情」の場を開かなければならない。身心関係については本書「第二部」においても言語の問題とともに論じたが、その他多くの側面については拙著『感覚する人とその物理学』において明らかにしたことである。以上のことからも容易に予測されるであろうように、本書は、著者のデカルト研究を基礎にして解釈されたデカルト形而上学を立脚点にしている。

本書の企図を纏めれば以下のようになる。「存在」問題について「存在論的証明」を軸に、「遡行的（レトロスペクティヴな）研究」を組み入れながら、哲学史的に究明する。この究明から存在の度合いという思考の妥当性が引き出される。存在の度合いという観点を組み込みながら、拙著『知の存在と創造性』において開かれた境地に立って、自我論的道程を辿って宇宙論的見地を切り開く。最後に、個人倫理から社会倫理まで展開する道筋を明らかにする。

「遡行的研究」という哲学史の方法は、進歩主義的歴史観に歪められてきた哲学史を捉え直すためにはどうしても必要な方法である。簡潔にのみ言えば、歴史を「行ったり来たり」しながら哲学史的流れを見つけるという方法である。その際に軸として設定されるのは時間の流れではなく理由の系列である。

自我論的道程とは、疑いを方法としながら「私」が歩み、見出さなければならない道筋のことである。この道程において「私」の思いの領域が開かれ、「無限」と直面し、そのことを理由の系列に仕上げる。そこから開かれるのが宇宙論的見地である。この見地に基づいて、世界外的な「私」、言い換えるならば、世界を視野に収める視点を確保しながら、世界内的な「私」とともに世界の動的状況に整理が与えられる。

最後に本書の構成について述べる。「第一部」において、一七世紀哲学について一般的に陥っている予断を是正するために、スアレスからCh・ヴォルフまでの「存在」に関する思想の展開を辿る。ヴォルフ以来の「存在論」という思考の枠組みは、基本的に中世スコラ哲学の復権という狙いをもっている。従来の哲学史は、それと対立軸を形成するものとしてデカルト形而上学を設定し、そのようにしてデカルト形而上学の「存在」についての思索が曲げられてきた。「第二部」において、現代分析哲学を中心軸に据えて「存在論的証明」を巡る論争を検討する。このためにまず言語の問題を、クワインの提示した「根源的翻訳」という問題に焦点を当てながら論じる。次に、分析哲学における「存在」問題の出発点を設定し、「実在は述語であるのか」という問いを軸に、「存在論的証明」についての論争を前向き（プロスペクティブ）に辿る。この作業を通して、分析哲学において「存在」がどのように問われえない問題になっているのかが浮き出してくる。「第三部」では「存在論的証明」の「遡行的研究」が提示される。カントからヒューム、ライプニッツ、デカルトへと遡り、さらに、ドゥンス・スコトゥスを経由しながら、トマス・アクィナスからアンセルムスへと遡る。これらの成果に基づきアンセルムス『プロスロギオン』「第二章」から「第四章」における神についての立論を考察する。「第四部」においては、自我論的道程から超越を経て宇宙論的見地に至り、個人倫理から社会倫理へと展開する新体系が提起される。

註

(1) Thomas Aquinas, *De ente et essentia*, Prologus. この難解なテクストには稲垣良典による羅和対訳がある(トマス・アクィナス著(稲垣良典訳註)『在るものと本質について』知泉書館、二〇一二年)。テクストは稲垣版に従ったが、本文中の邦訳は文体の都合上本書著者の訳にした。その際に参照したのは次のものである。

Le "De ente et essentia" de S. Thomas d'Aquin, texte établi d'après les manuscrits parisiens, Introduction, Notes et Études historiques par M.-D. Roland-Gosselin, Le Saulchoir, Kain, 1926.

Saint Thoma d'Aquin, *L'être et l'essence*, tr. par C. Capelle, J. Vrin, 1980.

St. Thomas Aquinas, *On Being and Essence*, trans. by A. Mauer, The Pontifical Institute of Medieval Studies, 1949 / 1968.

目次

第Ⅱ部　存在と言語

第Ⅲ部　存在論的証明を遡行する

第Ⅳ部　形而上学から道徳へ——自我論的道程と宇宙論的見地の統合

知と存在の新体系

第Ⅰ部　「存在論」の歴史

——スアレスからヴォルフへ——

第一章　理由の系列としての哲学史

第一節　哲学史と現代

我々が「存在論 ontology」の哲学史的解明で射程にしているのはF・スアレス（F. Suárez, 1548-1617）の存在に関する形而上学からCh・ヴォルフ（Ch. Wolf, 1679-1754）の存在論までの展開である。時代的には一六世紀から一八世紀になる。「存在」思想の展開をこのように限定して考察するのはデカルト哲学の哲学史的位置を問い直し、そのことを通して近・現代哲学への批判的視点を手にするためである。

このために、まず哲学史の方法について提起することから始める。哲学史は多くの場合それぞれが生きている自分の時代、つまり、「現代」を終着点にする。その場合に、最も「進歩」した時代と思われている現代の哲学が最も優秀であるという偏見に染まることが多い。いつの「現代」であれ、現代哲学が最も優れた立場であるという偏見が生じる。我々が本書においてこれから辿ろうとする哲学史はこのような進歩的観点からのものではない。総じて歴史を進歩的観点から捉えるならば、「今」が最も進歩した時代、歴史上最もよい時代という根拠のない思い込みが生じ、人は傲慢をほしいままにする。というのも「進歩」という概念が「いっそうよくなる」という意義を含蓄しているからである。つまり、現代が「いっそうよくなって来た」最後の時代と評価される。

「進歩」という概念が表立っていなくとも、現代を終着点にする歴史はどうしても、暗黙の内にせよその「目的」設定に制約され、その設定された目的にどれほど近づいたのかということを基準に「進歩」という概念が適用される。なぜならば、終わりを設定しなければどこに向けて「いっそうよい」のかわからないからである。

こうして現代が歴史の終端に設定される場合には、どうしても進歩的歴史観に染まってしまうことになる。そうなると「現代」という時において「今」の欲望が知らず知らずにせよ尺度に選ばれ、それとの相関において目的設定がなされることも多くなる。このような営みが繰り返され、ここから「現代」の過去に対する優位性という共同的幻想も生じる。そして「今」という時代こそ歴史の行き着く先だという見方が一般的になる。或る場合には、力あるもの、ないし財力のあるものが社会に支配的であるのならば、それらの現状肯定への欲望がかつての時代を軽視し、自分達の欲望を未来へと企投し、現状肯定の歴史観を生み出し、それに合わせて過去を編み直すということも生じる。その結果、自らの時代を批判的に反省する視点を失い、ひたすら自らの倨傲と利己を謳歌せんとする。だが、歴史記述の根幹は出来事の生じた順に記して行くことに存するのだから、時間の流れに即した事柄や理由の展開を記述して行けば、上記のような過誤は怖れるにたらないと思われるかもしれない。しかし、何を事実と認定するのかという点においてさえ批判的精神が要求される。「今」を謳歌し、その「今」をさらに自分に都合のよい未来にしようとする心根は、この批判的精神に圧力を加え、歪めてしまう。所謂「歴史修正主義」の動機的起源はここにあるだろう。このように我々は「現代」を終着とし、この終着点に向けて歴史を組み替えるという傾向性をもつ。この自己肯定の傾向性を無にすることはできない。それゆえに我々の課題は、このような傾向性をもちながらも「進歩的歴史観」をどのようにして免れることができるのかということになる。その試みが「理由の系列としての哲学史」である。

我々にとって問われていることは「進歩」的歴史観から受け取る影響をどのように少なくできるのかということになる。このためにどのような手立てがあるのか。その手立ては考えにくいものでも、珍しいものでもない。哲学史を考える上でさまざまな教説の展開を理由に基づいて開き出していけばよい。理由の系列を辿ることによって、我々は現実的出来事と時間の流れを或程度捨象できるので進歩的歴史観を抜け出しやすくなる。「理由の系列としての哲学史」という見方に立って哲学史的探索をなせばよい。この方法が何を含み、何と対立するのか、以下に少し論じることにする。しかし、ここで特筆すべきことに、理由の系列として哲学史を捉えることによって、哲学史を遡行することができるということがある。我々が主題とする「神の存在論的証明」は現代哲学においてすっかり否定され、今更問い直す必要もないと考えられていることが多い。それが進歩的哲学史観に歪められた結果であるということを本書は示すであろう。

或る時代が終わり、次の時代が始まる。終わりがあるためには始まりがなければならない。世界はいつか始まり、いつの日にか終わる。アウグスティヌスが提起したように、世界には創造という始まりがあり、絶滅という終わりがあるのだろうか。我々は世界が始まって終わると幾分かは思っているであろう。アウグスティヌスのように神が世界を創造したとか、世界の絶滅の後に最後の審判が下るというようには考えていないかもしれない。しかし、我々は終わりに向かって進んでいるというように感じているだろう。「終末論 Eschatology」（死とか、最後の審判とか、天国とか、地獄について論じる議論を纏めてこのように呼ぶ）的な気分、あるいは世紀末的な気分、あるいは末法的気分を幾分かは抱いているであろう。我々は世界の終わりについてのかなりの感受性をもっている。

別の見方もあるだろう。ギリシャ的と言われ、東洋的とも言われる輪廻という見方である。この考えに従えば、時はぐるぐる廻る車の輪である。時は、走馬燈に喩えられ車輪に喩えられることも多い。今は何度目かの今であり、何度目かの明日を迎える。ニーチェの言葉を借用すれば「永遠回帰」ということになる。それだからこそこの一瞬の重みを引き受けなければならないという逆転を、ニーチェの思想のなかに読みとることができる。消極的ニヒリズムから積極的ニヒリズムへの転回と言われていることである。そのように、我々は「永遠回帰」ということを一種の倫理的規範として受けとめるが、自然の変化してゆく姿を「永遠回帰」として捉えることは少ないであろう。

ぐるりと廻って今に至る。そのように考えるよりも、ニュートンの言う「絶対時間」という捉え方のほうが、ずっと我々の思いに染み込んでいる。すべての事象は一つの方向にだけ流れてゆく。ゼロ時からはじめて時を刻み続ける。あたかも時間軸が既に設定されているかのように歴史を考えることに我々は慣れている。時間や歴史が大きな輪であるとは考えにくい。私は生まれ、そして死んでゆく。この限りで流れは一つの方向しかもっていない。もう一度「あのとき」に帰りたいと思っても、帰れない。「あのとき」を引き出しから取り出してくることはできない。思い出は引き出しには入らない。引き出しに入るのは画像であり動画であり文字であり音声である。私の人生というものを考えるときには、円環を閉じるというようには考えにくい。スフィンクスの謎かけのように、四足から二足になり三足になって終わる。生まれたときは小さく、大きくなり、小さくなって灰になる。我々は「今」を二度繰り返すことはできない。いや、もっと精確に言わなければならない。我々は「この今」を二度繰り返すことはできない。我々は「今」ばかりを通り越してゆく。時の流れのなかでは反復というものがないと我々は思っている。私を超えて、我々人類の一人一人が連なり合いながら、始元に戻ってゆくということを現実感をもって思い浮かべるのはかなり難しい。私の遠くの祖先と遠くの子孫とが手を取り合う場面を私はほとんど想像できない。想像するためには、この想像を支えるロゴス（考えの道筋）を鍛えなければならない。もちろんこのようなロゴスを構成することが不可能というのではない。しかし、普通大抵、私が生まれてなくなるのと同じように、世界もこの地球も生まれてなくなると我々は思っている。

時は一つの方向にしか流れないと考えるとき私の老衰は世界の老衰である。しかし、時がぐるっと廻って元に戻ると思うならば、私の終わりは次の何かの始まりである。我々は、私の前と、私の後についてどのように考えたらよいのであろうか。私が生まれる前の世界と、今呼吸を整えている私とはどのようにつながり、私がいなくなった後の世界を私はどのように臨み見ることができるのだろうか。私は世界の衰退に立ち会っているのか、それとも世界の再生に立ち会っているのか。自分を超えた時の流れの連続性を、あるいは、時の流れのなかで生起する事象の継起を、時の流れに埋め込まれた私はどのように見ることができるのだろう。私の静止する視線の前を馬が疾走し、月の輪熊が夜に吠える。運動と静止のずれ、これが我々にとって事物を見ることの可能性の条件である。悠久たる山野が静止するとき、私は小さく鼓動しつつ震える。願うべき思いもないまま夜空の星を見るとき、流れ星は私の静止を告げる。しかし、私と対象とのずれを超えて、私は自分の意志を発し、私の何であるかを時代のなかで捉える視点をもつ。この意志の発動に応じて私は、私を超えた時代の運動を見、私を超えて世界を動かす。そこに歴史という意識が生じる。

歴史を振り返るということは、現状を問い直すための材料を手にすることである。哲学史を学ぶということは、現状を問い直すためのさまざまな視点と物差しを手に入れることである。現状の問い直しは、いつでも「私」についての問い直しをともなう。私のいない現状はないからである。私のいない現代社会はないからである。哲学史を学ぶということは、私の財産の再調査をすることである。財産といっても、知的財産、それも考え方の基本的な仕組みにかかわる財産である。

振り返りの一つの例として、すべてに魂が宿るという考え方と、身体は機械だという考え方を取り上げてみよう。春の木々の芽生えに生命力を我々は感知する。若芽が木々の魂の発露のように思えたりする。土の上を忙しく歩き回る蟻の子が、ふと静止する。何かためらっているのか、何か考え事をしているのだろうかと我々は思ったりする。植物や人間以外の動物にも、心があるかのように思ってしまうことがある。万物が我々と同じように魂あるものだという考え方もある。それが「アニミズム animism」と呼ばれる思想である。その反面、我々は人間の身体を機械であるかのように扱うことがある。医者は患者の身体を有機的な物体、あるいは、機械として扱う。故障したパーツを交換するかのように、臓器を移植し、そして命を救う。動物が医学に貢献するということも、人間の身体も動物の身体も同じように機械であるということに支えられている。しかし、人間の心は違うのではないかと思う。私はあなたの身体を見ることができるけれど、あなたの心を見ることはできない。あなたが登ろうとしている山並みを私は見ることができるが、あなたが見ている夢を私は見ることができない。身体は物体であり、心は物体ではないように思う。「身心二元論」と呼ばれる立場である。我々は自然物を心あるものと感じとったり、物理法則にのみ従う物体と思ったりする。我々は知らぬうちにこの二つの立場に立つ考え方をしている。どうしてそのように考えるようになったのだろう。そのように思う思いや感じ方はどのような思想、あるいはどのような「ものの見方」の上に成り立っているのであろうか。そのような自分の思いの習慣は伝統の上に立って形成されている。もう一度洗い直して自分の思いを確かめ直す。これも哲学史的探求の一つのかたちである。

第二節　哲学史研究の特質

「私」だけではなく我々が共有する歴史のなかに我々の財産を探し出す。こうして獲得された財産は共有性に向かって開かれた「私」固有の財産になる。そのときに「私」は普遍的に適用可能な「ものの見方」を手に入れる。哲学は地域性、土着性を出発点にしながらも、普遍的に成り立つ知の構造を探り出す。二五〇〇年も昔のソクラテスの智恵は、我々が為すべきことを慮《おもんぱか》るときに、今でも変わらぬ威力を発揮する。矛盾律は、どのような時代であれ、どのような地域であれ、成り立つとされている知の法則の一つである。哲学史を振り返り、我々の現状を捉え返すために不変的で普遍的な「ものの見方」を探して身につけようとする。そう考えれば、哲学史的研究とは何よりも真理の発見過程の探索である。「真理ほど古いものはない」と言われることがある。言語が変わっても文化が変わっても真理は変わらない。真理は進歩も退歩もしない。なぜならば変わらないということが真理の一つの証になるからである。それゆえ我々が恐れなければならないのは真理の変質ではなく真理の忘却である。先達が多大の労苦と生涯とを賭けて見出した真理を忘れてしまってはならない。一度見出された真理を学び知り我がものにするのは、見出した時に払った労力に比べるならば、はるかに微少な努力で済む。なぜならば、先達がそこへと至った道筋を辿り直せばよいからである。「真理ほど当たり前のものはない」とも言われる。普遍性も真理の一つの証である。我々は大気に重さのあることを、いや、重さとは重力であることをいともたやすく知っている。

自然落下における加速度という現象も、虹も、一七世紀以前には謎めいたことであった。この場合に重力や加速度や虹という現象が変わらないのでも、普遍的なのでもない。重力は場所によって異なり、加速度も空気の密度によって変化し、虹の出ない日は多くある。しかし、重力を物体間の関係に基づいて考察したり、加速度を仮想的な真空を基準に考えたり、虹を光の反射と屈折に引き戻したりする見方は、一度確立されると変わらない「ものの見方」になる。一つの考え方が世界の見方を一変させてしまうことがあっても、それも一つの考え方（もののの見方）に他ならない。変わらない「ものの見方」として完成の域に達したものでも、だからといって同一と想定されている或る現象に対する他の「ものの見方」を排除するわけではない。たとえば、天動説にせよ、地動説にせよ、どちらも考え方としてはいつの時代でも成り立つ。理論系の単純性、生産性において、地動説は天動説を上回っている。言い換えれば、我々の生活の役に立つ技術知という点では、そして一七世紀以降二一世紀までという時点を設定すれば、地動説の方が天動説よりも優越した位置にある。しかしながら、たとえば、技術が生活の便宜、経済効率などを共通の尺度としてもちうるにもかかわらず、それと同じような仕方で、「ものの見方」の一つであるアリストテレスの哲学よりも、現象学の方が優越しているという尺度を見出すことはできない。この場合には、比較するための共通の尺度を見出すことができないからである。もし、「見つけた」と主張されるならば、その尺度に選ばれた第三のものは、当の尺度であることの理由を与える第四のものを必要とする。かくて無際限に陥る。どこまで進んでも尺度は見つからない。

自動車が発明され、鉄道網が展開され、高度の通信網が張り巡らされ、巨大な記憶媒体も開発され、機械的な計算能力は百年前に比べて何兆倍という水準を越えているであろう。ホッブズは理性の仕事は計算することであると考えた。遠くから人が近づいてくる場合に、単なる物体と見える状態から、人間として識別されるまで、加法に準じて認知が説明される。しかし、知識は進歩しない。そもそも三角形という一つの知が進歩して、四角形になるということはない。加法が進歩して積分計算になるということはない。ここでも選択肢がふえるということだけである。同じ目的のために二つの計算方法が用いられるというのではない。足し算の代わりに引き算が、掛け算の代わりに引き算が用いられるならば、たとえば検算のためというように、何かしら狙いが異なるであろう。先にも述べたように「真理」という概念に「いっそうよくなる」つまりは「進歩」は含まれていない。もし、真理が進歩するならば、そう考えた途端に進歩前の真理と進歩後の真理が生じることになる。「真理」という概念の中には変わらないということ、不変性が含まれている。知識は進歩しない。

我々は全知ではない。一つのことについてさえ「すべて」を知ってはいない。もし、すべてがそこで尽きる「全体」に向けて、現在どの段階にいるのかということを知っているのならば、知識について進歩を語ることもできよう。しかし、この「全体」であるすべてを知ることはできない。なぜならば、どれだけが「すべて」かということを、我々は知ることができないからである。「これですべてを知った」と言い放った途端に、その外側に知られていない領域が開けてしまう。そういうわけで「進歩する真理」という表現は形容矛盾なのである。

新しいことが真理として見出される。真理とされる事柄の数がふえるということはあるかもしれないが、真理が進歩するわけではない。そもそも、進歩とは何か。我々は「先に進み、しかもよくなること」を進歩と呼ぶ。悪くなることを進歩と呼ぶ習慣はない。進歩とは変化するだけではなく、その概念のなかに「いっそうよい」ということを含む。しかし、科学技術の進歩から「悪いこと」が結果として生じることもある。科学技術の進歩が我々にとってよいと思われている事態をもたらし、しかし、自然環境にとってよくない結果をもたらすということもある。科学技術の弊害は自然への悪影響に留まらない。科学技術の進歩は我々にとって或る面ではよいことをもたらすのだが、別の面からすると弊害をもたらす。科学技術の進歩が及ぼす自然への悪影響は一方では我々に便利さを提供すると思われている。それでは自然界に悪影響をもたらしてでも、我々の得たい「よいこと」とは一体何なのだろうか。このときに「我々にとってよい」と思われていることを一般的に表現するならば、「便利さ」になる。それでは我々にとっての便利さとは結局のところ何であろうか。この便利さは、或る装置や機械、機構を使えば、それらを用いないときに比べて、時間と手間をかけずに目的を達成できるという点に落ち着くであろう。手で洗うよりも、洗濯機で洗った方が、時間も手間もかからない。便利である。手で洗っていた時代に比べて、随分と進歩したものだ、と我々は言う。ところが、科学技術の進歩が諸刃の剣のように、片方で人類の滅亡を推進していることを我々は知っている。哲学史研究において求められていることは、生活上の便宜ではない。さまざまに展開されて来て、いつの時代でもそこから考えてみることによって現象の異なる相貌が現出するような見方、「ものの見方」である。

第三節　哲学史の往復

現代という時代のなかで我々は何をなすべきなのか。このことを摑み取るためにも、大きな時代の流れのなかで、我々のおかれている時代とはどのような時代であるのかを知らなければならない。そのためにはさまざまな批判的視点をもっていなければならない。自分の生きている時代に巻き込まれ、流されながらも、そこから身を引き離し批判的に捉え直すことができる「ものの見方」を手に入れなければならない。批判的視点を提供してくれるさまざまな「ものの見方」を手に入れるためには哲学史を遡ったり、哲学史の流れを追ったりしながら自分の思索を鍛えなければならない。現代を頂点とする進歩的歴史観では身動きのできない閉塞を招くだけである。

進歩的歴史観という思考の慣わしを可能な限り薄弱にして過去の哲学的思索を捉え返すためには、そのさらなる過去から当該の過去へと往路を辿るだけではなく、より近くの過去から遡り、いっそう過去の思索の意義を確かめるための遡行的な探求が必要になる。哲学史を理由の系列として往復してみるならば、我々の生きざるをえないこの現実から蒙る価値観の抑圧を軽くすることができる。さまざまな事実の歪曲を通して修正され、にもかかわらず当然のごとく語られ、そして映像化され見せられる修正された歴史の一つの結果を鵜呑みにしてはならない。現実社会からさまざまな回路を通して蒙る感情的共同性への同調圧力を緩和したり、対象化しなければならない。そのためには現代を、歴史の必然的帰結としてではなく、さまざまな時代の一つとしてさまざまな観点から捉えなければならない。そのためには古い時代は野蛮な時代であるというような、それこそ「野蛮」な態度は捨てなければならない。「現代」が最も進んだ世界であるという「野蛮」を脱するためにも、哲学史の往復が必要になる。

今のありさまのなかで、我々は大きな時代の流れがどこに向かっているのかと想う。何億年か先には、今の我々が「地球」と呼んでいる物理的な統一体はなくなっているであろう。それ以前に我々が「世界」と呼んでいる人間的な統一体はなくなっているのかもしれない。さらに何億年か先に、無数の偶然が偶然に重なり合って我々が再現するかもしれない。このように時間の尺度を極限にとってみても、我々の行動の指針が浮かび上がってくるわけではない。未来についての指針は「今」をも含めた過去から与えられる。我々は過去を離れながら未来に向かっているのではなく、過去を未来へと投げかけている。アウグスティヌスによれば、過去はもはやない、未来は未だない、あるのは今だけである。(1) しかし、知るという観点から見れば、過去は知られたものとして既にあり、あり続けている。その過去という智恵の宝庫を懐に、眼前の感覚世界と応答しながら何を為すべきかを選び取る。こうして我々は未だない未来を切り拓いて行く。この選び取る能作だけが今の証である。そこにはさまざまな工夫がある。原始からのすべての歴史を自らのうちに感じとり、それを未来に返す。これも一つの工夫である。幾たび、幾千度、幾万度、この今を生きようとも、同じく生きるように生きる。これも、もう一つの別な工夫である。何もしないという工夫の可能性はない。何もしなくとも、我々は何もしないという一事を為している。そして「あなた」が「思い・為す人」であることを、〈誰でもである「私」〉は知っている。この「私」にとって既知のありさまは、智恵蔵の宝物、つまり、個々人の経験を智恵にまでもたらした膨大な内容によって相互に異なる。しかし、「私」も「あなた」も「思い・為す人」であることを「私」も「あなた」も知っている。ここに未来に対する態度の機微があり、工夫の材源もある。

いずれにせよこの工夫が内実をともない時空化され、この私の行為として自らの営みとして結実するに至るには、あるいは、幾千度の「同じ」を「違う」から識別しなければならず、あるいは、全人類史をそのまま自らのうちに宿さねばならない。たとえ、それらが思慮、慮《おもんぱか》りの上に立って為されていなかったとしても。どちらにせよ「時の流れ」と呼ばれる事態を離れて支点・視点をもたなければならない。このようにして、茫漠たる時空の広野のなかで、自分が引き受けつつ選びとる、あるいは、選びとりつつ引き受ける私だけの持ち場を、我々は探してゆくのである。こうして賢慮を身に付け、智恵に生きることができるようになる。さりながら現状の我々のありさまはどのようであろうか。我々が眼前にしている現実の世界のなかでは、無数に折り合わされて錯綜を極める網の目が既にして張り巡らされ、誰でもである「私」という個体としての特質は見失われ易く、歴史のなかでの、社会のなかでの、自分の役割を見出すことが難しくなっている。網の目を遊泳するなかで、私はさまざまに変身し、あたかも私を始め直すことができるかのように錯誤し、直前の「私」と今の「私」とをつなぐ糸を失い、私は「私」という身分証明書を紛失する。私は世界中を駆けめぐり、世界中に分散し、それと同時につながりをなくし、孤立し、引き篭る。その最果てにおいて共同体は幻想としての集合体、制度としての幻想として現出する。責任の所在は網の目と虚焦点としての集合体の維持に解消される。これはどこかおかしいと我々は感づいている。自分の平衡が保てないことに気づいている。

誰でもである「私」まで喪失して何が残るのか。残るのはその都度、その都度の快と不快だけである。「私」が虚焦点としての〈私〉として残り続け、昨日の快は今日の不快になり、昨日の不快は今日の快になる。いや、今の快が次の瞬間に不快になる。今の不快が次の瞬間に快になる。誰でもである「私」が消失するならば、この私は世界において役割をもたない、その意味で無としての〈私〉に頽落する。この細分化された変化の末に、人間という生命体の自然的に変様してゆくリズムの、越えてはならない閾値《いきち》を越えてしまう。感情が不安定になる。感情が不安定になればなるほど、今の、この瞬間の快を追い求める。ついには生命体のリズムが崩壊し、もとに戻らなくなる。感情は鈍麻し、無表情になり、意欲を失う。反面、別の時には、一つのことにこだわり続け、どこかで停止がかかるまで、同じことをやめることができない。これでも生きていることになるのだろうか。誰でもである「私」は自分である私をしっかりした拠り所として確保しなければならない。「私」という身分証明書を確認したい、取り戻したい。まず、「私」は昨日何をしたのか。思い出してみる。朝起きて朝食のパンをかじった。電車に乗って友達のところにいった。そのような行為をしたのが私である。思い出して、振り返ってみなければ、「私」は見つからない。今、現に人々のざわめきのなかでものを思う。それが「私」である。仕事が終わってから何をしようかと考えている。それが「私」である。昨日朝起きて、食事をし、それから電車に乗って、友達にあって、大したことではないけれど、楽しく時を過ごし、今日も朝起きて、食事をして、電車に乗って、今、仕事に行く。その「私」が、これからのこと、未来のこと、将来のことを考える、構想する。私は「私」さえも、時間と言われている流れの往来のなかで、歴史のなかで往復しながら探し、「あなた」の承認を求め、得ながら、そうして「私」を獲得する。

そういう私は事の初めから世界という何かとかかわりながら生きてきた。人間として生きて行くということは、世界とかかわりつつ時を過ごすことを含んでいる。だから、私とは何であるのか、私探しをする場合に、私のしてきたことを整理し直すだけでは足りないのである。私は世界のなかにあって、態度をとり続けてきたし、とり続けている。時代のなかで、歴史のなかで自分の財産を調べなければならない。そうしなければ私が他の「私」であるあなたや彼女や彼とどこを共有し、どこが違うのかということがわからない。同じところと違うところがわかってはじめて私が見えてくる。個性を見つけることができる。長い歴史のなかの現代の位置、現代という時代のなかでの自分の位置、これを測らなければ、私が私を自分のものにしながら、一貫性をもって行為し続けることはできない。歴史という何かが、「語られた事柄 res historiae」と「為された事柄 res gestae」との交錯のなかで残されて行く、遠くから見れば判明で、近くからは見えない、航跡のようなものであるとするならば、哲学史はそれらとは別に「理由の系列」をもつ。この区別の根底に存するのは、私が〈誰でもである「私」〉を再獲得する不可避性である。理由の系列としての哲学史が提供するのは「私」を再獲得する道筋である。その理由の系列のなかで現代はどのような哲学史的位置を占めるのだろうか。そのことは近代哲学ないし近世哲学について考えてみることを通して浮き出してくる。

第四節　四つの先入見

「近代」とか「近世」と言われるのは、形容詞で示せば、modern（英）、moderne（仏）、modern（独）の翻訳である。日本語での「近代」と「近世」の区別は西洋史にはない。同じ言葉だからである。日本では「近世」哲学史と言われ、「近代」哲学史とはあまり言われない。ドイツ系の哲学史家は「近世」を使い、だいたいがそれに合わせている。いずれにせよ、欧米語の「近代・近世」は過去の或る時期から現代までを指している。ここ十何年かの哲学は「同時代の哲学 contemporary philosophy」と呼ばれる。近代哲学・近世哲学は一七世紀から始まるとされるのが通常である。デカルトが近代哲学の祖と呼ばれる。ヘーゲル（G.W.F. Hegel, 1779-1831）によれば意識（「思い Denken」）を哲学の基礎（「原理 Prinzip」）に据えた初めての人だからである(2)。また、デカルトによって近代哲学・近世哲学の特徴である主観・客観という対立が設定されたとも、あるいは知識論的構図が開かれたとも言われる。

しかし、デカルトで区切ることは大きな見落としをすることになる。古代から、中世へと、そして一七世紀へと引き継がれてきた存在についての思考を断ち切ってしまうことになるからである。それとともに人間を「主観」ではなく主体とする捉え方の連続性が見失われる。たとえば、ヒューム（D. Hume, 1711-76）の哲学的立場によれば、「私」というのは絶えず変動する「知覚の束」に他ならない(3)。しかし、ヒュームの立場を徹底させるのならば、「束」という表現も不可能なはずである。なぜならば、束ねるということは束ねらえる何かにとって外的なことだからである。ヒューム哲学の根底には知覚を越えて知識は拡がらないということがある。たとえば、

「私」から世界へと向かって得られるものが知覚の内容である。「私」はその知覚内容には登場しない。ヒュームは、問題を視覚に限るのならば、さまざまなものが見えている、見えているものはどんどん変化する、その視覚内容が「私」だというのである。ということは、実は「私」とも言えないということである。「私」と言えるためには視覚内容の外に視点を構えなければならない。言い換えれば、「私」と「あなた」という表現を使うことができて、初めて「私」という語も有意味に使うことができる。ウィトゲンシュタイン（L. Wittgenstein, 1889-1951）の表現に従えば、「私」は世界の外にあり、世界を見つめる目になる。(4) カントの「超越論的自我」にせよ、世界の内部的位置をもたないという点では同じである。「超越論的主観」という「私」は、経験の最終制約と言っても、認識の最終制約であって行為の最終制約ではない。そのようにして行為主体と認識主体が分裂することになり、現代までこの状態を克服できないでいる。(5) そういう見方に立って、一七世紀合理主義者の「私」、たとえばデカルトのコギトを捉えようとすると、どうしてもカント的な、ヒューム的な「私」をそこに見出してしまう。つまりは生身の「私」がいなくなってしまう。身体も心ももち、人々の間で善いことや悪いことをする「私」が不在に見えてしまう。

しかし、デカルトの「私」は認識の最終制約だけではなく、実体であり、行為主体であり、さまざまな人の間に実在する一個の人としての「私」である。このことがずっと見逃されてきた。このように見逃してしまうのは、デカルト哲学とそれ以前の哲学との間に断絶を入れるからである。このことはデカルト哲学だけにとどまらない。一七世紀合理主義全体に言えることである。一言で云えば、一七世紀の哲学は、当然のことながら、古代と現代との真ん中に位置する哲学なのである。向こう側の寄与分を無視して捉えるのならば、歪んで捉えることになる。中世哲学から一七世紀までの哲学を連続的に捉えることは、我々が見失っている考え方を再発見することにもつながる。たとえば、「智恵」、「原因と理由」、「存在と本質」、あるいは、本当のことは善いことであり、美しいことである、というような考え方がそうである。

要するに、実情はヒューム・カントの哲学から現代までの哲学が地続きなのである。彼らの切り拓いた地平の上に一七世紀の哲学が考察されることによって、その固有性が見逃され、忘れられる。その忘却が現代の哲学に閉塞的状況をもたらしている原因の一つになる。それが始まったのは「ニーチェ以来」とよく言われる。ニーチェ（F. W. Nietzsche, 1844-1900）によって絶対的価値の喪失と絶対的真理の崩壊が宣告され、そのようにして現代社会が用意された、と。「神の死」がそれを象徴するかのように言われる。(6) しかし、現代的な神の死はヒュームによって宣告され、カントによって仕上げられたと言える。その点を摑むことなしに現代の閉塞的状況を脱出する術は見出されない。現代の（とりわけてもアメリカ系の）倫理学は、人々が悪いことをするのを如何に妨げるのかという点についてばかり教えようとし、そのようにして人々から相互の信頼を奪っている。「良い人」を励まし、育てる理論をもっていない。監視カメラを至る所に置けば、犯罪はなくなるという子どもっぽい、金持ちの独りよがりの倫理学に他ならない。いくら監視をしても、「良い人」を育てることがなければ、安心した社会にはならない。実は、我々は、道を歩くときにさえ、無数の人たちを信頼している。それを育てる倫理学をもう一度見つけ出すためには、本当のことは善いことで、美しいことだと語ることのできる哲学的立場を提起しなければならない。その場合に、我々を最も妨げているのが、自分たちが一番偉いという無知と傲慢である。その背景には昔よりも今の方が優れているという根拠のない思い込みがある。新しい時代が、古い時代よりもよい時代なのかどうか、我々は問い直すことができる。いや、問い直さなければならない現実を突きつけられている。この問い直しを実践するためには「哲学史的」先入見を洗い直しておかなければならない。

一七世紀の哲学を理解しようとする場合に、留意しなければ間違えてしまう基本的な事項として、次の四点を指摘することができる。第一に「がある」と「である」の区別、第二に「である」と「べきである」の乖離、第三には「理由」と「原因」の分離である。最後に、以上の三点ほどくっきり際立ってはいないかもしれないが、ヒュームとカントの哲学以来「智恵の探究」という捉え方が退くことになるという点も指摘しておこう。この四つの点をもう少し明らかにして、後への備えにしよう。

日本語は「である」と「がある」という区別された表現をもっているが、欧米語ではそうではなかったと言われる場合がある。このことを、もう少しはっきりと述べるならば、「であること」つまり「本質 essentia」と「があること」つまり「実在 existentia」とはトマス・アクィナス（Thomas Aquinas, ca. 1225-1274）以降に区別されはじめ、この区別は一六世紀、たとえばスアレス（F. Suárez, 1548-1617）の哲学においては確立されているということになる。トマス・アクィナスにおいては「である」ことをも「がある」ことをも表現する「あることesse」と本質の区別について問題にされ、スアレスにおいては「がある」ことである「実在」と「である」ことである「本質」との区別について論究されている。「あること」ないし実在と本質とのこの区別は、神がものの本質に応じて世界を創造する際に、その創造するという働きは何を意味しているのかということに関わる。そこに被造物にとっての実在の意味が顕わになる。しかし、スアレスが「本質のある esse essentiæ」と「実在のある esse existentiæ」の関係を問うているように、彼においては「本質」と「実在」をともに「あること」に即して究明する場は確保されていた。

一七世紀の哲学においても、この場が確保されていることを見逃してはならない。「何である」の「ある」と「何々がある」の「ある」が同じく「ある」として考究される、そのような議論の場所があったということである。しかし、ヒュームやカントの哲学を経て、この議論の場所が消えて行く。このことはカントが「存在論的証明」と呼んだ神証明についての応対を見ればはっきりする。存在論的証明というのは、「神」という概念に含まれている「実在」に基づいて神の実在を証明するものである。カントの見立てによれば、神の何であるかを示す概念の「実在」と現実の「実在」とは異なり、前者から後者への移行は不可能である。知覚から外に出られないとするヒュームにおいても、実在と本質の分断については同様である。概念の内容、あるいは、観念である「実在」から現実の実在を帰結することはできない。このことは現代の人々にとって当たり前に聞こえるかもしれない。

ここで指摘しておきたいのはこの移行が可能かどうかということではない。一つの思い込みが問題なのである。感覚知覚の対象についてだけ「実在する」という名辞を用いることができる。別の言い方をすれば、或る何かが実在するかどうか、それは感覚知覚を用いた観察によって決められることである。この思い込みを、一七世紀哲学を理解しようとする場合に持ち込んではならない。実在するものは目に見えたり、手で触れたりできるものだけであるというこの思い込みは、むしろ、我々の実状にも合わない。実際、我々は、目の前の樹木についてもあると言い、今現に見てはいない月の裏側もあると言い、どのリンゴでもない種類の名前としての「リンゴ」もリンゴであると言い、幾何学的に精確な三角形を紙の上に描くことができなくとも、それを三角形である、三角形はあると言い、法律についても、制度についても、思想についても、それらを支える物体がなくとも「ある」と言う。さまざまなものに「ある」と言い、さまざま「である」ことについても「ある」と言う。「本質」も「実在」も「ある」という場で問うことができる。ところが現代の哲学では、これを問う場が見出せないように思われる。一七世紀の哲学を理解する上で、見えるもの（感覚知覚の対象）だけをあるとする、この思い込みを遠ざけておくことが重要になる。そうでなければ、デカルト（R. Descartes, 1596-1650）が神の存在論的証明を行った意義を問うことさえできない。

第二番目に指摘すべきことは、「べきである」と「である」の乖離に関してのものであった。ヒュームによって「である is」と「べきである ought」が切り離されたということは哲学史的な常識の一つである。[7]「である」つまり真であるか否かの見定めには知性が役立ち、善い・悪いが「快と不快」に応じて求められる場合には「道徳感覚」あるいは「道徳感情」に依拠することになる。「である」をいくら積み重ねても「べきである」は出てこない。これがヒュームの言うところであった。このようなイギリス哲学の系統とカントの実践哲学とは異なるので、この場合にはヒュームとカントを同じ出発点におくことはできないとしても、カントが「純粋理性」と「実践理性」を区別し、後者を「自律」に基づけたことは周知のところである。[8]この流れの下で、我々の時代においては「存在 Sein」と「当為 Sollen」、価値と真理（認識）とを混同してはならないということが前提され、たとえば、事実命題と規範的命題との関係が論じられたりする。これらの現代的な立論に対して、一七世紀の哲学を考える場合に「善い・悪い」についての論究と真理の探究とが源を異にするかどうか、このことも一つの哲学的な位置を測定する場合の秤になる。これを念頭におかなければ、大事な問題を見過ごすことになってしまう。たとえば、スピノザ（B. Spinoza, 1632-1677）の『エティカ』は文字通り倫理学の書であり、それはまた真理の成り立ちを明らかにする探究でもある。[9]そこでは真であることは善いことである。同じことをデカルトについてみるならば、善いことと真であることの源は同じであるにせよ、善いことはとりわけても行為において、つまり、実践において具現し、真であることはとりわけても理論として成り立つ、という差異が見出される。

三番目は「理由 reason」と「原因 cause」の問題である。我々は、たとえば、交通事故の原因はハンドルの切り損ないであり、その理由は運転手の不注意であるなどと言う。どこまでこのように言い分けているのか、はっきりしないところがあると思われる。最近の哲学研究者は原因とは物理的なものであるとか、出来事であるなどと言う。それに対して理由は「志向性」、要するに、心の動きに帰される。我々の時代においてはそれが一応の標準的な使い方のようである。哲学史的にはっきりしていることはショーペンハウアー（A. Shopenhauer, 1788-1860）が「理由」と「原因」を概念として峻別したということである。[10] そこでは物理的な現象とそうではないものという区別が前提されている。皮肉な事態かもしれないが、精神と物体との二元論が確立された一七世紀には「理由ないしは原因 ratio sive causa」という言い方が成立した。つまり、上の区別に応じれば、物体的現象であれ、精神的現象であれ、同じように由来や所以《ゆえん》を問う議論の場が与えられていた。これを理由と原因の混同と看做したのでは、一七世紀の重要な探究を最初から見ないことになる。[11]

　最後の四番目は「智恵」の探究である。「智恵 sapientia = sagesse」を、個々人が生きていく上で発揮する〈事柄を上手く（順序立てて）処理し、判定を下す〉能力と考えておく。本当のことを知る、真理認識に求められる知性的能力を含むにせよ、それで済むわけではない。というのも、「智恵」は善い・悪いに係わりながら人々の間で行為を作って行く場合に働く能力だからである。「智恵」の探究と育成は「人格の陶冶」というような問題として今も問われる。しかし、一七世紀の哲学を考える場合に、哲学することが智恵の獲得でもあるという点を見逃してはならない。デカルトが『省察』において辿ってみせる真理探究の途は、同時に智恵の探究でもある。この点を忘れないならば、「第二省察」において「形而上学」の出発点として見出される「私」、それを、知るということが成り立つ最終制約として、カントに倣って言えば「超越論的自我」として捉える解釈が一面的であることが容易に理解される。

以上、一七世紀哲学を現代哲学的偏見なしに捉えるために弁えておかなければならない四つのことを、繰り返せば、「である」と「がある」をともに「ある」と捉える議論の場が確保されていること、「である」と「べきである」が源泉において一つに収斂する可能性が認められていること、「理由」がまた「原因」である場合を排除してはならないこと、「智恵」の獲得として真理の探究がなされる場合のあることである。この四点が、しかし、総じて一七世紀の哲学に見出されるというわけではない。このことを見定めることは、それぞれの哲学の解釈に依存することでもあろう。この四点を指摘しておくのは、これらを念頭におくのでなければ、一七世紀哲学における議論の重要性がわからなくなる場合が多いからである。一七世紀哲学における議論の重要性を理解するという点では、先ほど使った「形而上学」という概念の意味するところを明確にすることも重要な点の一つである。デカルト哲学と形而上学との関係を論じるために、デカルトの前の「形而上学」という概念から彼の後の「存在論」という概念への展開について、スアレスからヴォルフへと論述を進めることにしよう。

註

(1) Augustinus, *Confessiones*, l, XI, xiv, 17, *Œuvres de Saint Augustin*, t. 14, Desclée de Brouwer, 1962, pp. 298-300.

(2) G.W.F. Hegel, *Vorlesungen über die Geschichte der Philosophie*, dans Werke in zwanzig Bänden, Suhrkamp, 1971, S. 123.

(3) D. Hume, *A Treatise of Human Nature*, 1739-40, Bk. 1, Pt. 4, Sect. 6.

(4) L. Wittegenstein, *Tractatus Logico-Philosophicus*, 1921 / 22, 5.6331.

(5) E. Kant, *Kriik der reinen Verfunft*, 1781 / 87, *e.g.*, A364 / B404.

(6) F. W. Nietzsche, *Die föhliche Wissenschaft*, 1882, Kap. VI, B. III, 125, *Projekt Gutenberg* (http://gutenberg.spiegel.de/buch/die-frohliche-wissenschaft-3245/6).

(7) D. Hume, *op.cit.*, Bk. 3, Pt. 1, Sect. 2.

（8） E. Kant, *op.cit.*, *e.g.*, A817-819 / B845-847.

（9） B. Spinoza (1632-1677), *Ethica ordine geometrico demonstrate*, *Spinoza Opera*, herausgegeben von C. Gebhardt, 1925, t. I.

（10） A. Shopenhauer, *Über die vierfache Wurzel des Satzes vom zureichenden Grunde*, 1831, *e.g.*, § 5 & § 6.

（11） 以上の点については拙著『数学あるいは存在の重み』「第Ⅲ部第二章「原因いうなら理由 Causa sive ratio」」一八一頁から二〇二頁までも参照していただきたい。

第二章　スアレスと形而上学

第一節　「形而上学」という名称の広がり

「形而上学 metaphysica」という概念は言うまでもなくアリストテレスの著作に付けられた題名に由来している。一三世紀にアリストテレスの哲学を土台にキリスト教神学を確立したトマス・アクィナスの著作において「形而上学」という表現は、アリストテレスに帰せられる用法に基づいて、「第一哲学 prima philosophia」と関連づけられて、「存在 ens について、言うなら、実体 substantia について」論じる学とされる(1)。また、トマス・アクィナスは、アリストテレスの言う「形而上学」について「我々によれば神学」に相当するとしている(2)。「神学」も「形而上学」も「第一哲学」である。そこから一七世紀の方へと向かってスアレスの「形而上学」についての思考を明らかにしよう。トマス・アクィナスとスアレスを対比させてみるならば、共通に見出されるのは、「形而上学」という表現が「神学」と重なり、「存在」について論じる学だということである。しかし、両者の間に差異も見出される。両者に共通なこの点を考慮に入れながら、スアレスの述べている「形而上学」の特質について考察してみる。というのも、スアレスの「形而上学」という概念にはトマスの規定に収まらない要素が見出されるからである。「実象的存在 ens reale」という概念がこれである。

スアレスにおける「形而上学」という概念を調べてみるために、彼の『形而上学討究』（*Disputationes metaphysicæ*, Salamanca 1597 / Paris 1866 / Olms 1965. 以下、*Disp.Meta.* と略記する）の「第一討究 Disputatio Prima」を見ることにしよう。この「討究」をはじめるに当たって、スアレスは、アリストテレスの『形而上学』と呼ばれるテクストを引用しながら「形而上学」という名前の広がりを検討する。第一に、形而上学の言い換えとして「智恵 sapientia」の探究が挙げられている。智恵の探究は「第一の諸原因と至高で最も困難なものについて、それが一体何かということを、そして、普遍的な諸存在について、それがどのようであるのかということを論じる」ので「形而上学」と呼ばれる。(3) 次に、形而上学は「絶対的にいわばそれだけとして absolute et quasi per antonomasiam」見られた場合には「第一哲学 prima philosophia」と言われる。というのも、哲学は「フィロソフィア（愛智）」としてもともと智恵の探究だからである。さらに、この智恵の探究が「神的な事柄に向け換えられ in divinarum rerum cognitione versetur」て「自然神学 naturalis theologia」と呼ばれ。この学は神的なものについて「自然の光 lumen naturale」に基づいて獲得されるので、「形而上学」と呼ばれることになる。なぜならば、アリストテレスに帰せられる「形而上学（トーン・メタ・タ・フィシカ）」という名称は「諸学あるいは自然的な様々なものについての事柄に関して de his rebus, quae scientias seu res naturales consequuntur」ということを示しているからである。このことが何を表現しているのかと言えば、これらの諸学は、「さまざまな感覚ないし質料的なものを引き離して、神的なもの、質料を分離されたもの、質料なしに実在しうる存在 ens の共通な理拠」を観想するからである。したがって、「いわば物理学の後のように、ないし超物理学のように構成されるので、形而上学と言われる」(4)。これらから、スアレスによって捉えられた「形而上学」の特徴を次のように纏めることができる。第一に、智恵の探究に源をもつとされていること、第二に、自然神学、つまり自然の光による神学とされていること、第三に、物質的なものから質料を抽象して得られるものを観想する学とされていることである。その学には、神的なもの、質料を引き離されたもの、質料なしに実在しうる存在の共通な理拠 ratio が含まれている。それらは「抽象的なもの res abstracta」と呼ばれる。この点では、形而上学は抽象的なものを扱う学である。

第二節　「形而上学の対象」

次にスアレスは「形而上学の対象 metaphysicae objectum」についての六つの見解を挙げて論じている。形而上学の対象というのは形而上学という学に与えられる主題のことである。その見解の一つ一つには典拠があり、そのことが明示されつつ吟味される。しかし、今は、その六つの見解について少し長くなるが要点だけを記すことにする。第一の見解によれば、形而上学の対象は「最も抽象的に解された存在である」。しかし、それも「普遍的で実象的な存在だけではなく、理拠的存在も ens rationis 含めて「最も抽象的な存在」がこの学の十全的対象であるとされる(5)。第二に「この学の対象は、直接的には理拠的存在を含まないが、しかし、それ自分による存在だけ ens per se ではなく、偶性による存在 ens per accidens をも含むというように、その広がり全体における実象的存在である」とされる。理拠的存在を含まないのは、それらが「存在性と実象性 entitas et realitas」をもたないからである。自分による存在だけではなく、偶性による存在も実象的なものである。ここで言われる偶性は理拠的存在に依存するものも含むことになる(6)。用語の説明をしておこう。「理拠的存在」と「実象的存在」とが対比されている。「理拠的存在」については後に少し論じるが、純粋に知性によって作られる存在と考えてよい。

それに対して「実象的存在」はものの内に基礎をもっている存在である。事物は自分によるものと偶性的にあるものに区別される。自分によるものとは実体であり、自分が何であるのかという原理を自らもっている。必ずしも個物のことではない。それに対して偶性は実体に支えられて初めて「ある」と言える。たとえば、一個のリンゴは質料と形相からできている実体である。その特定の形、あるいは、特定の色は偶性である。このリンゴから抽象を経て、言い換えれば、質料を捨象されて類としての「リンゴ」が得られる。この「リンゴ」に対して、知性によって、当のリンゴにとっては外的な名前、たとえば「虹一番」という名前が付け加えられるとする。その場合に、この「虹一番」という名前は実体としての当のリンゴに対して偶性を示すとされる。この「虹一番」が理拠的存在の位置に来る。要するに、第二の見解によれば、形而上学の対象は自分による存在も偶性による存在をも含めた実象的存在であるが、広義には理拠的存在をも含むことになる。

第三の見解は先の見解と対立する。それは「至高の実象的存在（つまりは、神）だけを」この学の十全的対象にするというものである。言い換えれば、神を「第一原因」として捉え「全哲学の対象」とする。これはまた神についての学である「神学」に他ならない[7]。この見解に組みするのはアヴェロエス、アヴィチェンナ、アルベルトゥス・マグヌスであるとされている。しかし、この見解は、アリストテレスや他の解釈者の説と、また経験にも背反し、是認されるべきではないとされる。というのも、神を除いた他のものを認識するために必要な多くのものが形而上学には含まれているからである[8]。その点を補う「第四の見解は、神と、知性的なものにだけ含まれるに応じて、実体あるいは非質料的な存在がこの学の十全的な対象である」とする[9]。しかし、この見解は、先の第三の見解よりもいっそう納得の行くものであるというわけではない。「実体あるいは非質料的存在 substantiam, aut ens immateriale」ということが曖昧だからである。そこで、「第五の見解」つまり「十の範疇に区分される存在がこの学の十全的対象である」という見解が提示される。[10] これを広く解すれば、先に述べられた第四の見解のなかに含まれてしまうが、実は先の見解とはすっかり別個である。というのも、この見解は存在するものを「十の範疇」と規定しているからである。「十の範疇」というのはアリストテレス以来の十のカテゴリーのことである。この「範疇」という概念を導入することによって、「実体あるいは非質料的存在」についての曖昧さをなくそうとしているので、第四の見解とは異なるのである。[11] こうして「第五の見解」は次のことを主張していることになる。「神だけが独り原因として形而上学の対象に属するのではなく、十の範疇に入る最始的なものもこの学に属する[12]」。今度は、「最始的なもの」という概念の限定する力が神との関係で問い直されることになる。

以上の五つの見解が、前のものが否定され次の見解が提示されるという仕方で展開され、第五見解に至り、さらにそれが否定されて、最後の第六の見解に至る。第六の見解の結論だけを先に記せば、「この学の十全的対象は実体である限りの実体 esse substantiam quatenus substantia est」とされる。[13] この定義の内実を捉えるためには、第五の見解への反論を見なければならない。「第五の見解は、強く解すれば、先に述べられ否認された見解のなかにとどまっているのであるが、先の二つの見解とはすっかり別個であり、否認された見解に別の意味を結びつけている。というのも、十の範疇に区分される存在がこの学の十全的対象であると言うからである。他方しかし、別個の見解どもに結びつけられたこの存在は二つの仕方で概念されうる[14]」。その「第一の仕方では、有限実体と偶性が十の範疇に入ることになり、そのようにして有限的存在が対象になり、独り神だけが対象の理拠から排除されることになる。第二の仕方では、範疇のなかに入らないすべての非質料的実体が想定されることになる[15]」。そういうわけで「神だけが独り原因として形而上学の対象に属するのではなく、十の範疇に入る最始的なものもこの学に属する」[16]。この第六の見解によれば「この学の十全的対象は、実体である限りの実体、言い換えれば、質料的であることと非質料的であることから引き離された、有限実体と無限実体である」[17]。

第五の見解の否定から第六の見解の定立への核心だけを纏めるならば次の通りになる。第五の見解の言うところは形而上学の対象は、つまるところ有限実体と無限実体であり、これらに「十の範疇」も包摂されるということになるが、しかし、それでは狭い。形而上学の対象には質料のない「知性的なもの」も含まれなければならない。こうして形而上学の定義に辿り着く。すなわち、「言われるべきは、ゆえに、実象的存在である限りの存在がこの学の十全な対象である」[18]。以上の纏めは、スアレスの叙述の細部を一切取り除いて、筋道だけを纏めたものである。この纏めに基づいて次の三点を指摘しておく。つまり、第一に、形而上学は対象として、無限実体である神についての知を含み、有限実体についての知も含む。第二に、実象的なものである限りの知性的なものも含む。第三に、神的な事柄も知性的なものも実象的存在として「存在 ens」と括られる。実象的存在に対立するものとして形而上学の対象から外される「理拠的存在」とは、ものに基礎をもたない純粋に知性によって産出されるものである。こうして理拠的存在はスアレス形而上学の対象から外される[19]。にもかかわらず『形而上学討究』の最後の「討究」である「第五四討究」においてスアレスは理拠的存在について詳細に論じることになる。このことは何を示しているのであろうか。

第三節　「理拠的存在」

理拠的存在は真なる存在ではなく、「いわば存在の影のよう quasi umbra entium」である。それらが知解可能になるのは、「真なる存在との、或る何らかの類比と推量による per aliquam analogiam et conjectionem ad vera entia」。しかし、この理拠的存在について探究することは形而上学を補完するために必要である。たとえば、物理学者が「質料と形相を結びつけて欠如を論じたり、場所との類推で空虚を論じたりする場合に」、何らかの実象的存在と結びつけて論じる[20]。このような「人間の理性的な操作を」一つの技術として明らかにする必要がある(ad artem revocare rationeles hominis operationes)。それゆえ理拠的存在をそれとして研究すること、つまり「理拠的存在の共通理由、特性、区分 de communi ratione, proprietatibus et divisionibus ejus [*sc.* ens rationis]」についての研究が形而上学に属することになる[21]。しかし、それは形而上学の最後に付け加えられた主題である。スアレスが切り拓いて残したこの最後の「討究」を知性の働きの研究と言うことができる。理拠的存在の形而上学への追加という事態は、彼の「概念」の理論とも通じている。スアレスは「形相的概念 conceptus formalis」と「対象的概念 conceptus objectivus」とを区別する。形相的概念とは、「我々が精神において人間を概念把握するために作り成す現実作用態」である。簡潔に言い切ってしまえば、知性が人間を捉えるために行う働きである。それに対して、その「現実になされる知性の働きによって表象され認識された人間は対象的概念と言われる[22]」。この対象的概念は理拠的存在ではない。知性の抽象によって成立する実象的存在である。こうして知性の働きでも、抽象という働き、たとえば、形相を質料から引き離す、あるいは本質を実在から引き離すという働きから得られるのは実象的存在である。しかし、実象的存在との「類比 analogia」、「推量 conjuctio」、「類推 comparatio」によって知性が作り出すものは理拠的存在である。この微妙さは、ドゥンス・スコトゥス以来とされる概念を用いて言えば「対象的にある esse objectivum」という存在様相の微妙さに重なる。スアレスは、対象的概念は「知性における対象的にあることだけをもち solum habent esse objective in intellctu」「必ずしも真 non semper vera」とは言えないとする。[23] 簡潔に言えば、真か偽か問われうるような概念内容の存在性格がここで問題になっている。概念によって表示される内容は「ある」のでなければならない。しかし、この「ある」は被造的世界における一つの纏まりをもったものとして捉えられる実体の「ある」こととは異なる。デカルトは観念の表す内容についてこの「対象的にある」という概念を用いた。観念が表象する「対象的にある」内容は、「ある」のであるからその原因を求めることができる。この原因を探求してデカルトは神の実在を証明し、超越を成し遂げた。[24] このことがデカルト形而上学を確立するためには必要であった。スアレスの『形而上学討究』の行き着いた地点にその萌芽をみることができる。

註

（1） « Sicut metaphysica, quae est de ente sive de substantia, communior est quam physica, quae est de corpore mobili », *Expositio Posteriorum Analyticorum*, lib.1, l. 41, n. 7.

（2） « Et haec, secundum philosophum, est metaphysica, et secundum nos theologia », *Expositio super Isaiam ad litteram*, cap.3, l. 1.

（3） « quoniam de primis rerum causis, et supremis ac difficillimis rebus et quadammodo de universis entibus diputat », *Disp.Meta.*, disp. 1.

（4） « Abstrahit enim haec scientia a sensibilibus, seu materialibus rebus (quae physicae dicuntur, quoniam in eis naturalis philosophia versatur), et res divinas et materia separatas, et communes rationes entis, quae absque materia existere possunt, contemplatur : et ideo metaphysica dicta est, quasi post physicam, seu ultra physicam constituta », *Disp.Meta.*, disp. 1.

（5） « ens abstractissime sumptum, quatenus sub se complectitur non solum universa entia realis, tam per se quam per accidens, sed etiam rationis entia, esse objectum adæquatum hujus scientia », *Disp.Meta.*, Disp. 1, Sectio 1, 2.

（6） « objectum hujus secientiæ esse ens reale in tota sua latitudine, ita ut directe non comprehendat entia rationis, quia entitatem et realitatem non habent, completatur vero non solum entia per se, sed etiam entia per accidens, quia etiam hæc realia sunt, vereque participant rationem entis et passiones ejus ; et de his urgentius procedunt rationes factæ in confirmationem superioris opinonis », *Disp. Meta.*, Disp. 1, Sectio 1, 4.

（7） « Tertia itaque opinio, et per extremum opposita, solum supremum ens reale (Deum videlicet) facit objectum hujus scientiæ adæquatum », *Disp.Meta.*, Disp. 1, Sectio 1, 8.

（8） Cf. *Disp.Meta.*, Disp. 1, Sectio 1, 11.

（9） « Quarta ergo opinio sit, substantiam, aut ens immateriale, prout in se includit solum Deum et intelligentias, esse adæquatum objectum hujus scientiæ », *Disp.Meta.*, Disp. 1, Sectio 1, 14.

（10） « dicit enim ens divisum in decem praedicamenta, esse adaequatum objectum hujus scientiae », *Disp.Meta.*, Disp. 1, Sectio 1, 18.

（11） *Disp.Meta.*, Disp. 1, Sectio 1, 18.

（12） « Deus non solum ut causa objecti metaphysicae, sed etiam ut pars illius [*scil.*, decem praedicamentorum] praecipua ad hanc scientiam pertinet », *Disp.Meta.*, Disp. 1, Sectio 1, 19.

（13） « objectum adaequatum hujus scientiae esse substantiam, quatenus substantia est », *Disp.Meta.*, Disp. 1, Sectio 1, 21.

（14） « Quinta opinio, quæ a fortiori etiam manet ex dictis improbata, est omnino diversa a duabus præcedentibus, juxta diversos sensus illius ; dicit enim ens divisum in decem prædicamenta, esse adæquatum objectum hujus scientiæ : dupliciter autem potest concipi hoc ens juxta diversas opiniones », *Disp. Meta.*, Disp. 1 Sectio 1, 18.

（15） « Primo, supponendo immateriales substantias finitas, et accidentia earum in prædicamentis collocari, et hoc modo objectum erit ens finitum, solumque excludetur Deus a ratione objecti quamvis non omnino excludatur a consideratione hujus scientiæ, saltem quatenus causa prima est objecti ejus, …. Alter sensus esse potest, si supponamus juxta alierum opinionem, substantias omens immateriales in nullo prædicamento collocari ; hoc enim supposito, omnes illæ ab hujusmodi objecto excludentur, si statuamus illud esse solum ens in decem praedicamenta divisum », *Disp. Meta.*, Disp. 1 Sectio 1, 18.

（16） « Deus non solum ut causa objecti metaphysicae, sed etiam ut pars illius praecipua ad hanc scientiam pertinet », *Disp. Meta.*, Disp. 1 Sectio 1, 19.

（17） « Sexta opinio, quae Buridani esse dicitur, est objectum adæquatum hujus scientiæ esse substantiam quatenus substantia est, id est, ut abstrahit a materiali et immateriali, finita et infinita », *Disp. Meta.*, Disp. 1 Sectio 1, 19.

(18) « Dicendum est ergo, ens in quantum ens reale esse objectum adæquatum hujus scientiæ », *Disp. Meta.*, Disp. 1 Sectio 1, 26.

(19) *Disp.Meta.*, Disp. 1, Sectio 1, 6.

(20) « quomodo physicus agit de privatione, quae conjuncta est cum materia ad formam, et agit de vacuo per comparationem ad lucum », *Disp.Meta.*, Disp. 54, 1.

(21) *Disp.Meta.*, Disp. 54, 1.

(22) « ille actus, quem in mente efficimus ad concipiendum hominem, vocatur conceptus formalis » … « homo autem cognitus et repraesentatus illo [*sc.* intellectus] actu dicitur conceptus objectivus », *Disp.Meta.*, Disp. 2, Sectio 1.

(23) *Disp.Meta.*, Disp. 2, Sectio 1.

(24) 拙著『観念と存在』「第Ⅰ部第一章」および「第Ⅱ部第三章」を参照。

第三章　一七世紀の「形而上学」

第一節　エウスタキウスの「形而上学」

トマスは『神学大全』という題名の書物を残した。スアレスは『形而上学討究』において形而上学を展開した。後者が出版されたのは一五九七年である。トマスは、スアレスと異なり形而上学の対象を「実象的存在」と規定することはなかった。形而上学の対象を「実象的存在」とする点は一六〇九年に出版されたエウスタキウス（Eustachius a Sancto Paulo / Eustache de Saint-Paul）の『哲学大全』（*Summa Philosophiæ quadripartita, de rebus Dialecticis, Moralibus, Physicis et Metaphsicis*, Paris 1609. 以下 *Sum.Philo.* と略記する）に引き継がれている。しかし、エウスタキウスの記したのは、『神学大全』でも『形而上学討究』でもなく『哲学大全』であった。彼の言う「哲学」は四つの部分からなる。第一部は「弁証論ないしは論理学 Dialectica seu Logica」であり、第二部は「倫理学 Ethica」つまり「道徳的なもの res moralis」について論じ、第三部は「物理学 Physica」であり、「自然的なもの res naturalis」を扱う、第四部が「形而上学 Metaphysica」である。彼もアリストテレスの『形而上学』を参照しながら導入の議論を進める。哲学には「理論的ないし思弁的部分 pars theoretica seu contemplatrix」と「実践的ないし活動的部分 pars practica seu operatrix」という大きな二つの部門があり、その理論部門のなかには「物理学」、「数学 Mathematica」、「形而上学」が含まれ、実践部門のなかには「弁証論ないし論理学」、「道徳ないし倫理学」が含まれる。この実践部門では人間精神の働きを導いて真なることを認識するように方向づけることによって、「人間的欲求の運動を理拠に合うように統御し、節制する仕方を教える」(1)。順序としては、弁証論、倫理学、「自然哲学」、それから「最高の哲学」であり、「アリストテレスによって神学と、我々によって通常形而上学と呼ばれている」部分に至る。数学は「我々の企図にさほど関わらないので」省略される(2)。エウスタキウスは同書「第四部」において「形而上学」とは何であり、その対象は何であるのかを述べている。「形而上学が哲学の思弁的部分の一つであり、諸学の類なかで最も高貴な学であることを認めない者は誰もいない」とする(3)。さらに、「形而上学」という名前は学問だけではなく「智恵 sapientia」にも当てはまるとされる(4)。

次に、形而上学の対象について論じられる。「形而上学の対象はもの res の存在と、理拠 ratio の存在が包み込む限りでの最も広く解された存在であると言われている」(5)。形而上学の対象についての二つの見解が検討された後に「形而上学の定義」が提示される。すなわち「自分による実象的存在、および無差別にすべての質料を少なくとも引き離し(抽象)して完成された存在についての理論的学」である(6)。スアレスの場合と比べてみるならば、エウスタキウスの場合には学問論のなかで形而上学が規定されている点を顕著に認めることができる。諸学問が「哲学」として括られ、そのうちの「最高の哲学」が形而上学なのである。その形而上学の対象は最も広く解された存在であり、それは一切の質料を捨象した抽象的なものを含む。その抽象的なものには三つの段階が認められている。第一の段階は「存在と共通属性 Ens & communia attributa」であり、これらはすべての質料から「無差別に secundum indifferentiam」に引き離され(抽象され)ているが、同じように質料と結びつけられることも、結びつけられないこともありうる。第二の段階は「知性的なもの res intelligentiae」であり、これらはすべてのれているだけでなく、何であれ潜在性から引き離されている」。第三の段階は「神」である。「神はすべての質料から引き離され、質料から「実象的に realiter」引き離されている。(7)

形而上学はこのように感覚的なものから切り離された対象についての学である。これら「実象的存在 ens reale」に対して「理拠的存在 ens rationis」は、エウスタキウスによれば、「知性の内に対象的にある esse obujective in intellectu」とされる。また、「心のなかの対象的実在 existentia objectivam in animo」とも表現される。(8)「実在」という表現が「あること・存在 esse」と区別なく使われる場合のあることに注意が必要であろう。しかしながら、彼において「本質」と「実在」の区別は明確である。彼によれば「残るところ次のように言われる。すなわち、実在はまさしく本質の内的な様態であり、その様態によってものは形相的に現実態としてある、言うならものの原因どもの外にある。というのも、ものが実在する前に可能態としてあると言われ、自分の原因どもの内にあたかも隠れているかのようであるのだから、と」。(9)被造的実体の場合について簡潔に言えば、実在は、神による創造によって、本質に様態として付け加えられるということになる。そういう事情を考えるならば、「心のなかの対象的実在」という〈ありさま〉も決して本質を示す表現ではないことがわかる。そして共に「であること」ではなく「があること」として「知性の外に実象的に実在する realiter existere extra intellectum」という〈ありさま〉と対をなす。(10)こうして、知性の内にある内容も、知性の外に実象的に実在する存在に準じて、それとして原因と理由を明らかにすることのできる対象とされる。

知性の内と外とのあり方の違いが立てられているという点では、スアレスの開いた地平の上に立ち、また知性の内にある何かについても原因が探求できるという意味では、その地平からさらに一歩を踏み出していると言える。しかしながら、「実在の三つの区分」は「実体と偶性 existentia substantiae et accidentis」、「単純なものと合成されたもの simplex & composita」、「実象的なものと形相的なもの realis & formalis」に留まり、「理拠的存在」は含まれない。[11] また、「存在性」という概念にせよ、「存在性は、いわば存在の量のようであり、存続や内属のように実在の側からではなく、本質の側から得られる」[12]とされ、「知性の内に対象的にある」ことと知性の外なる実在との橋渡しにはならない。エウスタキウスは知られた事柄についても、それの原因を追及する可能性を開いたが、その原因追及は知性の外に実在するものについての原因追及と異なりはしなかった。以上、スアレスの開いた地平とエウスタキウスの考えの先にデカルト形而上学を見晴らすならば、次の点であたかも地続きであるかに見える。それは、知性の内と外とを対比的に論じながら、その両方を理由・原因の探求可能な存在として認めるという点である。しかしながら、「知性の内に対象的にある」は彼らにおいてけっして「私の内にある in me esse」とは捉えられなかった。

第二節　デュプレックスの「形而上学」

さらに、デカルトの時代へと近づき、デュプレックス（Scipion Dupleix, 1569-1661）のフランス語で書かれ、一六一〇年に公刊された『形而上学ないし超自然的学』（*La métaphysique ou science surnaturelle*, Paris 1610 / Rouen 1640 / Fayard 1992, texte revu par Roger Ariew. 以下、*Méta.* と略記する）という書物について、彼の「形而上学」の特質を「存在」との関係で見て行こう。まず、「第一巻第二章」において「形而上学」は八つの名前をもつとされる。論じられている順にあげれば、「形而上学」、「学 Science」、「神学 Theologie」、「哲学 Philosophie」、「第一哲学 Philosophie premiere」、「賢慮 Prudence」、「諸学の女王 La Princesse et maistress des autres sciences」「普遍学

Science universelle」、「弁証論 Dialectique」である。次に、「第一巻第三章」において「キリスト教神学」との差異の下に形而上学が規定される。その出発点には「哲学者（アリストテレス）」に帰せられる規定がおかれている。すなわち、「存在である限りの、あるいは、ある限りの存在の学」であり、「理拠的存在 *l'estant rationel, ou de raison*」はこの学から排除される、と。[13] この「理拠的存在」の形而上学からの排除は、先に見たように、スアレスに倣うところであろう。さらに、形而上学と、信仰に依拠する「キリスト教神学」との差異が五点にわたって示され、[14] 次の章において「対象あるいは主題」における両者の差異も示される。[15] 他のすべての学は形而上学の下位に配される。[16] 我々の課題にとって、これらに踏み込む必要はないので、以上の概略だけに留めることにする。

しかし、「存在」の捉え方については踏み込んでおかなければならないので、次に「本質」と「実在」の区別を通してデュプレックスの「存在」についての観方の特徴を見ることにしよう。同書「第二巻第三章」において彼はこの区別について論じている。そのなかで我々の観点から着目すべきは次の点である。すなわち、彼によれば、フランス語の「本質 Essence」はラテン語の「本質 Essentia」と同じようにものの本性を意味することができるが、ラテン語の「実在 Existentia」に「丁度」対応する名辞をフランス語はもっていない。ラテン語の「エクシステンティア」で表現されていることをフランス語で表現するならば、「裸の存在性 nue entité、つまり、他のものと取りもっているどんな順序も序列をも考察することなしに捉えられたものの単純で裸のあること simple et nud être」になるとされている。[17]「裸」とは本質も特性も剝がされていることを示している。我々がここで注目したいのは、この本質と実在との区別が知性の内と外との区別には関わっていないということである。このことと「理拠的存在」の規定とを関係づけてみよう。デュプレックスは「理拠的存在」について「第二巻第二章」で規定を与えている。「存在は、その最も普遍的な意味表示において実象的と理拠的とに区分される」。そのうちの「理拠的な存在は我々がものに帰す或る特性であるが、しかし、ものがある限りにおいてではなく、我々がそれらのものを概念する限りにおいてである」。たとえば、「類、種、個体 genre, espece, individu」のように「理性による言説 discours de la raison」によって作られるものである。それらについては論理学において十分に述べられるとされている。[18] ここでは理拠的存在のあることについて、その特有な様相は示されていない。彼の『論理学』(*La logique ou art de discourir et raisonner*, 1607 / 1984, Fayard) も理拠的存在についての存在性格を明らかにしておかなければ、論述を進めることができないという配置をもっていない。このことは彼が、スアレスやエウスタキウスのようには存在問題への強い着目をもっていないことを示しているであろう。デカルト形而上学は、デュプレックスの形而上学との連関よりも、エウスタキウスの形而上学との連関においていっそうよく捉えられる。このことはデカルトが書簡で見せているエウスタキウスに対する高い評価とまったく別のことではないであろう。[19] 別の言い方をするならば、存在問題を形而上学の中心におく点ではスアレスとエウスタキウスは同じ方向性をもっているにせよ、「実象的存在と理拠的存在」の区別の重要性という点では両者は異なる。そしてデカルト形而上学は、デュプレックスによって示されている方向よりも、エウスタキウスの示している方向をいっそう受け継いでいると考えられる。このことはデカルト形而上学を捉える場合に中世スコラ哲学との継承関係という点で重要な意味をもつ。

註

(1) « haec [*scil.* pars Moralis, seu Ethica] vero appetitionis humanae motus ad rectae rationis normam temperare, ac moderari docet », *Sum.Philo.*, Præfatio, pp. 2-3.

(2) « Tum praetermissis Mathematicis, quoniam ad nostrum propsitum non multum conferunt », *Sum.Philo.,* Præfatio, p. 3.

(3) « Metaphysicam esse unam de Philosophiae speculatricis partibus, nobilissimam, proindeque de scientiarum gerere nemo non fatetur », *Sum.Philo.,* pars. IV, Prae., qu. 1.

(4) *Sum.Philo.,* p. IV, Prae., qu. 1.

(5) « aiunt obiectum Metaphysicae esse ens latissime sumptum, quatenus ens rei et rationis complectitur; », *Sum.Philo.,* p. IV, Prae., qu. 2.

(6) « scientia thoretica de ente reali per se & completo ab omni materia saltem secundum indifferentiam abstracto », *Sum.Philo.,* p. IV, Prae., qu. 2.

(7) « Deus vero abstrahit non tantum ab omni materia, sed etiam a quavis potentialitate », *Sum.Philo.,* p. IV, Prae., qu. 2.

(8) *Sum.Philo.*, p. IV, qu. 3.

(9) « superest ut dicatur [existentiam] esse modus quidam essentiae intrinsecus quo formaliter res dicitur esse actu sive extra suas causas : antequam enim res existat dicitur esse potestate, & quasi latere in causis suis », *Sum.Philo.,* p. IV, II, Post. Disp., qu. 4.

(10) *Sum.Philo.,* p. IV, qu. 3.

(11) *Sum.Philo.,* p. IV, II, Post. Disp., qu.6.

(12) « Entitas quasi entis quantitas, non se tenet ex parte existentiae quemadmodum subsistentia & inhaerentia, sed ex parte essentiae », *Sum.Philo.,* p. IV, II, Post. Disp., qu.9.

(13) « La Metaphysique (dit le Philosophe) est la science de l'estant en tant qu'estant ou qu'il est : c'est à dire de toutes les choses qui sont vrayment et actuellement, tant naturelles que surnaturelles. Par ce moyen donc est exclus de l'object de ceste science l'estant qu'on appellee communément *l'estant rationel*, ou *de raison*, qui n'est que par la conception de nostre entendement », *Méta.,* l. I, ch. 3, p. 89.

(14) *Méta.*, l. I, ch. 3, pp. 91-93.

(15) *Méta.*, l. I, ch. 4, p. 95 *sqq*.

(16) Cf. *Méta.*, l. I, ch. 5.

(17) « Mais pour le mieux entendre il faut observer qu'en nostre langue Françoise nous n'avons point de terme qui responde

energiquement au Latin *existentia*, qui signifie la nuë entité, le simple et nud estre des choses sans considerer aucun ordre ou rang qu'elles tiennent entre les autres. Mais le mot *Essentia*, que nous pouvons bien dire *Essence*, marque la nature de la chose,…», *Méta.*, l. I, ch. 3, p. 128.

(18) « L'Estant en sa signification la plus universelle se divise en Reel et Rationel »… « L'Estant rationel est certaine proprieté que nous attribuons aux choses non pas en tant qu'elles sont, mais en tant que nous les concevons », *Mét.*, l. II, ch. 2, p. 121.

(19) Cf. AT. III, 185, 232, 251, 470.

第四章　一七世紀「存在論」の流れ

第一節　ゴクレニウスの「オントロジア」

次に「存在論 ontologia」という概念について考えてみよう。この概念は比較的新しく哲学史のなかに入ってきたとされる。[1] ここではこの用語の嚆矢の一本に相当するゴクレニウス（Rudolph Goclenius, 1547-1628）の『哲学事典』（*Lexicon philosophicum*, Francfort, 1613/ Marburg 1615 / Olms 1980. 以下 *Lex.Philo.* と略記する）を中心に、「存在論 ontologia」という語がギリシャ語で導入された状況について考察することにする。[2] この辞典の「思弁的諸学における質料の抽象」という項目の欄外に「オントロジア」というギリシャ語が現れる。「オントロジアと存在についての哲学 *ὀντολογία & philosophia de ENTE*」と表現されている。[3] 思弁的な学において理拠に従ってだけ質料を捨象（抽象）する場合に、抽象は「数学的 Mathematica」とされる。この抽象の仕方は「オントロジア的なものについての、言い換えれば、存在ないし超越的なものについての哲学に」属すると述べられている。[4] この点での「数学」（マテーシス）Mathesis」と「オントロジア」との語としての近接性は「顕著である」とされる。[5] マテーシスはギリシャ語では「学ぶこと」、「知識」などを意味する。このように、ゴクレニウスは「オン」つまり「存在」についての学を「オントロジア」つまり「存在論」と呼んだ。この学の主題の普遍性は明らかである。

しかし、そこには「哲学」あるいは「形而上学」という概念との明確な関連づけは見出されない。別の箇所で彼は「学 scientia」を次のように分類している。つまり、伝統に従って、ギリシャ語で表記された「ある（オン）」を「それだけで」、「ある」として普遍的に考察する学を「第一哲学」とし、規定された「ある」を個別的に考察する学を「理論学」と「実践学」に分ける。後者には、政治学などの人間たちの行動に関する学が入り、前者には「数学（マテーシス）」、「物理学」が含まれる。(6) しかし、「第一哲学」と「オントロジア」の関係が明確に示されているわけではない。とはいうものの、質料を捨象（抽象）した極において存在を扱うということを確保しておけば、ゴクレニウスの導入した「オントロジア」は第一哲学とも、数学とも、論理学とも通じ合うことになる。『哲学事典』に先立つ彼の『哲学的仲介者』（*Conciliator Philosophicus*, 1609 / Olms 1977. 以下 *Conc.Philo.* と略記）という著作によれば、「第一哲学の主題」は、「存在の限りでの存在 Ens, qua Ens」という見解と「非存在 Nonens」も含まれるという見解の調停によって示される。結局のところ、第一哲学の主題は、第一義的に「普遍的理拠の下における実象的存在」であるが、第二義的には、「非存在」と看做されうる「理拠的存在」をも含むとされる。(7) この著作において「オントロジア」というギリシャ語は用いられていないが、第一哲学の基本については同様な見解と考えることができる。この見解と、同年に出版されたエウスタキウスの『哲学大全』における見解との間に、とりわけ、ゴクレニウスの「第一哲学」ないし「存在論」とエウスタキウスの「形而上学」との間に、「対象 objectum」・「主題 subjectum」である「存在」に関する若干の揺れを看ることができる。エウスタキウスは理拠的存在を「知性の内に対象的にある」存在として捉え、理拠的存在はそのありさまにおいて形而上学の対象に含まれるとしていた。ゴクレニウスは、存在の「欠如」である「非存在」も「理拠的存在」として「真っ直ぐに directe」ではなくとも「斜めに obliquo」第一哲学の主題に含めたのである。(8) ゴクレニウスの方が、実象的存在との「類比」、「類推」を通して知性が理拠的存在を作り上げるとするスアレスの見解に近い。逆に言えば、エウスタキウスの見解の方が、ものを基礎にもつ実象的存在を介してではなく、理拠的存在をそれとして知性の内にあるがままに探究することを可能にする考え方であると言える。次に、ゴクレニウスよりも時代を下って、この「存在論」という概念がいっそう重視されるクラウベルク（Johannes Clauberg, 1622-1665）の著作を参照しよう。

第二節　クラウベルクの「オントソフィア」

一六四七年にクラウベルクによって『哲学綱要言うならオントソフィア』（*Elementa Philosophiæ sive Ontosophia*, Groningen, 1647. 以下、*Ele.Philo.* と略記）という書物が出版される。この書物の題名の残りの部分をさらに記すならば、「神と被造物にそれなりの仕方で共通に帰属させられるものについての第一の学」ということになる。[9] この書物では導入部を経て、「教育 Didactica」、「オントソフィア」である「この学の効用」、他の学問、とりわけ、この学と「通常 vulgo」混同されていた「神学と論理学 Theologia & Logica」との「真なる差異 differentia vera」ないし「区別 distinctio」が提示されている。「オントソフィア」は「第一で普遍的学 scientia prima & Catholica / Prima Philosophia seu Scientia Catholica」とも言い換えられる。[10] このように「オントソフィア」という名辞はその対象の普遍性と第一性を表すために使われている。クラウベルクは、ゴクレニウスの「第一哲学・存在論 ontologia」と「形而上学・神学」との対立から、これらの統合へと移行したであろう。この移行の途中にデカルトの思索が介在している。その思索の核心だけを、ここでは簡潔にのみ記せば、「私」から「神」へと到達することによって形而上学が開披されるという立場である。この思索がクラウベルクには革新と共に混乱をもたらしたことになるであろう。

彼のオントソフィアは、まず、「創造主である神についての学と神によって創造されたものについての二重の学」を提起する。(11) その上で第三の学として「第一哲学」が導入される。「神と被造物は名前以外に共通の或る何か quaedam praeter nomen commnia をもって」おり、「いっそう優れたそしていっそう先立つ学 Scientia superiora & priora」がこれを論ずるのに相応しい。この学が第一哲学であり、アリストテレスの書物に基づいて「形而上学」と呼ばれる。なぜならば、神よりも先立つものは何も、また、いっそう優れているものは何もないとしても、「我々の知性の内には in intellectu nostro」何らかの仕方で神と他のものどもに共通な何かが含まれているからである。(12) その共通な何かを第一哲学は対象とする。神の第一性と存在の学の第一性が、「名前以外の」「我々の知性の内なる」「共通な何か」において統合される。この共通な何か以外の対象はない。学が向かうのは「対象化された（対象から投げられた）ものの知性における生き生きとした表象 rerum objectarum vivæ in intellectu repræsentationes」以外ではない。(13) その表象とは「知解可能なもの intelligibile」であるが、それについて次のように言われる。「知解可能なものは、何であれどのような仕方であれ、思われまた言われうる。たとえば、私は「無」と言う、そして、私が「私が思う」と言う間、私が思っている間、私の知性の内にその当のものがある」。(14)

要するに、「知解可能なもの」が第一にして普遍的な学としての「オントソフィア」、つまりは改変された形而上学の対象になる。その対象はまた思われたものでもある。アリストテレス以来の存在についての普遍学と、中世哲学における神学とが、知性によって表象された対象という場で統合される。

クラウベルクは上に論じた『哲学綱要言うならオントソフィア』を改訂し、一六六〇年に『新オントソフィア』(*Ontosohia nova*) を公刊する。この系列の最後の版が一六六四年に出版される。その題名は『存在についての形而上学、もっと正しくはオントソフィア』(*Metaphysica de ente, quae rectius Ontosophia*, dans *Opera Omnia Philosophica*, Amsterdam 1691 / Olms 1968. 以下、*Ontoso.* と略記) である。その冒頭の部分を少し見て行くことにしよう。「存在の限りにおける存在 ens quatenus ens」を包括する或る学がある。「存在の限り」とは「何らかの或る共通なものが、物体的なものと非物体的なもの、神と被造物、したがってすべての個的な存在にそれなりの仕方で内在する自然本性と自然本性の度合いをもつと知解される限り[15]」と言い換えられる。つまり、この学には一切のものが、共通性の相において知解される限りで含まれる。この学は「形而上学」と名付けられるよりも、「いっそう適切にはオントロジア、あるいは普遍学」と呼ばれるべきである[16]。「存在論＝オントロジア」はクラウベルクによってその広汎性、包括性によって選ばれた名辞であることがわかる。この点は先に見たゴクレニウスの場合と同断である。さらにクラウベルクは次のように書いている。つまり、神に関して論じる学が神学と言われるように「これやあの存在に関して特殊な名前によって示されるのではなく、あるいは、他のものから区別された何らかの特性を示すのではない、類における存在に関して、オントソフィア、あるいは、オントロジアと言われうるのはさほど不都合ではないと思われる[17]」。このように形而上学が存在論として改変され、神学が存在論の一部へといわば「降格」される場合に、その対象である存在が知解されうる限りとして解釈されていることに着目しなければならない。言い換えれば、神と「思うもの」である「私」から神の実在証明を経て自然学の基礎を解明する学がデカルト形而上学においては第一哲学であり、その頂点をなすのが神論であったのに対して、クラウベルクにおいては存在論が形而上学を組み込み、神学をその一部として包容する途が開かれた。一六四七年の『哲学綱要』に見られた「知解可能なもの」についての規定はそのまま「すべての存在は思われうる、ないし、

知解されうる *omne ens potest cogitari* seu intelligi[18]」と変更される。つまり、存在は知解可能性において捉えられることになるのである。そこでは「存在言うなら知解可能なもの Ens sive Intelligibile[19]」という言い換えが可能になる。そしてこのことは、存在の知解可能性への回収ではなく、逆に、知解可能性を存在に回収することを意味している。

というのも、存在の学としての構想が制約を課すことになるその一方で次のことを見逃すわけにはいかないからである。彼の「存在論」は、矛盾律をかかげ、それを基盤にして「存在の本質 Entis *Essentia*」(*Ontoso.*, V, Title, t. I, p. 292)、「存在の実在 Entis *Existentia*[20]」、「一と多 *Unum & multum*[21]」、「真と偽[22]」、「善と悪[23]」などいくつかの超越概念、「原理、原因、作用 *Principium. Causa. Actio.*[24]」などの、存在論の基本的な概念とそれらについての考え方を説明するものなのである。その行き着くところ当然ではあるが、「我々がそれについて思うこと de quo cogitamus」と、存在論の基本事項としての矛盾律との関係について述べられることになる。この思われたことが「我々の思いのなかで矛盾を含んでいないならば、したがって、それが自然界にある、あるいは、少なくともありうると我々が判断するならば、そのときには我々はそれに〈対象としてあること *esse objectivum*〉だけではなく、実にまた〈実象的にあること *esse reale*〉も帰する」とされる[25]。このような考え方の上に立って、「第二六項」の注(p)において、クラウベルクはデカルトの「第一原理である〈私はある〉primum principium est, *Ego sum*」を取り上げる。しかし、文法的、論理的分析がなされ、デカルトのこの「公理」は「明晰判明な認識によって他のものどもに先んじて知解され clara ac distincta cognitione prius intelligitur, quam alia」る、と言われる。それに対して矛盾律のような「存在についての概念 conceptus entis」は第一ではあるが「曖昧で混雑しているだけの知見 notitia tantum confusa & obscura」とされる。知見が「曖昧で混雑している」とは、当の知見が「明晰判明な認識」をも不明確な仕方で包み込んでいることを示す。簡潔に言えば、論理学の概念と「私はある」という公理とが存在という観点では前者が、知解という観点では後者が第一に来るという並列がなされているのである。要するに「私がある Ego sum」の第一性と矛盾律の第一性とは並列のままに残されるが、[26]先に見たように体系的叙述としては存在論的原理を優先的に取り上げている。彼はたとえばデカルト『省察』の註解（*Paraphrasis*, 1658）を著し、また『デカルト哲学擁護』（*Defensio cartesiana*, 1652）という書物をも公刊している。その彼によって改変された形而上学としての存在論において「私」の第一性は失われているのである。[27]この思うことの存在化という事態は一六四七年においてよりも、一六六四年においていっそう明らかに看て取れる。一六四七年には存在は知解可能性という表象の場に設定されながら、一六六四年には知解可能なものは存在のなかに埋もれることになる。要するに、クラウベルクは、デカルト形而上学における革新の影響を受けつつも、神学を存在論へと従属せしめ、知解可能なものを存在の規則に服させる途をも開いたのである。この傾向はどのような展開に結びついて行くのであろうか。その一つとしてヴォルフの「存在論」について見ることにしよう。

註

（1） J. -L. Marion によれば、この「存在論」という用語が「形而上学の歴史のなかに入ってくる」（J.-L. Marion, *Sur le prisme métaphysique de Descartes*, PUF, 1986, pp. 79-80 et p. 29, n. 27.）のは、ゴクレニウス（Rudolph Goclenius, 1547-1628）の『哲学事典』（*Lexicon philosophicum*, Francfort, 1613/ Marburg 1615 / Olms 1980）以来のこととされるが、その後の研究によって以下のように示されている。J.-F. Courtine, *Suarez et le système de la métaphysique*, PUF, 1990, p. 410, n. 6 は Jacobus Lorhardus（ou Jacob Lorhard）についても、J. S. Freedman, *Deutsche Schulphilosophie im Reformationszeitalter 1500-1650* を紹介しながら言及している。
また、後者 Lorhardus については Raul Corazzon, *Theory and History of Ontology* (http://www.formalontology.it/history-continental-

authors.htm）によれば、彼の一六〇六年の作品に « ontologia » という用語が使われているとされる（*ibid.*）。また、中畑正志「オントロジーの成立――西欧における〈ある〉と〈存在〉をめぐる思考の系譜」（23/11/2014「インド哲学における〈存在〉をめぐる議論の諸相」公開シンポジウム講演、於東京大学、発表原稿）は「ontologia」という概念に哲学史的筋道を与えている。また、この点については、M. Savini, *Johannes Clauberg* Methodus Cartesiana *et ontologie*, Vrin, 2011, p. 25 *sqq.* et pp. 292-293, そして今井悠介「存在論とデカルト哲学の抗争　クラウベルク『オントソフィア』における端緒と体系の問題」哲学会編『根拠・言語・存在』哲学雑誌第一三一巻第八〇九号、一七一頁、特に註（4）と（5）を参照。

（2）「マテーシス」という概念については、拙著『知と存在の創造性』「第Ⅱ部第三章」を参照。

（3）*Lex.Philo.*, p. 16.

（4）*Ibid.*

（5）J.-F. Courtine, *op.cit.*, pp. 408-413 は、ゴクレニウスの一五九八年に公刊された *Isagoge in Peripateticorum et Scholasticorum Primam Philosophiam*, Francfort, 1598 に準拠して、ゴクレニウスの「第一哲学と形而上学 prima philosophia et metaphysica」の違いについて次のように記している。ゴクレニウスの存在についての思索は三つの部分をもつ。第一に、最も普遍的なものについて論じる「普遍学 *scientia universalis*」は「厳密な意味での第一哲学 prima philosophia」となり、第二の「神学 *théologie* はまったく精確には形而上学 *Metaphysica* と名づけられるようになり」、最後に「天使学」が来ることになる、と（*op. cit.*, p. 409）。

（6）*Lex.Philo.*, p. 1011, cf. p. 828.

（7）*Conc.Philo.*, pp. 9-10.

（8）*Conc.Philo.*, p. 10.

（9）« *Scientia prima, de iis quae Deo Creaturisque suo modo communiter attribuntur, distincta partibus quatuor* », *Ele.Philo.* Title.

（10）*Ele.Philo.*, title & Praefatio ad Lectorem, p. iii.

（11）« duplex scientia : una de Deo Creatore, altera de rebus a Deo creatis », *Ele.Philo.*, Prolego., § 1, p. 2.

（12）Cf. « Deum & Creaturam habere quaedam praeter nomen commnia, ad Scientiam superiorem & priorem pertinentia, qualis quidem ea est quae PRIMA PHILOSOPHIA vel ex Aristotelicorum librorum inscriptione *Metaphisica* appellatur. Tamet si enim Deo hihil est prius aut superius, est tamen aliquid in intellectu nostro ita commne, ut Deum simul cum aliis aliquo modo comprehendat », *Ele.Philo.*,

Prolego, § 4, p. 2.

(13) « nihil aliud sint, quam rerum objectarum vivae in intellectu repraesentationes », *Ele.Philo.*, Prolego., § 1, p. 1.

(14) *Ele.Philo.*, I, § 2, p. 37.

(15) *Ontoso.*, I, § 1, t. I, p. 283.

(16) « aptius Ontologia vel scientia Catholica, eine allgemaine Wissenschaft/ & Philosophia universalis », *Ontoso.* I, § 2, t. I, p. 283.

(17) « ita haec, quae non circa hoc vel illud ens speciali nomine insignitum vel proprietate quadam ab aliis distinctum, sed circa ens in genere versatur, non incommode Ontosophia vel Ontologia dici posse videatur », *Ontoso.*, Proleg., § 4, t. I, p. 281.

(18) *Ontoso.*, II, § 6, t.I, p. 283.

(19) *Ibid.*

(20) *Ontoso.*, VI, Title, t. I, p. 296.

(21) *Ontoso.*, VIII, Title, t. I, p. 303.

(22) *Ontoso.*, XIII, Title, t. I, p. 307.

(23) *Ontoso.*, X, Title, t. I, p. 311.

(24) *Ontoso.*, XIII, Title, t. I, p. 320.

(25) « si illud, de quo cogitamus, nullam involvit in cogitatione nostra repugnantiam (…) adeo ut judicemus id esse in rerum natura aut saltem esse posse, tunc ei non modo *esse obujectum*, verùm etiam *esse reale* attribuimus », *Ontoso,* III, § 18, t.I, p. 285.

(26) « mens mea cogitans, clara ac distincta cognitione prius intelligitur, quam alia. At conceptus entis, de quo loquitur axioma, *Imposibile*, &c. primus est, notitia tantum confusa & obscura », *Ontoso.,* III, § 26, n. p, t.I, p. 286.

(27) Cf. V. Carraud, L'ontologie peut-elle être cartésienne ? L'exemple de l'*Ontosophia* de Clauberg, de 1647 à 1664 : De l'*Ens* à la *Mens*, dans Theo Verbeek (ed.by), *Johannes Clauberg(1622-1665) and Cartesian Philosophy in the Seventeenth Century*, Kluwer, 1999, pp. 13-38. また、クラウベルクの『オントソフィア』の展開とデカルト哲学との関係については以下のものを参照。Theo Verbeek, *Descartes and the Dutch, Early Reactions to Cartesian Philosophy, 1637-1650*, Southern Illinois University Press, 1992, p. 73 sqq., Theo Verbeek, Johannes Clauberg : A Bio-Bibliographical Sketchs, dans Theo Verbeek (ed.by), *Johannes Clauberg(1622-1665)*

and Cartesian Philosophy in the Seventeenth Century, Kluwer, 1999, p. 182 *sqq*.

第五章　クリスチャン・ヴォルフの存在論

第一節　「第一哲学」の特質

Ch・ヴォルフとJ・クラウベルクの間には、三〇年という「ドイツ学校哲学 deutsche Schulphilosophie」の第一世代がすっぽり入るぐらいの隔たりがある。(1) そして既に一八世紀に入っているにもかかわらず、一七世紀形而上学・存在論の一つの終局をヴォルフの「存在論」に見ることは不適切なことではない。というのも、カントはこの「存在論」からの脱出を試み、それを果たしたと解されるからである。カントはデカルトが切り開いた新しい地平ではなく、そこから後退した「存在論」主義を、ヒューム（D. Hume, 1711-1776）ショックの下に克服したということになる。(2) 言い換えれば、デカルト形而上学に立脚すれば、ヴォルフの「存在論」の構想は言わば革新され損なった「第一哲学」ということになるであろう。この点をヴォルフの『第一哲学、言うなら存在論 *Philosophia Prima sive Ontologia*』（以下、*Phil.Onto.* と略記する）について見ることにしよう。(3) 彼の構想は次のように示される。すなわち、「存在論、ないし第一哲学は、類における存在、ないし存在である限りの存在についての学である」、と。(4)『第一哲学いうなら存在論』というこの書物の序文によれば、第一哲学は、スコラの学者たちによって体系的に整えられたのであるが、デカルトが明晰判明に哲学することを始め、そのことによって第一哲学における用語や基準の曖昧さが明らかになったとされる。用語を明晰判明にすることが存在論の本務であり、そのためには第一に用語を然るべく定義しなければならない。つまり、明晰判明であり、いっそう単純な基礎概念から組み立てられる定義を提示しなければならない。「あたかも存在論が野蛮人たちの哲学事典であるかのような」状態から存在論を救い出さねばならない。(5) 定義を行う場合のモデルになるのは論理学であり、ユークリッドの用いた諸原理を含む「マテーシス（数学）Mathesis」である。(6) 課題とするところは、いっそう先立つものからの論証によって「スコラ学の順序 scholae ordo」を守りながら学を展開することである。その存在論の全体は以下の二つの部分に分かれる。(7)「第一部　存在一般の基礎概念について、そしてそこから帰結する諸特性について」。(8)「第二部　存在のさまざまな種と種相互について Pars II. De speciebus entium et eorum ad se invicem」。(9) これらが「一般存在論 ontologia generalis」を構成する。その他の「哲学的諸学」はこの存在論によって原理を与えられる。(10)「私は実在を可能性の充足と定義する」。「可能性が完全にされて、存在が可能性の状態から現実という状態へと導かれるのは、いったいどのようにしてなのかということを、我々はそれぞれの場所で示すであろう」。こうして所謂「特殊存在論 ontologia specialis」が成立する。つまり、「神学 Theologia」、「宇宙論 Cosmologia」、「心理学 Psychologia」、「物理学 Physica」、「道徳的市民的哲学 Philosophia moralis, atque civilis」である。(11)「存在を存在の限り」で論じる第一哲学が存在論と呼ばれ、神学はその一般存在論を特殊化した部門とされる。既に我々の見たように、神学は中世哲学では形而上学の別名でもあった。ヴォルフは「神学」を格下げし、「形而上学」には固有な対象を指定していない。

第二節　存在論の第一原理

この第一哲学である存在論を学的方法で論ずる者は、「権利回復によって postliminio スコラ哲学を呼び戻すのではなく、スコラ哲学を改善する emendat」ことになる[(12)]。この「権利回復によって」という表現は、ライプニッツの一六八六年の思索を伝える『形而上学叙説』「第一一節」において用いられている表現である。そこでライプニッツは「実体形相を権利回復によって postliminio 呼び戻す」ことの危険性に触れながらも、「実体形相」という概念を導入する[(13)]。このことはヴォルフがライプニッツよりもスコラ哲学の継承をいっそう重視していることを表している。ヴォルフが課題としたことの一つはスコラ哲学の「改善」なのである。基礎的な諸概念の明証的な定義によってスコラ的形而上学を存在論へと改善することが狙われていたのである。

ヴォルフ哲学における「存在」概念について理解するために、その存在論における「原理」について見てみよう。まず第一哲学における第一原理は「矛盾律 principium contradictionis」であるとされる[(14)]。そして第二の原理はライプニッツが提起した「充分な理由の原理 Principium Rationis Sufficientis」である。この原理は「充足理由律」とも表現される。この原理はヴォルフによれば、そこから「なぜ或る何かであるのか cur aliquid sit」ということが知解される原理である[(15)]。そしてこれらの原理を説明した後に、「第一部第二巻」の「第一章」において「認知された存在の本質と実在およびいくつかの基礎概念について De essentia et existentia entis agnotisque nonnullis notionibus」論じられる[(16)]。そこで、まず「可能的なものと不可能なもの Possibile & Impossibile」の規定が示され、その次に「限定的なものと非限定的なものについて De Determinato & Indeterminato」述べられ[(17)]、その後で「存在の基礎概念について De Notione Entis」論じられることになる。[18] この最後の部分を少し辿ってみよう。

第三節　存在についての基礎概念

まず、「存在と言われるのは、実在しうるものであり、したがって実在は存在に背反しない［矛盾関係にはない］」。[19] 言い換えれば、可能的に実在するものが「存在」と言われることになる。「虚構的存在 ens fictum」も存在である。これは、実在と背反（矛盾）の関係とは解されないが、「現実に revera」あると想念するならば背反を生じるもののことである。[20]「想像上の存在 ens imaginarium」は「想像上の基礎概念によって表示される notione imaginaria exhibetur」ものである。たとえば数学上の「無限小（のものども）infinite parva」のような想像上の存在も「存在」である。[21] ここには「理拠的存在 ens rationis」についての言及は見出されない。「理拠的存在」と呼ばれていた存在はヴォルフによって「潜在的存在 *ens potentiale* seu *ens potentia*」と呼ばれることになる。これに対立する概念は「現実的存在 *ens actuale*, vel etiam *ens actu*」である。潜在的存在は実在することの充分な理由をもちうるものとされる。[22] スアレスにおいてそうであったようには、知性の働きとの関係で理拠的存在の定義が与えられているわけではない。

以上のことは実在と存在の関係についてのヴォルフの考えに支えられている。鍵は可能性ということにある。「実在するものは可能的である *Quod existit, id est possiile*」。[23] しかし、「可能的であるからといって、実在するわけではない *Quod possibile est, id non ideo existit*」。[24] 可能的であるとは何も矛盾を含まないということであった。[25]「可能的なもの、それは実在しうる *Quod possibile est, illud existere potest.*」[26]。つまり、可能的なものは実在しうるが実在しない。「可能性から実在へと進む帰結は妥当ではない *a possibiliate ad existentiam non valet*」[27]。しかし、可能的なものが現実化することがないということではない。現実化の妥当性が充分な理由の原理に基づいて充填されるならば、可能性から現実性への移行を示すことができる。「実在するためには、存在の可能性とは別のなお他の何かが求められる」[28]ので、可能性から実在へという論証は妥当ではないのである[29]。可能的なものが実在するためには、それが矛盾を含まないということだけではなく、「他の何か」が補完されなければならない。「ここから、私は実在を可能性の完成と定義する」[30]。可能性が完成されて、存在が可能性の状態から現実へと移行する。この移行を示すのが充分な理由の原理に基づいた証明である。言い換えれば、可能性の完成として現実性の理由が求められる。たとえば、先に見たように「叡智体の実在と普遍の現実性の理由がいったい何であるのか」ということの解明が、「自然神学 Theologia naturalis」の現実化の論証になる。どのようにして物質的世界のうちに偶然的なものどもが実在するのか、その現実性の理由、つまり、可能性の完成は「宇宙論」において論証される。どのような仕方で人間精神における可能的なものが現実態へと導かれるのか、これが「心理学」において論じられる。学の体系は以下「物理学」「道徳的で市民的な哲学」と続くことになる[31]。

以上の検討からヴォルフ存在論の特徴を次の三点に纏めることができる。第一は、クラウベルクの一六四七年の書物では核心をなしていた「知解可能なもの」が、彼の一六六〇年の書物では重みが減少していたことの延長線上にヴォルフの「存在」についての捉え方が位置するということである。「存在」の規定に知ることの仕組みは一切要求されない。ヴォルフにおいて「存在」は矛盾を含まないものなのである。第二に、「私が思う（コギト）」ということについても同じことが言える。ヴォルフは矛盾律と充分な理由の原理から出発する。そこに

「私」の第一性は見られない。デカルト的「私 ego」は彼の存在論のうちに位置をもたない。第三に、実象的存在と理拠的存在の区別は「現実的存在」と「潜在的存在」の区別へと引き渡され、知性とものの対峙関係の下にも、知性の内と外という対立関係の下にもおかれていない。「私」は世界のなかに埋め込まれ、知ることは論理学に従属する。

註

（1） Cf. Max Wundt, *Die deutsche Schulphilosophie im Zeitalter der Aufklärung*, 1964, Olms

（2） ヒューム哲学との関連については本書「第Ⅲ部第二章」で取り扱う。

（3） Christian Wolf, *Philosophia Prima sive Ontologia*, in *Gesammelte Werke*, 1728 / 1736, dans H. Abt. Lateinische Schriften t. 3, Herausgegeben von Jean Ecole, Olms, 1962.

（4） « Ontologia seu Philosophia prima est scientia entis in genere, seu quatenus ens est », *Phil.Onto.*, S. 1, § 1.

（5） « Philosophia prima invidendis elogiis a Scholasticis exornata; sed, postquam Philosophia *Cartesiana* invaluit, in contemtum adducta omnium que ludibrio exposita fuit. *Cartesius* enim clare ac distincte philosophari coepit, ut non admittantur termini, nisi quibus notio clara obvia respondet, aut qui definitione in istiusmodi notiones simpliciores resolubili constant, & res per rationes intrinsecas intelligibili modo explicentur. In Philosophia prima vero terminorum definitiones ut plurimum obscuriores erant ipsis terminis, & canones, quos appellabant, non minus obscuri, quam ambigui, ut adeo nullus propemodum tam horum, quam illarum esset usus. » … « unde perversa illa enascebatur opinio, quasi Ontologia sit Lexicon barbarum philosophicum, in quo explicentur termini philosophici, quorum maxima parte tuto carere possimus », *Phil.Onto.*, Praef. pp. 11*-12*.

（6） « Atque ita intelligebam Mathesin omnem certitudinem Philosophiae premae acceptam referre, ex qua principia prima desumit », *Phil.Onto.*, Praef. p. 12*.

（7） « Etsi autem methodus scientifica, qua usus sum & in sequentibus Philosophiae partibus utar, postulet, ut singula eo tradantur loco, quo ex praecedentibus intelligi ac demonstrari possunt ; cum eadem tamen scholae ordinem simul observare libuit, quantum illa permittit, quemadomdum & in Logica factum est : Atque ideo totum opus in duas partes secui, quarum utramque denuo in sectiones & has rursus in capita subdividere libuit », *Phil.Onto.*, Praef. p. 14*.

(8) « Pars I. De notione entis in genere et proprietatibus, quae inde consequuntur », *Phil.Onto.*, p. 15, title.

(9) « Pars II. De speciebus entium et eorum ad se invicem », *Phil.Onto.*, p. 415, title.

(10) « Ceterae autem disciplinae philosophicae non minus sua ab Ontologia principia expectant, sine quibus evidentia ea destituuntur, quae ad convictionem sola sufficit », *Phil.Onto.*, Praef. p. 18*.

(11) « Hinc Existentiam definio per complementum possibilitatis »…« Quidnam istud sit, quod accedere debeat, ut possibilitas compleatur & ens ex statu possibilitatis in statum actualitatis traducatur, suo ostendemus loco », *Phil.Onto.*, Pars I, S. 2, § 174, p. 143.

(12) « *Qui philosophiam primam methodo scientifica pertractat, is philosophiam scolasticam non postliminio in scolis revovat, sed eam emendat* », *Phil.Onto.*, Prolego., § 7, p. 3.

(13) « Je sais que j'avance un grand paradoxe en prétendant de réhabiliter en quelque façon l'ancienne philosophie et de rappeler *postliminio* les formes substantielles presque bannies ; », G. W. Leibniz, *Discours de métaphysique,* éd. par M. Fichant, Gallimard, 2004, § 11, pp. 164-165.

(14) *Phil.Onto.*, Pars I, s. 1, c. 1, §. 27, p. 15.

(15) « Per Rationem sufficientem intelligimus id, unde intelligitur, cur aliquid sit », *Phil.Onto.*, Pars I, s. 1, c. 2, p. 39, title.

(16) *Phil.Onto.*, Pars I, s. 2, c. 1, § 79, p. 62, *sqq*.

(17) *Phil.Onto.,* Pars I, s. 2, c. 2, § 104, p. 87, *sqq*.

(18) *Phil.Onto.*, Pars I, s. 2, c. 3, § 132, p. 113, *sqq*.

(19) « *Ens* dicitur, quod existere potest, consequenter cui existentia non repugnat », *Phil.Onto.*, Pars I, s. 2, c. 3, § 134, p. 115.

(20) « Id, cui existentiam non repugnare sumimus, utut revera eidem repugnet, *Ens fictum* appellatur », *Phil.Onto.,* Pars I, s. 2, c. 3, § 140, p. 118.

(21) *Phil.Ont.,* Pars I, s. 2, c. 3, § 141, p. 119.

(22) « Ens, quod existit, dicitur *ens actuale*, vel etiam *ens actu* : quod vero ad alia existentia relatum in iis habere potest rationem

sufficientem existentiae suae, *ens potentiale* seu *ens potentia* appellamus », *Phil.Onto.,* Pars I, s. 2, c. 3, § 175, p. 143.

(23) *Phil.Onto.*, Pars I, s. 2, c. 3, § 170, p. 140.

(24) *Phil.Onto.*, Pars I, s. 2, c. 3, § 171, p. 141.

(25) « *Possibile* est, quod nullam contradictionem involvit, seu, quod non est impossibile », *Phil.Onto.,* Pars I, s. 2, c. 1, § 85, p. 65.

(26) *Phil.Onto.*, Pars I, s. 2, c. 3, § 133, p. 114.

(27) *Phil.Onto.*, Pars. I, s. 2, c. 3, § 171, p. 141.

(28) *Phil.Onto.*, Pars I, s. 2, c. 3, §173, p. 142.

(29) « *Praeter possibilitatem entis aliud quid adhuc requiritur, ut existat* », *Phil.Onto.,* Pars I, s. 2, c. 3, § 173, p. 142.

(30) « Hinc Existentiam definio per complementum possibilitatis », *Phil.Onto.,* Pars I, s. 2, c. 3, §174, p. 143.

(31) « In Theologia nimirum naturali demonstrabimus, quaenam sit ratio existentiae Numinis atque actualitatis universi ; in Cosmologia, quomodo existentia contingentium in mundo materiali determinetur ; in Psychologia denique, quo pacto in mente humana possibilia ad actum deducantur », *Phil.Onto.*, Pars I, S. 2, § 174, p. 143.

第六章　デカルト哲学と形而上学

第一節　「形而上学」と「第一哲学」

これまで見てきた形而上学の流れと存在論の流れの間に「コギト」の哲学としてのデカルト哲学をおいてみれば、その革新性ばかりが目立ってしまい、流れを見失う。というのも真の革新性は次の点に存するからである。先に、デカルト形而上学を特徴づけたように、その形而上学は「私があり、私が実在する ego sum, ego existo」(1)、そしてその「私」が「思う（思惟する）もの res cogitans」(2) であることから出発する。「ある」ことと「思う」こととという二重の意味での「私」の第一性がその核心をなす。このことは上に見てきた形而上学の流れからも、存在論の流れからも外れることである。しかし、一方にはドゥンス・スコトゥスを創始にもち、エウスタキウスの継承する知性の内に「対象的にある」という存在様相がデカルト哲学にも受け継がれているということがある。この点については、理拠的存在についての考え方とともに、スアレスからエウスタキウスへ、そしてデカルトへという流れを見ることができる。しかしながら他方、この流れは存在論の系譜には注いでいなかった。クラウベルクの存在論において、当初導入された知解可能なものが存在へと変換され、存在のなかに埋もれて行くのが見出された。「思い」思われるところに形而上学の場が設定されることと、「対象的にある」という存在性格のもとに知性の内にある〈ありさま〉を真理探究可能な〈ありさま〉と捉えること、この二つの事態は近傍にある。しかし、後者へと終着するスアレスと前者からはじめるデカルトとの間には越えることのできない渠《みぞ》がある。スアレスの形而上学は「私」の第一性を受け容れる余地をもたない。そして近代「存在論」の系譜が示していたのは、デカルト哲学を受け容れながらこの「私」の第一性が喪失されて行くということである。その一方で、ヒューム・カントの哲学は「思い」(「知覚」、「概念」)を場とし、その意味で「私」の第一性が保たれていながら、存在論の系譜からはずれることになる。このことはいったいどのような意義において捉えられ、そのこととデカルト哲学の革新性とはどのように連関するのか。以下においてこの点に踏み込むことにしよう。

デカルトは一五九六年に生まれて一六五〇年に世を去った。彼が活躍したのはエウスタキウスとディプレックスとゴクレニウスより後であり、クラウベルクとヴォルフよりも前である。デカルトは一六四一年に『省察』の初版を公刊した。この『省察』の題名をすべて掲げれば、一六四二年の第二版では『そこにおいて神の実在と、人間の心の物体(身体)からの区別が論証される第一哲学についての諸省察』とされている。一六四七年に出版されたリュインヌ侯による同じ『省察』仏訳の題名は、著者名のところを省けば、次の通りである。『そこにおいて神の実在と、人間の心と身体との間にある実象的区別が論証される、第一哲学に関する形而上学的諸省察』(3)。これら「第一哲学」と「形而上学」、この二つの概念についてデカルトがどのように捉えていたのか。デカルトは、スアレスや、エウスタキウスや、クラウベルクやヴォルフのように、これらの概念を主題的に論じることはしていない。それゆえ、彼がこれらの概念に言及している箇所やこれらの概念を用いている箇所に、その意義を探らなければならない。

第一に、『第一哲学についての諸省察』という表題を選んだ理由をデカルトは或る書簡で次のように記している。「私が論じているのはとりわけても神と心についてというのではけっしてなく、総じて哲学することによって認識されうる第一なることごとのすべて」を『省察』で扱ったので、「第一哲学についての諸省察」という表題を選んだ、と。[4] その同じ書簡にはまた「形而上学についての私の書」、「私はそこで神と心についてだけではなく、総じて順序正しく哲学することによって認識されうる第一なることごとのすべてについて論じる」とも記されている。[5] 第二に、『省察』「読者への序言」においては、この書物が「神と人間精神についての諸問題」と共に「第一哲学全体のもろもろの始まり」を扱うとされている。[6] 第三に、仏訳『哲学の原理』(*Principes de la philosophie*, 1647)の「序文」には「非物質的ないし形而上学的なことごと」[7] という表現が見られ、「哲学の第一の部分は形而上学であり、それは認識の諸原理を含む」[8] とされている。また、同じ部分で以下のようにも言われている。「哲学全体は一本の樹のようであり、その根は形而上学であり、幹は自然学である」[9]。『省察』においては「形而上学の諸基礎」の主要な点、「原理に係わる諸点」を解明しようとした。『哲学の原理』の「第一部は認識の諸原理を含み、第一哲学あるいは形而上学と呼ばれうる」[10]。最後にラテン原典『哲学の原理』(*Principia philosophiae*, 1644)において『第一哲学についての諸省察』を「形而上学的諸省察 Meditationes Metaphysicae」と言い換えている箇所もある。[11]

以上の通覧からデカルト形而上学の体系的特徴が見えてくる。第一に、デカルトにとって「哲学」は学問全体を総称する呼び方であり、「形而上学」と「第一哲学」とはともに哲学することの順序として第一である事柄を扱う。別の言い方をすれば、それは神と人間精神を対象としてもつだけではなく、「第一なることごとのすべて」を論じる。ここに「形而上学」の広汎性、普遍性、第一性という特徴を看て取ることができる。つまり、この点ではデカルトの「形而上学」は「第一哲学」に他ならない。広汎性、普遍性、第一性という点に限って言えば、

「第一哲学」を「存在論」と呼んだ近代の流れと同様である。第二に「形而上学」が神について論じる場であるという点では、中世形而上学と軌を一にする。しかしながら、デカルト形而上学は「私」を真上に超えることによって神学を開くという点では、中世的伝統とは異なる。

この二点と上述の哲学史的流れを踏まえてデカルトの前と後との変化を考えてみるならば、次のようになる。形而上学は中世において神学であり、そこでは「存在の限りの存在」が問われていた。その点では第一哲学でもあった。しかし、この「第一」であることは、「感覚に前もってなかった何ものも知性の内にはない」という基本的な立場と両立するべきものであった。ゴクレニウスのこの流れへの介入は形而上学・神学と第一哲学（存在論）という暗黙の対が離れて行くことを仄示していた。すなわち、中世形而上学においては、形而上学は神学でもあるがゆえに第一哲学であった。ゴクレニウスにおいて存在論は「マテーシス（数学）」であり、神学という礎が不要になる。存在論という立場によって広汎性も普遍性も第一性も保持することができる。デカルトの思索においては形而上学と神学と第一哲学は重なる。それに対してヴォルフの存在論においては、神学は特殊存在論に降格される。形而上学は、物理学の後という事態を名前の出処にもつのであるが、神学の降格に応じて、存在論における自然現象の解明は神の創造の事理《ことわり》から乖離することになる。このことを通して、中世的形而上学においては、神の業の限りで「それ自体として知られる」事柄も、先に述べた「感覚に前もってなかった何ものも知性の内にはない」という重石をもっていたのであるが、存在論のなかでは、被造物である自然現象の基礎が第一哲学の対象であるという位置を奪われる。それに応じて存在論は「存在」についての基礎的概念を定め、そこから現実化の法則を経てさまざまな現実を説明することになる。そのようにして形而上学が第一哲学であるという役割を失う。そして形而上学は神学の降格にいわば引きずられて衰退して行くことになる。中世的形而上学と存在論の系譜との中間に位置するデカルト哲学においては、形而上学と神学と第一哲学とは「思う私がある」ことに支えられた一体性をもっている。このことは「存在論」の系譜において失われて行く。存在論主義は論理主義化、言語論化、社会（学）主義化など「存在」の一元的原理を求め、「私」の第一性を失う。その一方で「私」の第一性は、知覚、認識の最終制約、意識現象として、「存在」に染まらぬ第一のものと捉えられるようになり、他人とのつながりについては感情を基盤にして表現されることになる。この大きな流れのなかでデカルトが示したのは、「思う私」の「ある」ことから「無限」へと上昇し世界を開く途であった。これを我々は自我論的道程から宇宙論的見地へと表現する。デカルト形而上学の革新性はここに明らかである。

第二節　「形而上学」と「抽象」

「形而上学」という用語については以上のように明らかになるが、その一方で、滅多にあることではないが、デカルトが「疑い」と「形而上学的」ということを結びつける場合がある。この場合には「形而上学的」という表現は否定的な意味で用いられる。どうしてそのようなことが生じるのか、この点について若干を付け加えておく。「第三省察」でデカルトは神が「あるかないか」などという「疑いの理由は、いわば形而上学的で、すこぶる薄弱[12]」であると書いている。「形而上学的疑い dubitatio metaphysica」という連辞は『省察』に付け加えられた「答弁」のなかにも見出される[13]。「形而上学的疑い」は用語として、たとえば「形而上学的確実性[14]」と対をなす場合があるように、「誇張的な（歪められた）hyperbolica[15]」、つまり、基礎のないという意味をもつ。なぜこのような意味をもつことになったのか。「形而上学的」という表現が先に見たように抽象を意味しているからである。しかし、「抽象」がよくない意味をもっているわけではない。肝心な点は、デカルトの認識理論はスコラ的な抽象理論とは方向において逆になるという点にある。つまり、スコラ哲学における抽象理論が感覚与件を前提にするものであるのに対して、デカルトは疑いの道における夢という想定を通してこの理論の脆弱性を示した。いま夢を見ていると想定するならば、感覚与件を介して確実な知に到るとすることはできない。疑いの理由がもし感覚与件を抽象することによって得られる、その意味で「形而上学的」であるのならば、その理由は薄弱である。要するに、「形而上学的」という言い方がスコラ的な抽象理論に結びつくときに、デカルト哲学にとって否定的な意味をもつ。デカルトが形而上学を構築するに際して読者に要請したのは、スコラ的「抽象」ではなく、逆に「心を諸感覚から引き離すこと」であった(16)。この「形而上学的」という表現をよくない意味で用いる点はマルブランシュ(N. Malebranch, 1638-1715)にも受け継がれているとされる(17)。また、「形而上学」という語の意味という点から見れば、一六九四年に初版が出版された『アカデミー・フランセーズの辞典』(*Dictionnaire de L'Académie française*)の一八三二年第六版に「形而上学的」の意味として「あまりにも抽象的 Trop abstrait」ということが挙げられている。一七九八年第五版までにも、もちろん「抽象的」という意味は掲げられているが、「あまりにも」という語は加えられてはいない。このことは「形而上学的」という表現の否定的使用の定着が遅れてきたということを示しているであろう(18)。もう一度纏め直してみれば、次のようになる。スアレスなどのスコラ哲学において「形而上学的」という語は「抽象」と意味の上で近接性をもっていた。彼らの抽象理論が、デカルトによって否定されることによって、デカルトの使用法の一部において「形而上学」という語が否定的な意味合いをもつことになり、それはマルブランシュにも継承されたということである。

第三節　「ある」と「知る」

この「形而上学」という語が「抽象」理論との関係で消極的な意味で使われ始めたということは根底的な思考の向き換えということに関わる。中世から一七世紀にかけてのスコラ哲学における「形而上学」とデカルト的「形而上学」とは広汎性、普遍性、第一性という共通な意味をもっていた。その一方で両者の間には一つの逆転がある。デカルトの「形而上学」ないし「第一哲学」においては矛盾律などの論理的原理を先立てることなしに、認識の原理が提示されている。デカルト自身の言葉でこのことを表現すれば、「知ることからあることへと向かう結論は妥当である a nosse ad esse valet consequentia」[19]ということになる。

中世スコラ哲学においてはアリストテレス主義の継承とともに、〈あるものについて、その何であるかを問う〉というのが探究の基本的方向であった。これはまた「感覚に前もってなかった何も知性の内にはない」という認識方式の基本設定と軌を一にする。デカルトはこれを逆転する。「いかなるものについても、けっして前もって〈何であるか quid sit〉が知解されることなしに〈あるか an sit〉ということが問われてはならない」[20]、と。スアレスの用いている表現である「対象的概念」が抽象の末に真なることを表しえたのは、この概念によって表されている内容がものに由来するからである。彼の「実象的存在」は知性の外なるものに基礎をもつから「実象的」なのであった。言い換えれば、知られているものが知られているという理由で「実象的」と看做される余地はなかった。「理拠的存在」が形而上学の対象から除かれながら、それへの探究を補完しなければならなかったのは、外なるものとは別個に知ることのありさまの解明が求められるに至ったからである。言い換えれば、スアレスは、ものから知性へという道筋からいわば逸脱することによって理拠的存在を抽象するという過程を組み込むことができたと言えよう。エウスタキウスにおいて形而上学の対象はスアレスと同じく実象的存在とされていたが、しかし、理拠的存在にも知性における独自のありさまが付与され、原因、理由が探究される対象として認められたのである。しかし、それもけっして知ることからあることへと向かって正当化されたわけではない。デカルト形而上学の基本的方向設定はこれらと逆になる。中世スコラ哲学の流れのなかでデカルト形而上学の革新性の根底を一言で繰り返せば、「知ることからあることへと向かう結論は妥当である」ということになる。ここでヴォルフが記していたことが思い出される。すなわち、可能性の充足を果たさずに「可能性から実在へと進む帰結は妥当ではない」とされていたことである。ヴォルフの場合には、たとえ認識の原理と解される可能性を残しているとしても、矛盾律と充分な理由の原理に基づいて、つまりは論理学の原理に基づいてこのことが言われていた。言い換えれば、人間精神の知ることについてのありさまが予め批判的に検討されていたわけではない。ヴォルフの存在論は「疑いの道」を先立ててはいない。つまり、ヴォルフも〈知ることからあることへ〉という方向性を存在論の基礎にはおいていない。このように考えてみれば、デカルト形而上学の革新性の核心は、過去から見ても、未来へと向かって見ても、このこと、つまり、〈知ることからあることへ〉という展開の方向性にあることは明らかである。デカルトの形而上学が認識の原理を含むということは、それが論理学上の原理を含むということを意味しているのではない。そうではなく、形而上学が認識批判を含みつつ組み上げられているということを示している。しかし、こうしてヒュームやカントの哲学に道を開いたのかといえば、そうとも言えない。なぜならば、彼らは知ることからあることへと向かってはいないからである。それは彼らが所謂「神の存在論的証明」を否定したことから明らかである。宗教的信念を用いずに、「私」にとって未知なる何かの実在を彼らは理論化できないのだから。〈知ることからあることへ〉という方向性を形而上学の根底に据えることはデカルトの前にも見出されず、デカルト以降の存在論化された形而上学にも欠けているであろう。クラウベルクの一六四七年から一六六四年への「知解可能なもの」の位置の低下はデカルトによって提起されたこの逆転を歩むことの難しさを示している。

それではデカルトの形而上学はどのようにして確立されたのであろうか。この点については本書の結論部分で明らかにするので、ここでは『省察』の論述を辿りながら簡潔にだけ示すことにする。「第一省察」においてデカルトは確実な知を求めて自らのもってしまっている意見、つまり、先入見を基礎から疑う。デカルトの求めているのは知の確実性であるが、その知は「私の起源の作者 meae originis author」[21]についての知をも含んでいる。疑いは次の順序を踏む。まず、感覚しているとおりに世界がなっていると思い込んでいることを疑う。次に物理学、それから数学の教えてくれることが本当かどうかを疑う。その先で起源への問いに直面する。つまり、自分の能力の正当性を自分で保証できないという問題である。心の働きという面から言えば、この順序は感覚への、そして知性への批判的考察と同じことである。こうして「第二省察」において、「私」の知る力の頼りなさにもかかわらず、言い換えれば、「私」の知る力では真理に到達できないと仮定しても、「私があり、私が実在する *Ego sum, ego existo*」[22]ことは確かであると見つかる。このようにデカルトの疑いの道は確実な知を求めるための認識批判になっている。この点では、マルブランシュ『真理の探究』における「第一巻」から「第三巻」までに展開される感覚批判、想像力批判、知性批判も、ロック（John Locke, 1637-1704）『人間知性論』「第一巻」における「生得的原理 innate principle」批判も、バークリ（George Berkeley, 1685-1753）の『人知原理論』「序文 Introduction」における「抽象一般観念 abstract general idea」批判も先入見批判としての認識批判と考えることができる。しかし、この認識批判はクラウベルクの存在論にも、ヴォルフの存在論にも引き継がれることがなかった。その一方で、認識批判が同時に「私の起源の作者」を探索することになるという点は、マルブランシュにも、ロックにも、バークリにも見出されない点である。これがデカルトの形而上学を特徴づけることになる[23]。「私は思う」(「コギト cogito」)、そのことにだけ支えられている〈思われていること〉の確かさ、その比類のなさを足場に、誰でもない誰のでもない存在の場を切り拓く。ここにデカルト形而上学は確立される。この形而上学はヴォルフ以降の「一般存在論」という言い方を借りれば「私の思いに条件づけられた一般存在論」と規定することができる。しかし、この「一般存在論」は、「一般存在論」と言っても、形而上学であり、第一哲学であり、神学でもあり、諸個別学問の基礎をなすものでもある。この意味でヴォルフ的な「一般存在論」とは決定的に異なる。しかし、中世哲学から近代哲学の流れのなかに、デカルト哲学をおいてその継続性と断絶性を際立たせるためには「私の思いに条件づけられた一般存在論」という表現が適切である。「存在を存在の限り」その理法を問うのではなく、「私」のあることから神の実在証明を通して「存在」と「本質」と「実在」の意義を明確にする存在論である。「私の思いに条件づけられた一般存在論」という表現が適切であるのには、もう一つの理由がある。すなわち、デカルト形而上学を「思い(思惟)」の哲学、「意識」の哲学、主観性の哲学、主観的観念論などに限定するという誤りを避けるためである。

第四節　デカルト形而上学の革新性

最後に「神」という概念のデカルト哲学における体系的位置について纏めておく。というのも「神」概念がデカルト形而上学を存在論として解釈する場合の鍵になるからである。「第三省察」には二つの神証明が見出される。一つは、先に見たように、「神」という観念のもっている内容の原因を辿るもの、もう一つは、「思うもの」として実在する「私」の原因を求めて「神」に至り着くものである。前者において、観念の内容の表現である実象性の頂点に「私」を超えて無限なるものとしての神が見出される。後者においては、〈私がこの今実在すること〉の原因が求められる。現に実在する「私」の創作者である神の無限性を介して世界における実体の複数性、「私」の複数性が帰結する。「第五省察」において、神における本質と実在との引き離し不可能性が学的論究における必然性に範型を与えることが示される。この神証明が所謂「存在論的証明」とされるものである。この地点から振り返ってみるならば、「第三省察」において実象性の頂点として見出された無限なる神、この神のありさまが「第五省察」の証明によって実在と本質との必然的結合として捉えられ、それが『省察』に付けられた「諸答弁」のなかで「必然的実在 existentia necessaria」[24]と表現される。神が実在しないことはありえない。実在しないことのありうるものは神ではない。この独立性、力の充溢が「自己原因 causa sui」の内実をなす。「自己原因」[25]は働きの源と理由の源が一つであることを示している。それを力の言葉で表現すれば、「汲み尽くしがたい力能 inexhausta potentia」[26]ということになる。形而上学的探究をとおして得られた存在論の成果を次のように表現できる。「私」を〈いっそうある〉という方向に超えて、無限なる神を見出す。そこに存在の場が成立する。この存在の場にはすべての「私」が収まる。そこでは「私」も「あなた」も一個の実体として同列である。同列なる実体として〈私独り〉という規定が空虚になる。それとともに真理の安らぎの場がここに見出される。真理は誰にとっても真理であるということが示される。

このデカルトの形而上学的探究を、スアレス、エウスタキウスの形而上学と、クラウベルク、ヴォルフの存在論の間においてみるならば、見えてくるのは「私」の思いが認識批判の最終的な制約となっているだけではなく、存在論への出発点にもなっているということである。デカルト哲学はそのような形而上学を核心にもっている。言い換えれば、思いの第一性から存在論へと進む。ここにデカルト哲学の革新性がある。このことは「私」と「神」との二重中心性という解釈とは相容れない。非被造的「私」から「神」を介して「私」の実在を被造性、つまり、有限性として意義づける。クラウベルク、ヴォルフの存在論では、形而上学が存在論に変質し、他方では、マルブランシュ、ヒューム、カントの脱形而上学では存在論が位置をもたなくなる。デカルト哲学の核心をなす形而上学は思いから超越を経て存在論を開く。伝統的な形而上学を「私」に据え直すために、被造的ではない、しかし経験的世界に実在する「私」を確実性の拠点とする迂回を通して、そこからの超越によって客観的妥当性を基礎づけ、かくして存在論が切り拓かれる。デカルトの哲学はそのような形而上学を核心に抱く。このことはまた「私」の第一性という視点と、その「私」もさまざまな存在のうちの一つであるという視点との統合であることも示している。一言に纏めれば、「私」の思いを超えて存在論が開かれる。ここにデカルト形而上学の革新性がある。

註

（1）AT. VII, 25.

（2）AT. VII, 28.

（3）第二版の表題の原語は以下の通りである。« *Meditationes de Prima Philosophia, In quibus Dei existentia, & anima hmane a corpore distinctio, demonstrantur* ». また第一版の表題は以下の通りである。«*Meditationes de Prima Philosophia, In qua Dei exsistentia et animae immortalitas demonstratur* ». 第一版と第二版の表題の違いについては、たとえば、所雄章『デカルト『省

祭』訳解』岩波書店、二〇〇四年、一頁から二頁、また、段落区切りなどについては拙著『数学あるいは存在の重み』、六頁から一二頁など参照。最後にリュインヌ侯による仏訳の表題は以下の通りである。« *Les Méditations métaphysiques ... touchant la première philosophie, dans lesquelles l'existence de Dieu, & la distinction réelle entre l'âme & le corps de l'homme, sont démontrées* ».

（4） « car je ne traite point en particulier de Dieu & l'Ame, mais en général de toutes les premières choses qu'on peut connaître en philosophant », à Mersenne, 11-11-1640, AT.III, 235 / GB, 1324 / Arm, t. I, 424.

（5） « mon écrit de Métaphysique »…« je n'y traite pas seulement de Dieu & de l'Ame, mais en général de toutes les premières choses qu'on peut connaître en philosophant par ordre », à Mersenne, 11-11-1640, AT. III, 238-239 / GB, 1328 / Arm, t. I, 424.

（6） « hic aggredior easdem de Deo & mente humana quaestiones, simulque totius primae Philosophiae initia trectare », MM, Praefatio, AT.VII, 9.

（7） AT. IX-2, 10.

（8） AT. IX-2, 14.

（9） « les choses immatérielles ou Métaphysiques », AT.IX-2, 10, «la vraie Philosophie, dont la première partie est a Métaphysique, qui contient les Principes de la connaissance », AT.IX-2, 14 et « toute la philosophie est comme un arbre, dont les racines sont la Métaphysique, le tronc est la Physique », *ibid.*

（10） [*Principes de la Philosophie*, ...] «dont la première contient les Principes de la connaissance, qui est ce qu'on peut nommer la première Philosophie ou bien la Métaphysique », AT.IX-2, p. 16.

（11） AT. VIII, 17.

（12） AT. VII, 36.

（13） *e. g.*, AT. VII, 172, 460 et 546.

（14） *e.g.*, AT.VII, 352, 460, *etc.*

（15） AT. VII, 460.

（16） *e.g.*, AT. VII, 14.

（17） J.-Ch. Bardout, *Malebranche et la métaphysique*, PUF, 1999, pp.19-20.

(18) *Dictionnaire de L'Académie française* の各版については Lexilogos (http://www.lexilogos.com/francais_langue_dictionnaires.htm) からアクセスすることができる。

(19) AT. VII, 520.

(20) AT. VII, 107-108.

(21) AT.VII, 21.

(22) AT. VII, 25.

(23) N. Malebranche, *De la recherche de la vérité*, dans *Œuvres complètes*, t. I, éd. G. Rodis-Lewis, J. Vrin, 1972 : J. Locke, *An Essay concerning Human Understanding*, edited with an Introduction by P. H. Nidditch, Clarendon Press – Oxford, 1975 : G. Berkeley, *A Concerning the Principles of Human Knowledge*, in *The Works of George Berkeley*, t. 2, ed. A. A. Luce and T. E. Jessop, Nelson, 1949 / 1964.

(24) *e.g.*, AT. VII, 116.

(25) *e.g.*, AT.VII, 106, 236 *etc*.

(26) AT. VII, 109 et 236.

第Ⅱ部　存在と言語

はじめに

存在について論じることと言語との関係を出発点にして、言語分析を主流とする哲学的立場から存在論的証明がどのように解釈されるのか、そもそも「実在するexist」を述語として認めないことの理由は何か、これらを検討して行くことにする。「ある」という高度に抽象的な問題を扱う場合に言語の問題に触れないことはできない。これは当然のことである。しかし、それはどのようなことなのか。この問いに答えることを通して言語の問題が、存在の問題と知ることの問題とを包み込んでいることがわかる。

第一章　翻訳可能性と翻訳非決定性

第一節　「ある」と国語

哲学は、学問である限り、伝承されなければならない。人の行跡《ぎょうせき》、つまり、或る人が生きて辿った振る舞いの集積、それだけでは哲学にはならない。たとえば、ソクラテスの場合を考えてみるといいだろう。ソクラテスは自分では何も書き残さなかった人である。〈哲学を生きる〉、言い換えれば、愛智者として生きるということを考えてみる場合に、教団に支えられた信仰者を除いて、自分では何も書き残さずに、現代に至るまで大きな影響を与え続けている人として、考えることができる。ソクラテスは人々に生きることの規範を与え続けてきた人である。そのソクラテスも、プラトンが対話篇を書かなければ伝承にはならなかったであろう。あるいは、クセノポンの『ソクラテスの思い出』や、喜劇作家アリストパネスの『雲』などがソクラテスの言動を文字に留めなければ、我々にソクラテスの行跡が伝えられることはなかったであろう。信仰者であれ、『新約聖書』なしのキリスト、『コーラン』なしのムハンマドも伝承の可能性という点では同断であろう。修行や瞑想が、荒野や山岳や寺院や修道院で行われ、それが建物、組織、制度、人を介して伝えられてきた。しかし、これも文書化されなかったとしたならば、何百年という月日の流れなかでは、衰退に向かうか、途中で何度も改良を加え、変転を重ねなければ、その仕方は伝えられなかったはずである。哲学が学問である限り、文字を使って伝承されなければならないのは当然である。そして学問的営みとは、自覚的であれ、無自覚的であれ、伝統の上に立ってこれまでの成果をさらに革新するべく試みることである。学問にとって文化の継承という役割が大きな部分を占めるのも当然である。というのも伝統なしに先に進むことはできず、そして伝統なしに、既存の文化を基礎にして何かを人々に提示することもできないからである。

文字を使う伝承といっても、それは或る地域性、或る時代性をもった国語を用いてなされる伝承である。このことは哲学的言説が何らかの仕方で地域性、時代性を含みもっている、言い換えれば、それらに影響を受けているということを示している。時代と地域性の影響については、論理学的記述のようにきわめて希薄なものから、政治哲学、歴史哲学のように時代性、地域性を取り除いては成り立たない領域まで、さまざまな濃度を考えることができる。日本語を用いて論じるにせよ、英語にせよ、フランス語にせよ、ドイツ語にせよ、中国語にせよ、何語にせよ、この点に違いはない。ただし、たとえば、私がフランス語で哲学的議論をする場合には、私はフランス語を用いて生活しているわけではないのだから、それだけ私の言説は実際の経験から遊離しやすいことになる。翻訳の一番の難しさはこの点にあるだろう。つまり、異質な経験世界をどのように別の言語に映し出すのかということである。

この経験世界の異なりといっても、個々人において経験される異なりと、一定の文化共同体相互の異なりとは、また異質である。我々は個々人として、生まれたときから個々人相互に異なる経験を積み重ねている。その点では、我々は同じ時代に同じ地域に住んでいても異なる経験世界に住まいしている。個々人として我々は他人と交流しながら、絶えず他人の経験を自分の経験と照らし合わせ、調整しながら他人を理解しようとしている。個々人の経験の異なりと共同体相互の異なりは異なる。これに対して、国語の違いは共同体相互の異なりに近いとしても、やはりこの両者には違いがあるであろう。

国語相互の異なり方を、個体と集合との関係から考えてみよう。集合は一つ以上の要素からなる。しかし、今の場合、沢山の要素からできている集合を例に採ってみる。個体もその要素に分解すれば、一つの集合として表すことができるので、集合と個体との差異は形式的にはない。いま考えようとしている差異は、個人が集合して成立する共同体、たとえば、国語の流通範囲になるような、うっすらとであれ、纏まりをもっている共同体と、個人との関係である。要素に分解できるという点では、先に見たとおり、違いがあるとは思われない。個人を振る舞いの束としてみるならば、その個人が構成している共同体を、個人の振る舞いの束の束として捉えることができそうに見えるかもしれない。しかしながら、個人の背負ってきた歴史と共同体の歴史は長さの上でも、公共性という意味でも、随分と異なる。歴史の長さであれ、短くても長くても、相対的で、或る時代は別の或る時代よりも長かったり、短かったりする。そのように長さを比べることができるとしても、H・ベルクソン（H. Bergson, 1859-1941）が「純粋持続 durée pure」を説明するときに述べているように、この歴史の長さはどこを切っても質的な違いをもっている。メロディーのように、たとえば、或る長さのメロディーを三分の一にするならば、他の三分の一の部分と同じメロディーになることはない。つまり、時の流れを留める歴史において、どこかの一部分を要素にして、全体を再構成することはできない。或る全体の三分の一である二つのメロディーが同じメロディーになるのは、最初からそのように当該の三分の一を同じメロディーに作っておいたからである[1]。だから、短い歴史の一コマから長い歴史を引き出すことはできない。それが歴史的な持続、時の流れがもっている特性である。これは個人と集団の違いとは異質なことである。要するに、持続の長さによって個人の経験と共同体に起こった出来事とを区別することはできないということである。この区別を各国語間の異なりに適用することもできない。たしかに、国語にも時代による変容があり、その変容は持続の相の下におかれている。だが、国語の時代による変容が、出来事の変動と時間と空間についての同じ限定性をもっているわけではない。この点での国語の変容と共同体の変化との差異は何か。何よりも当然であるが、国語の変容を共同体の変化によって跡づけようとしても、やはり国語を使わなければならないということがある。この国語の広汎性が、形而上学ないし存在論の広汎性と比較してどのようなことが見えるのかという点は別にして、そしてまたそれによって表現するものと表現されるものとの区別も別にして、国語の変容と共同体の変化の差異は他にないのか。個人の経験と共同体の活動との差異については次のような見通しを得ることができる。個人の場合には、その当人の意志によって、どのような行為を為すかを決める。それに対して、共同体の場合には、J＝J・ルソー（Jean-Jacque Rousseau, 1712-78）の表現を使えば、その共同体の成員を代表する個人が自分の権利を譲渡することによって成立する「一般意志 volonté générale」が共同体の活動を決める。「特殊意志 volontés particulière」とこの「一般意志」の関係は、「道徳・習俗・風習 les moeurs」と「法律 aux lois」との関係のようなものであるとされる(2)。そういうわけで「一般意志」と言っても、個人の意志の単純総計ではなく、そこには代理、代表、委任という機能が働いている。個人の意志と「一般意志」の間には飛躍があり、両者の違いは量の違いではない。これと並行して国語と共同体の活動結果との差異を考えてみるならば、次のように言うことができる。すなわち、国語の変容の場合には個人の意志から遙かに隔たり、個人の意志との間に代理・代表・委任という関係はない。このことは、国語の変容を考察する場合に、当該国民の個々人がその時々に発動させる意志を、その時々という視点において、考慮に入れる必要はないということを示している。それに対して、一般意志のありさまによって、たとえば、制度変更、国語改革などによって、国語が変わるということはある。

第二節　国語の多様性と共通性

この迂回を通して、もう一度国語の問題に戻るならば、次のことがわかる。哲学が学問として成り立っているからには、哲学は個人が国語を使って作り出す言説として成り立っていることになる。その一方で、使用される国語は共同体に共通の言語として長い歴史をもっている。国語を介して、哲学という学問は個人の営みを超えて共同体の現在と歴史に開かれている。そのことはまた、思索の表現としての哲学が言語的機制ないし仕組みに枠づけられていることをも示している。各人の思索は、当該個人が帰属している国語がもっている或る特定の「統語論 syntax」と「意味論 semantics」を思考の機制ないし思考の仕組みとしてもっている。これを一般化して言えば、学問としての哲学的言説は国語表現の仕組みに制約されている。ここで国語と言い、言語と言わないことには理由がある。その理由は以下の通りである。

たとえば、「机の上の薔薇は赤い」という日本語の表現を例にしてみる。「語用論 pragmatics」を考察の視点に組み入れるならば、この表現は〈机の上になく、違う場所にある薔薇〉を想定した表現である。語用論的に無色な、つまり、語用論が何らの役割も果たさない言語表現はない。最も語用論的分析にかかりにくいのは「三角形は三つの線分で囲まれた平面図形である」というような、いわゆる「分析命題」と言われる文であろう。しかし、それでも、この表現について、それが役割を果たす状況と果たさない状況を想定することができる以上は、語用論的に無色ということはありえない。たとえば、中学三年の数学の授業中に言われる場合と、今ここで例として提示する場合とでは、この表現の役割は異なる。

我々は日常的に以下の表現にはあまり出会うことがないのであるが、「机の上の薔薇は赤い」という表現に戻ってみよう。そしてこれを他の国語で表現してみよう。フランス語の場合、たとえば、« Des roses sur cette table sont rouges » というような表現にもなるであろう。もちろん、単数形と複数形をどのように訳し分けるのかということは、それはそれで難問の一つであるが、ここでは取り上げない。日本語では、机を目の前にして「この机の上にある」（薔薇は赤い）とはあまり言わない。日本語の統語論では、「机の上の」は「薔薇」の前に置かれる。フランス語で、« Sur cette table, des roses sont rouges » と書いたならば、この表現の果たす役割は随分と異なるであろう。おそらく、或る文脈においては「この机の上で、薔薇（というもの）は赤い（という性質をもつ）」というような日本語に移される場合もあるだろう。しかし、並べ方の順序を別にすれば、要素間の関係は同じと考えることができる。つまり、「机の上の」« Sur cette table » は「薔薇」« des roses » にかかり、主部をなしていて、述語として「赤い」« rouges » をとる。基本的な主語と述語の関係は同じだと思ってよい。しかし、主語と述語を結びつける「繋辞 copula」が日本語では現れていないという違いがある。この « sont »（主語が単数ならば est）が繋辞であると解釈できるのならば、その場合には、この « sont (est) » は主語と述語を結びつける役割しかしていない語であると解釈したことになる。日本語ではフランス語と同じ事態を表現していながら「ある」を表立てない。このことは、フランス語の « sont (est ← être) » が主語と述語を繋ぐ役割しかしていないことの日本語という場での証拠になる、と考えることができるかもしれない。

日本語では「この薔薇は赤くある」とは、無理をしなければ、言えない。しかし、「この薔薇は赤い」、「この薔薇は赤色である」、「赤色をしている」、「赤色をもっている」と表現することはできる。このことは日本語の形容詞の働きに「ある」が含まれている場合がある、というようにも展開できる。それは日本語に特殊というわけでもない。というのも、たとえば一四世紀に『論理学大全 *Summa Logicae*』を書いたオッカム（G. Ockham, 1285-1347）によると「具体名 nomen concretum」と「抽象名 nomen abstractum」は、始まり（原理）は同じでも最後（目的）は異なるとされる。(3) この区分において形容詞は具体名に入る。「白い albedus」という名辞は、「白いもの res albeda」というように補われてはじめて飽和する。逆に言えば、「白い」は不飽和な名辞である。そういうわけで「薔薇は白い」という表現は「白い薔薇」と同じ表現を意味表示する。その意味で、「薔薇は白い」をラテン語で表現した場合の « rosa est albeda » は « rosa albeda »（「白い薔薇」）と同じである。言い換えれば、« rosa est albeda » の « est » はそれとして何かを意味表示しているわけではない。そう捉えてみれば、フランス語表現としての « La rose est rouge » は « la rose rouge » と意味表示するところは同じだということもわかる。「薔薇は赤くある」というように日本語に無理をさせる必要はなく、「薔薇は赤い」という表記で、« La rose est rouge » と同じことを意味表示していることもわかる。そうすると、この場合に、フランス語では「ある est」が表立っているが、日本語では表立っていない、つまり、日本語では表立っていない表現が、フランス語では表立っている、ということもわかる。この « est » は主語と述語を繋ぐという文法的な役割しかしていないと解釈できる。別の側面から見て、意味論を言語外的な何らかのものとの関わりを含む理論と看做すならば、この « est » は意味論的には不要だということになる。こうして « Des roses sur cette table sont rouges » を「この机の上の薔薇は赤い」と「ある」なしに訳すことの妥当性も定まる。このことは翻訳の可能性が国語の移し替えだけではなく、この場合には「ある」という語についての論理的役割にも関わっていることを示している。

第三節　存在問題と翻訳

言語と存在は長い間二つの異なる領域や二つの異なる項を関係づけるという仕方で論じられてきたと言えよう。たとえば、言語と「あるもの」の布置（普遍と個物・意味論など）との関係として、あるいは言語と構造（論理学、概念論、統語論など）の問題として、あるいは言語と分節化（カテゴリー）の問題として論じられてきた。あるいは、「語について de voce」（以下において「言われたことについて de dicto」と同義に用い、日本語表現としては「言葉について」と統一する）と「ものについて de re」の区別と重ねられることもあった[4]。いずれの場合にせよ、二項的に対立が扱われて、その二項が共通に足場とする第三の何かが提起されないならば、言語と存在の関係は外挿的に関係づけられる以外にはないことになる。とはいってもしかし、言語も存在もその基盤においては、体系化された知識の組み立てに係わることは容易に理解されるであろう。なぜならば、何らかの纏まりがなければ、逆にそれらだけでむき出しのままであるならば、言語も存在もそのまま、人の智恵に染まることがないからである。人の技の外は、差し当たって人の技の外として表現する以外にはないであろう。そして、どれほど基本的な問題であれ、いや基本的な問題になればなるほど、経験がそのまま地図に描き込まれることはなくなる。たとえば、普遍と個物の関連づけにせよ、指示と意味との区別にせよ、その根底には、我々の経験をどのように知識体系へと組み上げるのかということがある。その共通の場が、既に見たように「あるものをあるものとして」論じる形而上学と呼ばれることもあった。そして我々が既に獲得していることは、「あるもの」を議論の場にもたらすためにも、知ることの仕組みを使わなければならないということである。簡潔に言い換えるならば、「知る」を出発点におかなければ「ある」について「私」が論じるという場が拓かれないということである。この言い方は同語反復のようなものである。なぜならば、「私」が「論じる」には、たとえ、存在の形式として論理法則が立てられていても、少なくともそれらについて「私」が「知る」のでなければならないからである。存在と知との対立の並行性が崩れるのは「私が思う」ことがなければ何も「私」にとって始まらないからである。「私」にとって何も始まらなければ、そもそも何も始まらない。こうして二項対立に見えているものも、そのままぐにではなくとも、結局のところ体系的知識をどのように組み立てるのかということに依拠していることがわかる。こう考えてくるならば、言語の問題を「知る」ということを基盤として捉えるということが探求方途として浮かび上がる。それではどのようにして言語と存在とを「知る」という基盤の上に関連づけることができるのだろう。その模索の一つとして根源的翻訳の可能性という問題がある。

知ることの働きが我々において共有されるには当然のことながら言語を、現実的には国語を必要とする。知り、知られる内容は言葉を使って表出される。その表出される内容が共有されるためには言語使用の共有性が求められる。通常この共有性を提供しているのが国語である。そしてこの共有性の破綻を示すのが翻訳不可能な場合である。同一国語の話者のなかでも翻訳が不可能に思える場合もある。しかし、その場合には、身振りなどの、あるいは指示行為などの共有性に依拠して或る程度の思いの疎通はできる。二者の間では翻訳不可能であり、どうしても折り合えない場合でも、何人かが協力して或る程度の知を共有する、あるいは、共有したつもりになることはできるであろう。そのように焦点が拡散してしまうので、同一国語の場合の翻訳不可能性は問題としての核を失うことになる。言い換えれば、同一国語の場合の翻訳不可能性を通して、言語の共有性が破綻する局面を晒し出すことはできない。それに対して、そもそも同一の国語を共有していない二人がどのようにして疎通をするのかという問題を考えてみるならば、言語の共有性の根底に何があるのかを探ってみることができるであろう。これが次に検討するクワインによって提起された「根源的翻訳」の問題である。言語共有の根底には何があるのか。この共有性と知ることとはどのように関係するのか。この検討を通して、言語の問題と存在の問題との関わりが「知ること」との関連で見えてくるであろう。通常は言葉を使うことの共有性は国語を共有することによって支えられている。この共有性が危機に瀕したとき、たとえば、共有されるべき言語が見出されないと想定される場合、その場合にはまた、「知ること」の共有性も底を打つことになるであろう。もちろん、「知ること」の〈かたち〉の共有性を形而上学の確立を介して経験の言葉にすることはできる。比喩的に言えば、先に見たように、さまざまな概念の関係を示す地図を描くことをとおして或る概念を経験的な使用に耐えるものにすることはできる。しかし、言語流通が破綻する状況を、経験の場で見出そうとするならば、異なる国語間においてである。かくして、翻訳の可能性とその非決定性は、「知ること」の行使のかたちの共有性を、経験という場で照らし出すことになる。以下、クワインの『言語と対象』における「根源的翻訳」という問題を参照軸にしながら、議論を進めることにする。

註

（1） H. Bergson, *Essai sur les données immédiates de la conscience*, 1889, dans Henri Bergson, *Œuvres*, P.U.F., 1959, pp. 67-69.

（2） J.-J. Rousseau, *Du contrat social*, Garnier, 1962, p. 274.

（3） 「具体名と抽象名には多くの様態がある。というのも、ときとして、具体名は或るものを意味表示する、あるいは含意し、つまりはもたらし、ないしは知解することを与える。そして、或るものの代示さえも意味表示する。そのものを、抽象名はどのような仕方でも意味表示せず、結果としてどんな仕方でも代示しない、そのようなものの代示さえ、具体名は意味表示する。「正しい」と「正義」、「白い」と「白さ」とそのようなものは、このように関係している。というのも、「正しい」は誰かが、「その正しい（もの）は有徳である」と言う場合に或る人を真に代示する。というのも、正義は代示することができないためである。なぜというに、正義は、一つの徳であるにもかかわらず、にもかかわらず有徳ではないからである。実にしかし、「正義」という名前は、或る性質にとっての代示であり、或る人にとっての代示ではない。そして、このことが生じるのは、抽象名にそのような具体名を述定することは不可能だからである。というのも、そのような具体名と抽象名はいつも異なるものを代示するからである」（« Nominum autem concretorum et abstractorum multi sunt modi. Quandoque enim concretum aliquam rem significat vel connotat sive importat seu dat intelligere, pro qua etiam supponit, quam abstractum nullo modo significat nec per consequens aliquo modo supponit pro eadem, sicut se habent ‘iustus’ et ‘iustitia’, ‘album’ et ‘albedo’ et consimilia. Nam ‘iustus’ vere supponit pro homine quando dicitur ‘iustus est virtuosus’; non enim potest supponere pro iustitia, quia iustitia quamvis sit virtus non tamen est virtuosa. Hoc nomen vero ‘iustitia’ supponit pro qualitate et non pro homine. Et propter hoc accidit quod praedicatio talis concreti de abstracto est impossibilis, quia semper concretum tale et abstractum pro distinctis rebus supponunt », G. Ockham, *Summa Logicæ*, I, ch. 5, 16, eds. Ph. Boehner, Gedeon Gál et S. Brown, *Opera Philosophica* I, St. Bonaventure, N. Y. 1974（cf. http://www.logicmuseum.com/wiki/Authors/Ockham/Summa_Logicae/Book_I)）。Cf. Gordon Leff, *William of Ockham -- The Metamorphosis of Scholastic Discourse*, Manchester University Press, 1975, p. 143 sqq. また、清水哲郎『オッカムの言語哲学』勁草書房、一九九〇年、六七頁、註（2）を参照。オッカムを例に出したのは、今では普通になっているこのような理解が古くから我々の思考を制約してきたということを示すためである。

（4）我々は本書「第Ⅲ部第六章」において、アンセルムスの提示したア・プリオリな証明を分析する場合に、この対立を解明の道具として用いる。その場合には、この対立が同一基盤の上に通行可能な回路として開けてくることになる。

第二章　根源的翻訳と自然主義的解決

第一節　経験主義から自然主義へ

クワイン（W. V. O. Quine, 1908-2000）は『言語と対象』の「第二章 翻訳と意味」[1]において「根源的翻訳 radical translation」について論じている。「根源的翻訳」とは「これまで触れ合ったことのない人々の言語を翻訳すること」である。或る言語における「ラビット Rabit」と別の言語における「ガバガイ Gavagai」との間の翻訳の問題を例に採りながら、彼は次のように言っている[2]。つまり、この二つの語の使用が経験的に同じようであるためには、この語で指されるべき「動物が等価になるのではなく、刺激が等価になるのである[3]」、と。つまり、翻訳の成功は、対象の同一性に依存するのではなく、対象が現れたときに、或る一定の文に対して話し手と聞き手のうちにどのような刺激・反応系の変化があるのかということに依存するというのである。

対象の同一性に依拠して翻訳が可能になると考えることができないのは、対象を切り取るのに言語を用いるからである。たとえば、視界に現れた対象が「兎」であると認知するためには、その対象が背景から浮き出してくることを可能にする認知の構造をもっていなければならない。その認知の構造には言語的理解が不可避である。黒田亘（1928-1989）の言い方を借りれば、「知覚体験はすべて一定の記述のもとでのみ知覚であり、また錯覚である」[4]。この上に立って、黒田は「知覚における「志向的関係」は「制度としての因果関係」にほかならぬ」[5]、あるいは「「志向性」とはすなわち「制度になった因果関係」である」[6]と結論を下す。これはアンスコム（G.E.M. Ancosmbe, 1919-2001）の『インテンション』における、〈志向性は記述のもとに明らかになる〉という考え方を基礎にしたものである[7]。或る行為についていくつかの記述がある場合に、そのうちの一つでも志向的表現、たとえば「しようとしている」というような表現を含んでいれば、その行為は志向的・意図的行為と看做される。黒田が提出している例を使って[8]もう少し説明すると次のようになる。庭で「山かがし」を見る（「山かがし」という表記は言語空間内的表記である）という知覚体験は、見る人が何らかのものへと心を向ける体験である。そのように心を向ける、つまりは志向的体験（意図的行為）も一定の記述のもとにだけ知覚として成立し、それは記述に裏付けられた社会的な営みのなかで生じることである。「山棟蛇《やまかがし》」（この表記は、あたかも言語空間の外側にものがあり、それが「山棟蛇」という名前をもってしまっていると考えられるときの表記である）が庭にいて、「山かがしを見る」という発話がなされる場合を例に採ってみる。その場合に、我々の言語的営みとは別のところに山棟蛇がいて、それが原因になって我々の知覚体験が生じるとされることがある。それが通常の〈因果関係に基づく認識〉の説明であると言われる。しかし、その説明は言語空間の外側にものがあり、しかもそのものが名前をもっているという背理をおかしている。そうではなく実相は次の点にある。つまり、我々の注意がそちらの方に向かって「あっ、山かがしがいる」と知覚する場合に、その知覚は〈「山棟蛇」がいてそれが原因になって「山かがしがいる」と知覚する〉というように、制度化された因果関係を反映している。これが黒田の考えであった。「あの花を見る」という知覚体験も、「あの花を摘んで机に飾ろう」という志向的体験も記述のもとでのみ体験として成り立つ。それゆえ、自己同一的な「あの花」を、言語的事象とは別個に、たとえば、物理的なものとして予め確保しておいて、それに言語を適用すると考えることはできない。物理的なものであることの認定さえ言語なしにはできないからである。

第二節　根源的翻訳

このように名前と（言語以前に「実在する」と思い込まれた）対象との同一性を、翻訳可能性の根拠にすることは不可能性なのである。この不可能性を前提において、クワインが想定している場合、つまり、翻訳可能な言葉が一つもないという場合を想定してみよう。その場合になおも翻訳が可能であるためには、こちら側の人間は、「現地の人」が同意を表すためにどのよう表現を使うのかということを知っていなければならない。「同意と否認との記号がわかれば、〈ガバガイ〉を〈ラビット〉に翻訳するための帰納的証拠」を集めればよい、ということになる。しかし、我々にできることはこれだけではない。「現地の人が同意、ないし、否認するようにと、促進する刺激の因果的連鎖（血脈）causal vein について」考えることができるとクワインは書いている。[9] 彼は翻訳可能性の根底に、まず、同意と否認の了解を求め、それの基礎は刺激・反応系の経験であるとしている。たとえば、「はい」は「同意を促進するすべての刺激の集合」として説明される。[10]「最初に s'が与えられて、（文）Sと問われ、次に、sが与えられて、またSと問われるならば、最初の問いを否認して、二番目の問いに同意するであろう、このような s'がある場合にのみ、s は話者にとって文Sの肯定的刺激意味 affermative stimulus meaning に属する」[11]。たとえば、猫が出てきたときに、「ドッグですか？」と質問される。そのときに、問われた人が「いいえ」と言う。次に、犬が出てきたときに、「ドッグですか?」と質問されて「はい」と答える。そのときに犬に対する「ドッグですか?」に対して肯定で答えたことになる。この「いいえ」と「はい」を逆転すれば、「否定的刺激意味」を規定したことになる。もちろん、「いいえ」と「はい」が逆になってもかまわない。要するに、クワインによれば、同意と否認の区別がつけば翻訳は可能になる。これが「根源的翻訳」の根底になる。もちろん、この他に「論理的接合子 logical connectives」、たとえば、「そして」、「または」、「だから」などをどのように翻訳できるのかという問題もある。この問題をクワインは論じているが、(12) 本書では論じる必要がないので省略する。

我々の課題に応えるため、クワインの「翻訳の非決定性 indeterminancy of translation」についても見ておかなければならない。(13) 彼によれば、母国語に関する翻訳の非決定性、結局のところ翻訳の不可能性についてはあまり論じられてこなかったとされる。その理由は、第一に、「心理主義的哲学の場合に」この問題は、「私的世界において馴染みの述定方式」があるということに帰着するからである。つまり、公共的に、国語の問題として、あるいは、共通な経験として語ることができないような、「私」だけの述語づけの仕方、つまり、主語と述語との関係のつけ方があるとするならば、その場合には翻訳は非決定的にならざるをえないからである。第二に、「思弁的神経学 speculative neurology の場合」をクワインは挙げている。この「思弁的神経学」の「思弁的」というのは、当時の脳と神経系を対象にする神経生理学ではそこまで明らかになっていないことを示しているのであろう。〈言語機能に関する脳神経学によって述語づけの仕方に到達できるならば、その場合には〉、ということと考えてよい。つまり、自然科学的方法に基づいて翻訳の非決定性を考えるならば、ということである。その場合には、同じ言語的振る舞いに対して、「異なる神経ネットワーク different neural hookups」によって説明できるという状況があるかどうかということが、翻訳の非決定性問題の鍵になる。(14) この二つのことを纏めて言い直すならば、人々の間に意味論的な違いがあるかどうかを（一）他人にはわからない「私的」な領域に求めるか、（二）言語的振る舞いに対応する脳神経系的な差異に求めるか、ということである。「私的言語」を否定するならば、翻訳の非決定性の基礎は或る人の脳神経系における特異性に引き戻される。しかしながら、クワインが経験を超えてまで「思弁的神経学」を言語的振る舞いの基礎であると認めているとは思えない。彼としては、翻訳の問題を考えて行くことで意味論の経験的説明、つまり、語の意味を経験に引き戻して考えるという地平を開いたことが重要なのだろう。これを意味論の自然主義的解釈と呼ぶことにする。

第三節　自然主義批判（一）

先に言葉の意味を身体的反応、あるいは、脳神経における活動によって説明する立場を「意味論の自然主義的解釈」と呼んだが、この解釈は可能なのだろうか。次にこのことを考えてみることにする。心の変化を身体に生じる物理的変化によってどのように説明することができるのか。このことは最先端の脳神経科学の成果を知っていなければ答えられないという問題ではない。脳神経科学、科学技術の進歩に関わりなく次のことは言える。第一に、意味論の自然主義的解釈が言語現象のすべてに渡って成し遂げられるのならば、言語の創造的使用は原理的にありえないことになる。なぜならば、すべてが自然科学的に記述されるとするならば、その記述された事柄以外には何も言語現象はないということになるからである。そして自然科学的知識の原則には法則的に説明できるということが含まれているからである。一切が法則的に理解されうるならば、自然主義的意味論によって言語現象を解釈する場合には、人間には言語使用における自由意志が認められないということになる。意味論と実際の言語使用とは異なり、事実が生起するという偶然性が言語の創造的使用の根拠になると反論されるかもしれない。しかしながら、自然主義的意味論の生成過程を考えるならば、創造的使用の余地のないことがわかる。自然主義的考察・実験・観察が個々の事例についての実験・観察である以上は、どのようにモデルを組み上げようとも、個々の事例から意味論を組み上げて行くことになる。クワインが示しているのはその方向である。この探索が理想的に進むならば、意味論も自然法則と同じように記述される、つまり、一定の安定した記号列によって意味論の法則、あるいは、公理が示され、個々の言語使用においてもその法則は貫かれることになる。この問題は決定論と非決定論の問題にも係わる。この点について少し見ておく。

現代科学は、よく知られているように、さまざまな局面において非決定論が成り立つことを提起してきた。そして確率論的にしか決まらないという領域のあることが認められている。このことは量子力学的な領域に淵源すると考えられている。量子論においてはあるかないかも確率論的にしか決まらない。それだけではなく、「ゆらぎ」、「創発」、「自己組織化」などは非決定論を自然科学に組み入れるための思考装置である。それらの思考が示していることは、或る状態が与えられたときにその状態とその状態の置かれている周囲の状況をいくら分析しても、その次の状態とのつながりを、せいぜい確率論的にしか見つけ出すことができない、ということである。もちろん結果の推定が確率論的であるといっても、既に同じような類の推移の事例が検討された後で、新たな事例の同種の変化に対して結果が推定されるという点では決定論的な結果の予測と同じである。

原因からいつも同じ結果が生じると推定される場合だけでなく、確率論的に結果が推定される場合にも二通りがあるだろう。第一の場合は、原因と結果を通して予想される範囲が限定されているという場合である。たとえば、水の中にインクを一滴垂らしてどうなるのかという場合のように。この場合にはしかし、広がり方の正確な予測は観察手段のきめ細かさにも依存するであろう。それは別にして、同一媒体について何度も実験をすれば、相当程度の予測は可能になるであろう。しかし、第二の場合、たとえば、量子力学における素粒子の存在の場合には、あるかないかが確率論的にしか捉えられない。この場合に実験を繰り返して、存在する確率について語ることができても、それは存在することの確定的予測にはならない。病気の場合と同じように、余命三ヶ月と判定されて次の日に死亡することもありうる。その場合に判定が間違いなのではなく、特異的なことがその人の身体に生じたということもありうる。余命三ヶ月という判定は必然的な結果を予測して言われるわけではない。目安である。それに応じて治療がなされ、患者はそれに応じて人生に対処する。そういう目安である。素粒子の存在と人の生命では随分と違うが、あるかないか、つまり、存在が係わる場合に、確率は未来の或る確定した状態の記述にはならないという点では同断である。この場合には、それに係わる未来の周囲の状況に対する態度、とりわけても未来の人間的事象に対する何らか態度の形成をも促すことになる。或る実験によって或る特定の結果が得られる確率が二〇パーセントでもその実験を行う場合もあり、八〇パーセントでもやめなければならない場合もあるだろう。

ここで気がつくのは、余命三ヶ月の場合も、素粒子の出現頻度の場合も、観察者と観察される人・物という関係で考えられていることである。観察される人、観察される物は対象という位置に来る。物の場合はそれ以上そのものに近づくことはできない。しかし、人の場合には、その人が自分の考えに基づいて自分の意志を行使することが、予想される結果のなかに含まれていなければならない。医師が患者に余命三ヶ月と宣告を下す場合には、もちろん患者の生活形態や心理状態などを思い遣らなければならない。しかし、余命三ヶ月ということは身体について言われることである。つまり、対象としての患者の身体に対して医師は自分の予想を述べている。決してその人の心のありさまについて余命三ヶ月と言っているのではない。このことは次のことを示している。人間的事象、特に人間の意志的行為が考察の対象に含まれるならば、確率論的予測も心構えとして受け取らねばならなくなってしまうということである。人は人である限り、〈いつも何かをすることもしないこともできる〉。人は、いつでも法則破りをすることが認められた存在である。何か問いかけられて、黙ることも、嘘をつくことも、わざと通常と異なる意味づけをしながら言葉を発することもできる。質問をする側の意味論を壊すことができる。壊すだけではなく、相手と相談して異なる意味論を作ることもできる。或る言葉が或る集団のなかでは、他の集団におけるのとは異なる役割を果たすことは別に不思議ではない。

「あほ」が「ばか」を意味しないこともある。「自分」が相手を指すこともある。それは考えてみれば当然のことであり、或る国語を他の国語に翻訳しなければならないのは、或る音がそれぞれの国語において異なる役割を果たすからである。決定論と非決定論の問題に踏み込んでも翻訳の問題に戻ってしまったのは、言語については創造的使用を認めざるをえないからである[15]。別の言い方をすれば、「当人に尋ねてみなければわからない」ということがある限り、人を物と同じように扱うことができない。繰り返しになるが、或る人に尋ねたときに、その人が黙ることもあれば、間違えることもあれば、嘘をつくこともある。それはその人の自由意志に属することである。このことを認める限り、意味論を自然主義的に基礎づけることはできない。人を物と同じように扱うことが可能である場合には、自然主義的解釈も可能になるであろうが、しかし、そうではない。それゆえに一つの言葉の意味と対象との関係でさえ、それを脳神経科学によって対応づけることはできない。要するに、人間に自由意志を認めるならば、意味論の自然主義的解釈を採用することはできない。この場合に、一人の人の言語活動が一義的に決まるという想定も成り立たない。この点から見れば、古くから言われている通り、言語が規約によって成り立つ一つの約束事であるということの方がずっと本当らしく思われる。しかし、翻訳の非決定性という点からすれば、意味論、つまり、語の使用におけるリアリティが規約に基礎をもつということは、「根源的翻訳」の場合には、同意と否認をどのようにして経験的に共有できるのかという問題に戻り、規約主義によっても翻訳の非決定性という問題を明らかにすることはできない。一言で云えば、規約主義も経験の同型性を要請するからである。もちろん、規約主義という仮定を立てて意味論を構成することはできるであろう。要するに、自然主義、むしろ自然科学的知見を真理とし、その上に知識を築こうとする立場は、言語の創造的使用という現実には届かない。注意深く限定をつけなければ、自然科学的知見は人の自由選択に暴力をふるい、人から創造性を奪うことになる。

第四節　自然主義批判（二）

第二に、意味論の自然主義的解釈が言語現象のすべてに渡って成し遂げられたとしても、その法則、規則、理論に基づく帰結としては個別的な発話状況の意味を説明できない。なぜならば、自然科学的であるとは、せめて地球上のほとんどの地域で、だいたいどのような状況においても、ほとんどいつでも、比較的安定していることが求められるような知識である。逆に言えば、その場かぎりの、あるいは、或る家庭でしか成り立たない、或る街でしか成り立たない、或る国でしか成り立たない、あるいは、一時間しか成り立たない、一年しか成り立たない知識は自然科学的知見とは言わない。もちろん、「二〇一七年九月九日一四時四五分三〇秒、北緯二六度六九分九六、四一秒、東経一二七度九五分九〇、七五秒で、この寒暖計によれば、気温は三四度である」という文が、そのときに真であるのならば、通常の「永遠文」の条件に照らしてほとんどいつの時代でも、どこでも真であるという権利をもつことになるであろう。物理的事象についてはこの程度の安定した知識を望むことができる。それに対して、我々の日常生活における言語的振る舞いは、時間と空間のなかで人によってなされる。一瞬でも異なれば、あるいは、少しでも状況が違えば、同じ言語表現でもまったく異なる役割を果たしてしまう。或る人の発語に関する時間・空間における一齣一齣の特異性に迫るために、脳細胞のすべての情報を収集するヘッドギアーを付けていても何の役にも立たない。ヘッドギアーの反応状況を見て「ああ、この人は怒っているのだなあ」とわかるのは、見ている方が状況に応じてそのように翻訳しているからである。脳神経科学は身体能力を補うという点、疾病を見出し、それを改善するという点では大きな力をもつ。しかし、それ以上に役立てようとすると奇妙なことになる。脚に麻痺があるときに機械が脚の運動を助けてくれる、神経麻痺で口から音を発せない場合に機械に代替してもらう。そのように脳神経の仕組みの解明が障害をもつ人にとって甚だ役立つことは言うまでもない。しかし、そのことと言語現象を脳神経系の作用に還元することとは異なる。誰でもわかることであるが、何にでも適用する規則は何の役にも立たない規則である。それと同じように、すべてを説明する知識は個々の人間については何も説明しない。逆に、今、ここでだけ妥当する知は、また、科学的知識とも学問的知識とも言われない。自然科学的知識は〈すべてと一つだけ〉との間にあって、かなり多くの場合に妥当するという範囲が最も使い手がある。自然科学的知識はそういう場合に利用可能性の度合いが大きい。

要するに、脳神経科学によって言語現象のすべてが明らかになったとするならば、脳神経科学が提供するものは何の役にも立たないということである。科学者は有限的知識を求め、それもせいぜい一〇年もてばよい、地球の半分ぐらいの地域で適用されればよいという知見を明らかにする場合に、きわめて優れた業績であると誉められる。繰り返せば、脳神経科学のような自然科学が人間に寄与する最も大きな点は、人間にとっての障害を取り除くことである。もちろん、逆に、非倫理的人間が脳神経科学の知見を用いて障害を起こすという悪用も可能である。自然科学者の倫理性は人類にとって決定的な問題である。今は言語的振る舞いに限定すれば、脳神経科学の仕事は、言語的振る舞いと脳神経的作用との対応の肌理を細かくして行くことにある。その対応関係は科学技術が進歩するほど細かになるであろう。たとえば、一定の感情と脳における作用に対応がつくかもしれない。しかし、この対応づけがなくなって、どちらか一方になるということはない。どちらか一方になったときには、言語的振る舞いが不要になるか、科学的知見が不要になるか、ということになる。その場合には「人」がいなくなる。これが身心二元論の基礎である。

纏めてみれば、自然科学主義はそれですべての現象を説明しようと徹底すれば、人間の自由を説明できなくなり、徹底すればするほど自らの判断に自らが主体的に関わっている日常生活には役立たないものになる。それに対して、イデオロギーとしての自然科学主義は、基本的に個としての特有性を消去する方向に向かうのであるから、力のある者が弱い者を抑圧する道具にはなる。自然科学は人間の障害を減らしてくれるその一方で、使い方によっては人々を弾圧したり、誘導したり、破壊する手段になる。回り道をしたが、意味論の自然主義的解釈を徹底することはできない。最低限、どうしても例外を認めなければならない。なぜならば、自然主義的解釈が徹底的になり、すべての言語現象を説明し尽くしたと主張した途端に、己の言語的振る舞いを例外にしなければならないからである。つまり、説明していない言語的振る舞いが必ず一つ残るからである。これが翻訳の非決定性という問題を神経生理学的知見に帰着させた場合の結果である。以上のように、自然主義的言語解釈では翻訳の非決定性を説明できない。

「根源的翻訳」の可能性と非決定性を、身体の刺激反応系の差異に基づけることができないことの理由を纏めれば、次の二点になる。すなわち、第一に、繰り返しになるが、人の意志の自由に基づいた言語の創造的使用を認めるならば、自然科学主義に基づく意味論の説明は翻訳可能性の根拠にはならない。このことを象徴的に、きわめて簡潔に言えば、やはり繰り返しになるが、人は黙っていたり、嘘をついたりすることができるからである。第二に、翻訳の非決定性に着目するならば、つまり、Aという或る言語系（或る国語）のaという語がBという別の言語系（別の国語）のbという語に対応したり、cという語に対応したりするという現象の可能性に着目するならば、自然主義的な考え方はこれの可能性を説明できない。なぜならば、自然科学的知識は一定の安定性を求めるからである。確率つきで述べても偶然を認めたことにはならない。

第五節　心理主義的解決——私的言語の不可能性

それではこの第二の場合、つまり、クワインの言う「心理主義的哲学 mentalistic philosophy」の場合はどうなのか。[16] 言い換えれば、心のなかに意味論的ずれがあり、それが翻訳の非決定性を引き起こすという考え方である。この問題の根底には「私的言語 private language」の可能性が潜んでいる。そこから考えてみる。「私的言語」が成立するならば、「私」の言語が他のすべての人の言語と違うことはありうるのだから、そこに「意味論的ずれ」が生じる可能性が認められる。そうすると二人の間での翻訳は非決定的になる。しかし、「私的言語」はウィトゲンシュタインが指摘しているように成り立たない。よく知られているように、ウィトゲンシュタインはそれを「一定の感覚の再現についての日誌 a diary about the recurrence of a certain sensation」を用いて示した。[17]〈昨日の歯の痛み〉は、今日は痛くない。その昨日の歯の痛みを昨日「A」と記していたとしても、その「A」は今日になってみれば、何の印かわからない。少なくとも、二人の間でわかり合う印として記銘されていなければ、あるいは、頬を手で覆うという振る舞いとして二人の間で記憶されていなければ、「A」が〈昨日の歯の痛み〉を意味することは定まらない。一人であっても公共的言語を支えにしなければ、「A」の意味するところは定まらない。「私」一人だけの「言語」は言語にならない。離れ小島に一人でいても、もちろん言語を使用することはできる。最初から一人であると想定するならば、つまり、「私的言語」の使用者を想定するならば、「言語ゲーム language-game / Sprachspiel」が成立しない。言語も成立しない。[18]「私的言語」が成立するならば、心のなかの意味論的ずれは「私的言語」として成り立ち、翻訳の非決定性の根拠になる。しかし、二人以上で共有されているということがなければ、言語は成立しない。そうすると、そもそも翻訳の非決定性が認められないことになるのか。つまり、どのような二つの言語であれ、必ず一義的に、ずれることなしに翻訳可能なのか。あるいは、もっとゆとりを入れた表現にすれば、最初は話が合わなかったとしても、とことん話していけば、二人の人間は必ずわかり合えるのか。わかり合えないとしたならば、その理由は何か。もちろん、言いたいことがわかるという次元の問題である。話に納得するとか、議論を理解するということよりも、もっと単純な場合が問題である。先ほどのように、或る一つの事態が想定された場合に、一方にとってそれが言語表現「A」に相当し、他方にとって言語表現「B」に相当するということである。しかし、このように問題を単純化すると国語間の問題とは異なる要因が含まれてしまう。たとえば、意味論的にずれながら、相互の遣り取りがそのまま流れてしまい、そのずれが表立たないということもありうる。だから、現実の二人を例にして考えるわけには行かない。翻訳の可能性と非決定性に対して心理主義的に考察しようとしても、或る人の経験の違いに応じた私的言語の差異を使うことはできない。誰でもよいが一人の人の心の仕組み、思い方の仕組み、その固有性を探っていっても国語間の翻訳の問題は解決できない。それではどうしたらよいのか。

註

（1）W. V. O. Quine, *Word & Object*, The M.I.T. Press, 1960, Chapter II, Translation and Meaning, pp. 26-79.

（2）*op.cit.*, pp. 28-30.

（3）*op.cit.*, p. 31.

（4）黒田亘『知識と行為』東京大学出版会、一九八三年、二五三頁。

（5）同上、二八八頁。

（6）同上、三〇一頁。

（7）*e.g.*, « an expression of intention is a description of something future », G.E.M. Ancosmbe, *Intention*, Basil Blackwell, 1976, p. 6. このように英米分析哲学において言われる「志向性 intentionality」は「意図的行為 intentional act」の本質を示す概念とされる。そのようにして心の働きに結びつけられ、物理的な意味で用いられる因果性と対をなすことになる。この因果性が物理的事象にもっぱら適用されるようになるのは、ショーペンハウアー以来のことであるが、それは原因・結果という捉え方の一つの解釈に他ならない。「アリストテリコ・トミスム」という表現はアリストテレス哲学を基盤においてトマス・アクィナスが確立した神学的・哲学的立場を示す表現であるが、この立場における原因の主要なものは、よく知られているように、「形相因」、「目的因」、「作用因（作動因）」、「質料因」の四つである。この場合には、因果性は物理的因果に限られない。また、一七世紀においては、概ね物理学の探究から「形相因」と「目的因」が放逐されるが、形而上学的な領域において「理由ないし原因 ratio sive causa」と言われる場合もある。繰り返しになるが、「志向性」と「因果性」の対比というのは、現代の或る種の哲学的立場において使われるもので、それが一般的に正当化されているわけではない。「理由ないし原因」については、拙著『数学あるいは存在の重み』、一八一頁以下参照。

（8）同上、たとえば二六二頁。

（9）Quine, *op.cit.*, p. 30.

（10）*op.cit.*, p. 32.

（11）*Ibid.*

（12）*op.cit.*, p. 57 *sqq.*

（13）*op.cit.*, p. 78 *sqq.*

（14）*op.cit.*, p. 79. クワインの「根源的（根底的）翻訳」と「翻訳の非決定性（不確実性）」について丹治信春「翻訳と理解」（『現代哲学の冒険⑤ 翻訳』岩波書店、一九九〇年、二一〇頁から二五九頁）を参照していただきたい。丹治は「クワインの楽観論」（二三五頁）と「クワインの「行動主義的」な言い方（二二二頁）」について語り、デイヴィッドソンの「まやかし」（二四八頁）と「物理主義」（二四九頁）について語る。適切な指摘である。我々はこれらを自然主義批判という観点において纏めることができると考えた。

（15）言語の創造的使用とは、デカルトが『方法序説』「第六部」で人間らしさの証拠としたことである。チョムスキーは『デカルト派言語学』（N. Chomsky, *Cartesian Lingustics : A Chapter in the History of Rationalist Thought*, Univdresity Press of America, 1966）でその点を明確にし、言語の創造的使用に基づいて「生成文法」を構築していった。

（16）Cf. W. V. O. Quine, *op.cit.*, p. 79.

（17）L. Wittgenstein, *Philosophical Investigations / Philosophische Untersuchungen*, Blackwell, 1968, article 258, p. 92e (translated by G.E.M. Anscombe).

（18）*op.cit.*, art. 7, p. 5e.

第三章　翻訳可能性の条件

第一節　翻訳の場としての思考の超越論的機構

二カ国語の翻訳可能性について、自然主義的意味論によっても、心理主義的哲学によっても応えることができなかった。そうならば当然、第三の次元が要求されることになる。第三の国語であれ、言語を用いることのない経験的交流可能性であれ、身体の構造の大まかな合致であれ、第三の次元が要求される。しかし、この三つの第三のものは、直ちに棄却される。なぜならば、第一に、翻訳不可能な二つの言語を翻訳できる第三の国語を想定することは何の解決にもならないことは明らかだからである。第二に、非言語的な行為を通して或る一つの作業が完結したとしても、それでは翻訳の問題には到達できないからである。第三に、身体の構造の共通性が言語の介在なしに前提できるわけでもないからである。結局のところ、この三つの第三の次元のように見える考え方も、自然主義的な解釈と意味論的ずれを心のずれに帰着させる捉え方に帰着することになる。これまで検討してきたこの二つの捉え方は翻訳が定まらないということ、つまり翻訳の非決定性の理由にも、逆に言えば、翻訳の可能性の支えにもならないこともわかった。我々はもう一つの選択肢の候補として、「超越論的」という捉え方を試してみる必要がある。

「超越論的」捉え方はカントが自分の哲学の基本的探究方法として確立した考え方である。その「超越論的な方法」ということによって次のような方法を考えてみよう。経験が成立するための条件を経験に求めることはできない。たとえば、「目で見て知覚する」ということが成立するための条件を考えてみよう。まず、肉の眼を持っていなければならない。それだけではない。目で見て知覚することと、耳で聞いて知覚することなど、これらが成り立つことの条件を区別できなければならない。いやいや、そもそも「知覚する」とはどのようなことなのかわかっていなければならない。そうでなければ、視覚経験の成立の条件を明らかにすることもできない。これだけで「目で見るという知覚」の成立する条件をすべて挙げたことになるのか。そのことを、いまは別にして、以上の条件のどれも「見られた視覚風景」のなかに探ることはできない。このことはすぐわかる。目を持っているかどうかは、自分で鏡を見れば確認できると言われるかもしれない。しかし、鏡に映っている風景のなかに自分の目の像があるかどうか、どうしてわかるのだろう。これがわかるためには、「目」とはどういうものか知っていなければならない。しかし、「目」とはどのようなものかということ、言い換えれば、「それが目である」という認識が成立するための条件は、視覚風景のなかにはない。そのように「見て知る」ということがどのようなことなのかを説明するためには、見えない事柄を使って説明しなければならない。たとえば、目を持っているということは、我々に与えられている感覚器官のうちの、明暗や色彩を捉える役割を果たす感覚器官を持っているということである、というように。しかし、「明暗や色彩を捉える役割を果たす感覚器官」を、現に人々が持っていると思っている「目」という語を用いて説明するならば、結局のところ、単なる同語反復になり、それでは説明したことにならない。一言で云えば、〈見る〉ということは〈見えないもの〉によって説明される以外にはない。このように「超越論的な方法」とは、現に経験していることが成立するための条件を求めるという方法である。これをさらに拡張して、或る経験が成立していると仮定して、その経験が成立するための条件を探すことに、この方法を適用することができる。今の「根源的翻訳」という問題の場合ならば、二人の人がいて、その片方が他方の国語に触れたことがなく、他方も片方の国語に触れたことがないと仮定し、片方が他方の国語を自国語に翻訳しているとして、このことが可能なことの条件を探すことになる。「超越論的な方法」は事柄の動態分析には向いていないが、ここで求められるべきは静態分析なので、適用してみるだけの甲斐があるだろう。この方法を導きの糸としてさらに探求を進めてみよう。

第二節　翻訳が可能な条件としての経験の共有——自然主義批判（三）

それまでに出会ったことのない別の国語を話す人が出会って二つの言語が翻訳可能になるとする。このことが可能になることの条件は何かということを探るのがここでの課題である。その場合に、クワインが述べていた人間の自然的条件に基づく経験の共有ということも一つの条件になる。この解釈は物理的組成が同じだから同じ振る舞いをするであろうという仮定に帰着する。しかし、自然科学的解釈は、先の検討により、自然科学の正当性がどのように主張されるのかという点を捨象してしまうということ、および、言語の創造性を説明できないという点で有効ではないことがわかった。さらに、これも先に触れたように経験を共有できることの条件と翻訳可能性の条件とは異なる。というのも、経験の共有は必ずしも国語であるような言語を必要としないからである。身振り、動作による意図の遣り取りも可能である。たとえ、その意図的な身振り、動作が言語活動の表れであるとしても、あるいは、言語活動に表されてはじめてその意図が明らかになるのだとしても、現実的には発話なしでも意図の遣り取りをすることができる場合はある。それを経験の共有の一つと看做してよいであろう。とするならば、経験の共有が成り立つ条件と翻訳が成立するための条件とは異なることになる。それでは言語活動の方が経験の共有に先立つのか、それとも経験の共有がなければ言語活動が成立しないのか。この問いに言語発生論的視点から答えることはできない。というのも、翻訳可能性の問題は言語の歴史的な発生論とは別の問題系に属するからであり、言語発生論は既に言語が成立していることを前提に遡られるからである。無言語状態の経験を言語なしに明らかにすることはできないのである。言語起源論とは、最初から或る特定の言語、つまり国語へと掬い取られながら構築される理論だからである。言い換えれば、言語起源論の対象となるのは最初から翻訳可能な言語でなければならない。理想言語を対象に翻訳可能性の問題を検討しようとしても、この点での異なりはない。いずれにせよ、翻訳可能性を前提にしなければならないからである。また、幼児の言語習得も、翻訳可能性の問題とは異なる問題系に属する。幼児の国語習得過程は教育の問題である。つまり、一定の国語使用が確立している周囲世界のなかに幼児がどのように組み込まれていくのか、という問題である。根源的な翻訳可能性の問題は、二つの別個な国語の話者が初めて出会うという設定をもっている。

それではこの二つの別個な国語の話し手と聞き手が初めて出会うという設定の下での、翻訳はどのようにして可能になるのであろうか。明らかに何らかの点で共通性を前提にしなければこのことは不可能である。物理的組成の共通性、たとえば、九九パーセント共通した遺伝子をもつ、などということでこの問題に答えることができないのは既に明らかである。一言でその理由を示せば、物理的組成の共通性では言語使用にも届かないからである。かくかくの遺伝子状況にある生物は言語を使用する可能性が大きいという自然科学的知見が与えられたとしても、それは現実の言語使用を遺伝子状況に反映させているだけである。言語使用を脳のどこかの部位の活動によって示すことができたとしても、言語活動とはどのようなものであるのかがわかっているからこのことが可能になる。言語活動に言及せずに脳の活動だけで言語使用を説明することはできない。繰り返しになるが、「赤い」という言語使用に対応する脳の活動が示されても、それは「赤い」という表現ではないからである。遺伝子や脳の活動によって言語活動や翻訳可能性を説明するのは諦めよう。何度も繰り返すが、遺伝子や脳の活動の解明が、言語活動や翻訳可能性の解明に寄与しないというわけでは決してない。先にも述べたように、自然科学的知見は言語活動や翻訳活動の障害を克服するのに甚だ役立つであろう。肝心なことは遺伝子状況や脳の活動が言語活動であるわけではないということである。これだけ繰り返せば、自然主義的誤謬、つまり、自然科学的知見が我々の思いの代替物になりうるという誤りから抜け出すことができるのではないだろうか。これが三番目で最後の自然主義批判になる。

第三節　翻訳可能性の二つの条件

超越論的捉え方を進めるならば、第三の次元として、翻訳可能性の基礎に人と人との思いが何らかの共通な機制をもっているということがあるのを見出す。二つの別個な国語の話者が初めて出会うという設定の下での翻訳の実現には、第三の何らかの共通性が要求される。しかし、物理的組成の共通性は翻訳の可能性を説明しなかった。残るのは、考え方がどこかで共通しているということである。そう書いてみると、実に当たり前のことだと呆れてしまう。どうしてここへと一直線で到達することができなかったのか。このことは、我々がどれほど自然主義的誤謬に染まっているのかということを示している。これも繰り返しになるが、自然主義的誤謬から脱却することは、自分を自分に取り戻すことである。先にも述べたように、自然科学的知見が真であると無批判的に信じるならば、自分が自分の信念に基づいて行為を組み立てることが無益であり、間違いであると思われてしまう。自分の意志のもとに自分を取り戻さなければならない。自分が自由に自分の意志を発動して行為を組み立てているということにこそ、人間の人間らしさがある。人を人として認めるということの核心には〈相手が自分の意志で行為している〉ことへの尊重がある。翻訳可能性の根拠にはこのことがなければならない。つまり、相手を同じく人間として認めるということである。犬や猫と擬似的な会話を交わすことができないというのではない。しかし、自分の飼っている犬があなたに飼われたくないというそぶりを示しても、そのことを犬の意志として確認することは難しく、結局、あなたは犬を野に放つのを許さない。犬と契約を結んで飼い犬にするのではない。あなたは犬を自由意志の所有者とは看做していない。相手が自由意志の行使者であると認めること、つまり、同じく人間であると認めることが翻訳可能性の第一の前提である。同じく似たような姿態、身体状態にあれば、同じく人間であると認めやすいかもしれない。しかし、外的な見かけが必須の条件であるわけではない。ロボットであろうが、異星人であろうが、相手を自由意志の行使者と認めることはあるだろう。そこからはじめて会話開始の可能性が開かれる。翻訳可能性の第一の条件は自由意志の行使者として相手を認めることである。

相手を自由意志の行使者だと認めても、それだけで翻訳が可能になるわけではない。思い方の機制の同型性が求められる。このことを論理学の基本が共有されていなければならないと言ってみよう。矛盾律が成り立たなければ翻訳は可能にならない。我々にとって矛盾律を破ること自体が可能かどうかわからない。矛盾律は通常「同時に、同じ仕方で、あるものがありかつないことはない」という仕方で述べられる。これはアリストテレスの定式と言われている。「同じ仕方」というのはアリストテレスの場合には、「可能態」は「可能態」で、「現実態」は「現実態」で比べられるということを意味している。たとえば、同時に、桜の木に咲く一つの花が花であり、つぼみであることはない。モンブランのケーキについて、このケーキの盛り上がって渦を巻いているような部分が、クリームでありながら、同時に栗であるということはある。そうすると、一つの或るものがクリームでありかつクリームでないということになる。その栗は、アリストテレスの用語を借りれば、現実態としてクリームなのである。可能態同士で見れば、その栗が栗であり同時に栗でないということはない。現実態同士で見れば、そのクリームがクリームであり、かつ同時にクリームでないということはない。このように矛盾律が厳密に成り立つためには「同時に」と「同じ仕方で」という限定が求められる。その限定をつけて、「この机が、今ここで、机であり机でない」と言ってみる。このことで何を言いたいのだろう。〈(aかつaでない)であることはない〉。このことを説明しろと求められても、説明できない。そうだからそうだとしか言えそうもない。あるいは、それを下敷きにしなければ、どのような知識も成り立たないと言う以外にはないかもしれない。そのように矛盾律は我々の知が成り立つ底、あるいは天井に位置している。

それに対して、排中律、つまり、「aかaでないかのどちらかである」ということがそのような位置に来るかどうか。そこには考えようがあるだろう。「aかつaでない」を認める場合も考えられるからである。いわゆる弱選言の場合には、たとえば、「同時に」と「同じ仕方で」という限定を弛めることになるであろう。たとえば、馬かロバかという言明の場合に、ラバは馬でもロバでもないけれど、馬でもロバでもある。あの人は関東人であるけれども、関西人の振る舞いをする。彼は関東人でかつ関西人である。弱選言を排中律として取り入れるならば、「彼は関東人であるか関東人ではないかのどちらかである」という言明を否定できる。つまり、形式的に言えば、(aまたは ¬a)が偽になる例を考えることができる。その場合には、強選言を弱選言で定義しなければならないが、それは無理である。それは丁度、「同時に」と「同じ仕方で」という限定なしに、矛盾律を規定するのと同様である。簡潔に言えば、隙間を規定するときに隙間のなさがどうしても必要になるのと同じである。隙間相互で隙間のなさを規定しようとするならば、程度の問題、つまり、相対的にならざるをえない。矛盾律は絶対的であり、排中律は相対的であるという選択は可能かもしれない。逆に言えば、弱選言を排除して、強選言を排中律に採用するという提案は、物事には隙間のないａか⌐ａで示すことのできる領域があるという提案を含む。逆に、強選言を排除して、弱選言を排中律の実質に選ぶならば、ａか⌐ａには常に隙間があり、隙間のなさは相対的でしかないことになる。どちらを選ぶのか。そのことは世界と経験とをどのように構築して行くのかに関わるであろう。こうしてわかることは論理性という点では相対主義も一つの選択だということである。しかし、この選択をしても、矛盾律が絶対的に適用される場合を基礎におかなければ先に進めない。どのような局面においても真偽が決まらなくなるからである。それでもよい、どのような場合でも真偽が決まらなくてよい、と人が考えているのならば、翻訳の可能性など念頭にも浮かばないはずである。翻訳の可能性を問うということは、どこかで真偽の決まる基盤を想定しているということである。こうして翻訳可能性の第二の条件として論理性が見出される。その論理性の内容は、矛盾律と弱選言を排除する排中律とが成立しているということである。そのつど排中律の隙間を違う仕方で埋めなければならない、あるいは埋めることを諦めるならば、真偽は決まらず、そのような基盤の上では翻訳の根源的可能性を見出すことはできない。現実を相対主義的に捉え、真偽は絶対的に決まるわけではないと立論することは可能であるが、この立論において真偽は一義的に、つまり、絶対的に決まるのでなければならない。そうでなければ論が立たない。それでも良いという人にとって翻訳可能性の根源を問う必要はない。その人は、根源的翻訳という局面で、説得を止め、感情という暴力や物理的暴力に訴える人である。

第四節　「存在」について論じるということ

こうして我々が直面している問題次元が、「存在」問題と論理形式との関係を論じる次元であることがわかる。そこには言語を考察した場合と同じ形式が見出される。一方では「存在」について言語を用いて考察し、その際には既に論理形式を使っている。そして他方では、言語が或る「存在」についての観方を下地にし、論理形式もその下地には「存在」についての観方をもっている。簡潔に言えば、我々は言語を論理的に用いて「存在」について語るが、その際に国語と論理形式を使用している。しかし、両者の「存在」探究に与える影響は異なる。或る国語を用いて「存在」について論じる場合に、特殊な歴史性や地域性を、無化することはできないかもしれないが、希釈する、薄めることによって影響を少なくすることができる。実際にどうすることかと言えば、違った時代の違った地域の思想を理解することである。そうすることを通して、我々が今、そのなかで生きている時間・空間の歴史性、地域性、文化から被る影響を減少させることができる。さまざまな時代に共通で、さまざまな地域に共通な思考を探り出すのである。もちろん、使用する国語から被る影響、ないし、偏りはゼロにはならない。しかし、過去の哲学を繰り込みながら、それを出発点として、ないし基礎において探究することは、歴史、地域、文化のもっている個別性、特殊性を少なくするという試みである。論理形式の場合には、国語の場合と同じような注意を払う必要はない。なぜならば、先に見たように、論理性とは「ある」、「ない」、「同一」ということをどのように用いるのかということを根底にもっており、そういう点で「存在」について論じることと、「論理」そのものについて論じることとは実は同じことになるからである。

このようにして「存在」を論じる場合の境位、レヴェル、次元、どのように表現してよいのか不分明であるにせよ、そこを場にして「存在」問題を論じる場、あるいは、論究が遠くなってしまった場合、言い換えれば、抽象的すぎて内容を見失いそうになった場合に、戻って行って確かめ直す経験の場を我々は見つけた。それは、〈相手を、相手である「私が為す」という存在者であるとして「私」が振る舞うこと〉であった。いささか複雑な表現であるが、これを「私が私として為す」、あるいは、もっと簡潔に「私が為す」と言ってもよい。この「私が為す」ということは世界の現状から内容を取ってきて補填されて了解されるような事態ではない。そうではなく、「私」の働きのことである。「私が為す」の「為す」は世界の現状を前提にしない「為す」である。これを「思う」と言ってもいい。デカルトのようにその「思う」を「知ること、意志すること、意志すまいとすること、想像すること、感覚すること」と展開してもよい[1]。ライプニッツは「私は思う cogito」の成立とともに「思われるもの res cogitata」も成立するとデカルトを批判した[2]。それも確かに体系選択の一つである。しかし、この始まりを選択したためにライプニッツは世界を構成する、あるいは、世界そのものである「モナド monade」を定立することになる。そしてモナド間の関係を成立させる原理として「予定調和」を想定することになる。そのことはまた自らの行為の原因を「充分な理由」(そもそもあるのであって、ないのではないのはなぜかということの理由、そして、そもそもそれであって別様ではないことの理由)の系列へと無際限に消尽させることになる[3]。「私」のもとに「私」の行為の源を取り戻すためには、このライプニッツの道を歩むわけには行かない。「私が為す」は「私によって為される何か」に依存することなく「私は為す」ことである。これが我々の論究の地盤である。こうしていかなる地盤の上に言語的な営みとして存在問題を論じて行くのか明らかになった。次に、二〇世紀の分析哲学を主な例として、言語分析を中心にしながらどのように「存在」問題へと迫って行くのかということを、存在論的証明を主軸にとりつつ、「実在は述語であるのか」という問題設定の下に見て行くことにしよう。

註

（1）　デカルト的「意志」概念とその中世哲学からの系譜については、大西克智『意志と自由——一つの系譜学』知泉書館、二〇一四年を参照。

（2）　ライプニッツが『デカルトの『哲学の原理』の一般的部分への註解』「第一部第七項」で述べているところを引用するならば、「私が思う、と、さまざまなことが私によって思われている Ego cogito, et : Varia a me cogitantur」ということになる（Leibniz, *Animadversiones in partem generalem Principiorum Cartesianorum*, Gerhardt, t. IV, p. 357）。

（3）　ライプニッツの「理由律」ないし「充分な理由の原理」については拙著『数学あるいは存在の重み』「第Ⅲ部第二章第二節」、特に一八七頁以下を参照のこと。

第四章「実在は述語であるのか」

第一節 「ある」という語の働き

カントの所謂「存在論的証明」は現代哲学において問題にされることが少ない。分析哲学においても同断であろう。このことの理由には「存在論的証明」が成立しないと思い込まれていることがあるだろう。現代述語論理において「実在する exist」は、「実在量化子 existential quantifier」として述語に含まれない操作子として扱われる。ということは、そもそも「実在する」が述語か否かということを問うこともできないことになるであろう。以下において、「存在論的証明」を試金石にしながら、そのことをもう一度問い直す。これを通して、分析哲学を主流とする現代英米哲学における存在問題の所在を考えることにする。

まず、「ある」という語の働きについて、古代ギリシャ哲学の研究者であるCh・カーン（Charles H. Kahn）の論文の一つを参照しながら、彼の説を簡潔に纏めて出発点を決めることにしよう(1)。彼は、パルメニデス、プラトン、アリストテレスだけではなくホメロスなどの文学作品をも取り上げながら、ギリシャ語の「ある εἶναι」、あるいは、英語の「ある be」も含めて、その使用法を大きく次の三つに分けている。（一）まず「繫辞 copula」が挙げられる。"X is Y" の「ある」。統語論的に見れば、この「ある」は文法的な意味での文を作る。たとえば、「ジョン、そして、走っているJohn and running」を「ジョンは走っているJohn is running」という文にする。意味論的に見れば、「ある」はその文が真であることを要求する印である。すべての「ある」の使用のなかでも、この「繋辞」（コプラ）としての「ある」の使用が基礎になるとカーンは書いている。（二）次に「真であるIs true」を含む「あるis」が取り上げられる。（一）の場合も、文が真であることを要求する印という役割を果たし、それを通して真か偽かが問われうることになる。「真理表truth table」が成立することの条件になる。それに対して（二）の真理を表明するというのは「そうであるis so」とか、「その場合だis the case」というようにも展開され、真であることの主張を含む。繰り返しになるが、（一）の「ある」は何よりも文法的な文として完成させ、そのことによって真か偽か問われうる文として提示される。（二）の「ある」は真であるという主張を含む。（三）さらに「実在表明的使用Existential Uses」、つまり、実在を表明するために使われる場合が挙げられる。これをカーンはさらに三つに分けている。（a）「実在的コプラexistential copula」。たとえば、「或る町があるThere is a city」で表現されるような「あるis」の使い方である。「或るものは町であり、その町がある（実在する）」ことを表明している。（b）次は、「実在文を示す操作子the existential sentence operator」。「このような何ものかがある（何もない）There is someone (no one) who does such-and-such」という仕方で例示されている。「(∃x) Fx」で示される場合の、「∃x」に相当する「あるis」の使い方になる。「実在（存在）量化子Existential quantifier」と呼ばれるものである。（c）「実在的述語the existential predicate」。これには難しい点が含まれている。難しい点はとりわけ否定で言われる場合に見られる。たとえば、「神などいないThere are (no) gods」あるいは、「ゼウスだって実在しないZeus does not even exist」などの例が挙げられる。実在しないものについて実在を帰したり、実在するものに対して非実在を帰したりする場合である。その場合に、「ある」は「実在」概念の上位概念と看做されている。「存在」についての、何らかの含意を、ないし、何らかの理論を背景にもちながら、そのような「存在」を或るものに帰す、帰さないという場合である。そういう意味で、この使用をカーンは「哲学的思弁の或る結果」と言う。[2] これらの分類をした上で、カーンはギリシャ哲学上の存在をめぐる問題を考察する。ここではその点を追うことはしない。[3] 彼の提示している結論についてだけ触れておこう。「実在」と「コプラ」とのギリシャ的区別について、彼は次のように示唆している。「プラトンとアリストテレスの見方において、〈あるということ to be〉はいつもものの或る特定の種であるということになる。というのも、或る人が実在するとは人間であり生きていることだからであり、或る犬が実在するとは犬的な生命を享受していることだからである」。[4] ここからわかることは「である」と「がある」の関係である。カーンは、ギリシャ哲学においてそれが区別されていない段階から、区別に向けて進んで行くというように見ている。[5] 日本語では「である」と「がある」と、現代の英語では "is" と "exist" と言い分けられる場合の問題の根がそこに見出されるであろう。「である」と「がある」、別の観方をすれば、「本質 essentia」と「実在 existentia」というこの区別は何を示しているのか。そして両者を区別することによって「存在」を巡る事態はどのように変わったのか。この問いが本書の骨格をなしている。上に紹介したカーンの所論は、我々が以下に追尾する「存在論的証明」についての諸研究の後で公刊されている。

「本質」と「実在」の区別が「存在」問題の中心になったのは先に述べたように（本書「第I部第二章第二節」）トマス・アクィナス以降のこととされている。[6] それが精確なことかどうかは別にしても、時代が近代に向けて下るということと、この区別は何らかの関わりをもっている。我々にとっても、この「である」と「がある」の言い分けが論究の導きの糸になる。それでは、なぜ我々が「存在論的証明」についての対応の仕方を取り上げるのか。それは、一言でいえば、「存在論的証明」が形而上学の根幹、とりわけても「存在」を「存在」に即して論じる際の重要な問題を浮き上がらせるからである。神についての「存在論的証明」あるいは「ア・プリオリな証明」と呼ばれているのは、周知の通り主語概念から、経験に依存しないで、主語の「実在」という「ある」を導出する証明とされている。つまり、この証明の遂行は「ある」についての論理に則って、あるいは、「ある」についての論理を創出しながらなされる以外にはない。それゆえ、〈経験的に検証できない〉と言っただけではこの証明を批判したことにならない。〈経験的に検証できない〉と言って「存在論的証明」を批判しても、この証明をなかったことにしているだけである。少なくとも、「存在論的証明」を批判する者は、「ある」という表現が通常「述語」とされているその他の表現とどのように異なるのか、そもそも「ある」は述語でないのか、述語でないのならば何であるのか、これらに応えなければならない。

「存在論的証明」ないし「デカルト的証明」と命名したのはこれも周知の通りカントである。カントは「存在が何らものの述語でないのは明白である」[(7)]と書いた。その「ものの述語」の「ものの reales」ということで何が表現されているのか。このことに解釈の余地があるとしても、「ものを構成する性質」の表現と考えて誤りはない。しかし、それでも事柄が明確になるわけではない。もう一歩進めて「ものの述語」ということを「属性 attributum」と捉えてみる。「属性」は「もの」に「内在する inesse」性質であると規定される。その場合に、「本質」と「属性」の二つは次のように規定される。本質を、〈それなしには、当の「もの」の何であるかを知ることができない何か〉と規定できる。本質をこのように規定するならば、属性を次のように規定できる。すなわち、〈それの何であるかがわかれば、当の「もの」との関連がわかる何か〉、逆に言えば、〈当の「もの」以外の何かを措定しなければわからないような規定ではない何か〉。この本質の規定を基点として、属性の規定まで、程度の差のなかで広がりながら、片方側では本質によって区切られ、もう片方側では様態によって区切られる、その間の領域が属性であるということになるであろう。カントの言う「ものの述語」についての解釈は本質、属性、様態の解釈と関連することもわかる。そう捉えてみれば、「存在論的証明」の成否が「実在」と「本質」の関係を根底にもっていることがわかる。「本質」側とされている、この「ものの述語」という区切りは、「ものの側から a parte rei」なされているのか、「我々の側から a parte nostra」ないし超越論的視点からなされているのか。あるいは、「ものについての de re」の区切りではなく「言葉について（語について de voce）」の区切りなのか。以上のことを考えただけでも「存在論的証明」が形而上学ないし存在論の根幹に当たっていることがわかる。

それでは分析哲学における「存在論的証明」に係わる「存在」問題の出発点をどこに求めたらよいのであろうか。手懸かりを次の点に求めることにしよう。J・オーウェンズ（Joseph Owens, 1908-2005）によれば、この「実在」という問題をはっきり提示したのはB・ラッセル（Bertrand A. W. Russell, 1872-1970）である。[8] ラッセルは一九一九年の論考において次のように書いている。「或る人の実在に関する言明についてはいつも〔中略〕その人の記述が最初に現れるどんな言明も、その記述された対象が実在することを内含する imply」、と。[9] これを簡潔に言い換えるならば、何かについてはじめて記述された言明において、当の何かが実在することが内含されているということになる。ラッセルは「表示について On Denoting」（一九〇五年）という論稿以来、言語分析を中軸に哲学を展開していったとされる。[10] この「表示について」にも見られるが、ラッセルの「実在」に関する考えを、「論理的原子論の哲学」（一九一九年）に依拠しながら、要点だけを抜き出してみれば次のようになるであろう。「実在は本質的に命題関数の特性 Existence is essentially a property of a propositional function」であり、当該の命題関数が真である場合には、少なくとも一つの「例」が認められている。[11] たとえば、「『ウェバリー』

の著者が実在する」、と私が言う場合に、私が意味しているのは、「xが『ウェバリー』を書いた」がxがcである場合に真であり、xがcでない場合に偽であるような、そのような或る存在c（entity c）がある、ということである」[12]。何らかの「確定記述 definite description」（定冠詞付きの記述句）を主語にする命題が真である場合には、当該の「確定記述」は「実在する」ことを「内含する」。確定記述が実在を満たさない場合、たとえば、「現在のフランス王が禿頭である the King of France is bald」という命題は偽になる[13]。この考えを浮き立たせるために、一九五〇年代にP・F・ストローソン（P. F. Strawson, 1919-2006）によって定式化された「実在前提 existential presupposition」という考えを対比させるならば、後者の考えによれば、実在前提を満たさない言明は真でも偽でもないとされる[14]。ストローソンのこの考えに辿り着くには、以下に見るW・ニール（W. Kneale, 1906-1990）とG・E・ムーア（G. E. Moore, 1873-1958）の論争を経過しなければならなかったであろう。ここでは現代分析哲学における「実在」に関する議論の出発点において、ラッセルの上述の考えが踏まえられていたということだけを押さえておこう。

オーウェンズは「実在」に関する議論の出発点に、このニールとムーアとの間の論争を挙げている[15]。ムーアは言語分析を自らの思考の基礎においていなかったであろうが、「実在は述語であるのか」という問題を提起したことは確かである[16]。オーウェンズはムーアの次の文章を引用している。「「これが実在する This exists」はいつも「これは本である」、「これは赤い」などによって主張されたものの部分を形成しており、そこでは「これ」は我々が今係わっている仕方で使用されている」、と[17]。「我々が今係わっている」とはこの「これ This」が実在を示しているということである。さらに、オーウェンズは、A・J・エアー（A. J. Ayer, 1910-1989）から次の文を引用している。つまり、「我々が或るものに或る属性を帰すときに、我々は暗黙の内にそれが実在することを主張している」、と。[18] この点はW・P・オルストン（W. P. Alston, 1921-2009）によっていっそう強調され次のように言われる、とオーウェンズは記す。つまり、「我々が何らかのものに何らかの述語をつける（たとえば、「丸い」、「重い」、「私のポケットに」、「ジョーンズの」、「理解するのに困難」など述語をつける）ことができる以前に、それが実在すると、我々が前提していなければならない we must presuppose that it exists …」[19]。述定が可能であるには実在が前提されていなければならないということになろう。オーウェンズはさらにこの展開の最後にCh・ハートショーン（Ch. Hartshorne, 1897-2000）の次の文章を引用している。「もし、或る思考が実在するものについてでないとするならば、私はそれが何についてであるのか知ることがない」[20]。この観点からハートショーンはアンセルムスの『プロスロギオン』における証明について論じている。[21] この系譜にはN・マルコム（N. Malcolm, 1911-1990）も含まれる。[22] 彼の役割については本部「第四章第二節」以下で取り上げる。

オーウェンズは「実在」をめぐるこの論争の最後に彼ら現代の哲学研究者たちは「実在が、何であれあらゆる述定において前提されていて、その述定において内含されているということを、なるほどと思える仕方で強調している」[23] と纏めている。我々もこの展開を辿ることになるが、予めいくつかの要点を指摘しておこう。第一に、「実在前提」という考えにどのようにして辿り着き、この考えの意義は何か、という点。第二に、「実在前提」が対象にしていることがいったい何なのか、人、事物から抽象的な存在、たとえば、「美」の存在、「概念」の存在まで含むのか、という点。第三に、「実在前提」という考えと「実在量化子」という考えの関係、第四に、「あるものについて、その何であるかを問う」というアリストテリコ・トミスム的な思考との関係である。まず、ムーアの論文から検討していこう。

第二節　述語は属性を示すが、実在は属性ではない。

ムーアは、ニールが「実在は述語ではない」と提起しているときに、そのことによって何が意味されているのかを検討することからはじめる。ニールは述語には二つの意味があるとしている。第一に、「論理的意味 logical sense」であり、第二は「文法的意味 grammatical sense」である。「実在は述語ではない」とニールが主張する場合に、「実在」が「論理的意味」において述語ではないとされていることは明らかである、とムーアは書いている。(24) それでは「述語」の「論理的意味」とは何か。ニールによればそれは「属性 attribute」を示すことだということになる。

この点に基づいてムーアは「実在する exist」が、他の普通の述語である「赤い red」とか「吠える growl」とどのように違うのかを考察する。

[E]「飼い慣らされた虎が実在する Tame tigers exist」と、

[G]「飼い慣らされた虎が吠える Tame tigers growl」、および、

[S]「飼い慣らされた虎がひっかく Tame tigers scratch」

という三つの文が比較される。(25) 否定を考えてみれば、[E] と [G][S] との違いは明らかである。[G] と [S] の否定は真か偽かであるし、また肯定が真でかつ否定が真である場合も想定できる。それに対して、[E] は

[sE]「飼い慣らされた虎が何匹かいる（存在する）There are some tame tigers」

と同じように明確な意味をもつ（以下「s」は some を入れた文の場合を示す）。しかし、[sE] の否定は [sE] と同

じように明確な意味をもつわけではない。

[sE] の否定は

「実在しない虎が何匹かいる（存在する）There are some tigers which don't exist」

を意味しなければならないが、これは明確な意味を伝えていない。[E] の否定が [sE] の否定と同じ表現であるのならば、[E] の否定も意味不明確な文だと考えざるをえない。要するに、[S] と [G] の場合には、否定をしても肯定文と同じように明確な意味をもつが、[E] の場合にはそうはならないということである。

しかし、ムーアは「実在する exist」の否定が意味をもつ場合があると言う。その否定を含む文が、たとえば、「想像上では飼い慣らされた虎が何匹かいる Some tame tigers are imaginary」あるいは「飼い慣らされた何匹かの虎というのは、リアルな（実際の）虎のことではない Some tame tigers are not real tigers」を意味すると解される場合である。(26) しかし、少なくとも、[sE] の否定と [sE] の関係が、[sG] の否定と [sG] の関係とは異なることは明らかであろう。以上のムーアの分析によって示されたことは、「実在する」が何らかの属性をものに帰すという働きをする語とは考えられないということである。(27)

ムーアは、さらに、この点をラッセルの説を検討しながら吟味する。[sG]「何匹かの飼い慣らされた虎が吠える Some tame tigers growl」が意味しているのは「x は或る飼い慣らされた虎であり、そして吠える x is a tame tiger and growls」であると考えることができる。「吠える growl」が属性を示すということは、「x は或る飼い慣らされた虎である x is a tame tiger」と「x は吠える x grows」が、先の命題（[sG]: Some tame tigers growl）の命題関数として真か偽かということを示している。これに対して「x は或る飼い慣らされた虎であり、そして、実在する x is a tame tiger and exists」という命題は [sG] と同じにはならない。二つに分解される x を直示することによって[sG]が有意味になるならば、つまり、二つのxに対して、一つの対象を指さすことができるということを示しているならば、それに対応する「x は実在する x exists」という表現は直示によって満たされてしまう。そうすれば、「実在」という語は何かを直示できるかどうかを示しているだけで、命題の内容を構成するのではなく、命題の特性を示しているにほかならない。ラッセルは「実在は本質的に命題関数の特性であり」、また「命題関数にのみ適用する述語を、命題関数を満たす個体に」移し替えるのは誤りであると記している。ラッセルによれば、或る個体が実在するかどうかは、命題を構成する命題関数によって示されるのではなく、たとえば、「ユニコーン」が「少なくとも一つの例」をもたなければ、実在すると認められないように、記述に対応する個体が観察などによって確かめられるかどうかが求められることになるであろう。(28) そのように何かが「実在する」ということは、命題の外側のことであり、実際に確かめられるかどうかという問題を要求する。ムーアによれば、(直示しながら「実在する exist」という動詞の三人称単数形を用いるならば、語用論的、文脈的内含を別にして、何もしたことにならないのだから)ラッセルのここでの主眼は「実在は述語であるかどうか」という問題に設定されていないことになる。彼によれば、ラッセルのこの説は実在が属性を表さないことの(否定が通常の述語と異なる役割をすることと共に)もう一つの意味である。(29)

それではムーアにとって「実在する」という語はどのような役割を果たしているのか。ムーアは次のように述べる。「私が自分の知覚している対象を直示し、有意味に「これは飼い馴らされた虎である」とか「これは本である」と述べるあらゆる場合に、私の命題は事実として私が知覚している感覚与件 sense-data、あるいは、感覚与件の集合についての命題である」、と。要するに、「実在する」とは或る「感覚与件か感覚与件の集合」が物理的対象に属しているということを、その意味の一部にもつ、とムーアは言うのである。「実在」という意味が与えられるのは「この感覚与件は一つの物理的対象に属している」ことによってである。この意味で、「これは実在する」は「これは本である」、「これは赤い」などによって表現されることの一部をなしている。そして「これが実在する」だけが表明される場合には、それで主張が尽きてしまっているので属性を示すことがない。しかし、ムーアはもう少し拡張する。というのも、与えられた感覚与件について「これは或る物理的対象に属している」とも「或る物理的対象に属していない」ということも言われうるからである。「誰かが知覚するあらゆる感覚与件について、当のその人は常に、当の感覚与件について真に「これは実在しなかったかもしれない」と言うことができた、と私には思われる」とムーアは書いている。このように「実在しなかった」と言えることは、「実在する」と言えることを示している。つまり、ムーアによれば、感覚与件そのものについても「実在する」と有意味に言えるということになる。(30)

このようなムーア説について我々はどのように評価できるのか。「実在」が対象の属性ではないという点をムーアの議論の流れのなかで、我々は、当面、認めることができる。少なくとも「この紙が実在する」という表現と「この紙は白い」という表現との差異に基づいて、次の二点を指摘しておくことができる。第一点は、「実在する」を含む前者の場合には否定の意味が明確にならないということに由来する。先に見たCh・カーンの言い方に従えば、「この紙が実在しない」という言明がなされた場合には、何らかの背景を考えなければならない。非現実の仮定、ないし、この文を発した者の心理的状況などを推測することになる。それに対して「この紙は白くない」という文は、普通大抵、真か偽になる。しかし、その一方で、この文を非現実の仮定と看做すこともできる。そのようにして「この紙が実在しない」と同じように想定を広げることもできる。発言者の心理状態、ないし、思い方にかかわると評価することもできるし、発言者の目の（精神的・身体的）状態にかかわると評価することの可能性もある。もっと別の視点に立つならば、我々はこの紙を赤く塗ることもできる。赤かろうが白かろうが、どのような形をしていようが、或る何かについて、この場合には、紙について「白い」、「赤い」、「丸い」などと発言する。紙について語る以上、紙が何らかの仕方で（思われているだけかもしれないし、眼前に知覚されているかもしれないが、いずれにせよ）「存在する」と想定されている。繰り返してみれば、当該の何かは、時間・空間的世界のなかで感覚器官を用いて観察される物理的なものとして実在するのかもしれないし、それを主題にしながら話をしているというように存在しているのかもしれない。いま、「実在する」と「存在する」とを語り分けたが、この区別が何を示しているのか、ここではまだ明確にできない。要するに、ここで指摘しておかなければならない第一の点は、ムーアの指摘している通りではないかもしれないが、「実在する」を他の述語と同じように扱うことができそうもないということである。この「実在」概念の拡張に関するムーアの「感覚与件説」は、当人にしかわからないことを一般的な知覚理論の基盤に据えることになり、あまり有効な理論とは思われない。「感覚与件説」の難点は、既に多くの人たちによって対象と知覚との関係に誤りがなくなることだと指摘されている（所謂「錯覚論法」）。感覚与件がそのまま世界のありさまを写していながら、ムーアが提起していたように、そうではない妄想も感覚与件で説明することになるからである。第二の点は、ラッセルの場合から推察されるように「実在」が直示可能性、あるいは観察可能性を巻き込まざるをえないであろうということである。なぜ、思考によって捉えられた「存在の意味」が、対象の実在についての条件にならないのか。このことが問われていない。この点も我々にとっては重要な論点である。言い換えれば、我々の思考の形式が対象の実在を制約するかどうか、あるいは、「存在」ないし「実在」が対象の性質を制約するかどうか、という論点である。ここでは指摘だけに留める。

第三節　実在言明は余計なことをしているのか

次に「実在は述語であるのか」という問題を「存在論的証明」批判に適用したオルストンの議論を検討しよう。彼は自分の議論の狙いを三つあげている。すなわち、

（一）「存在論的証明」に対するこれまで普通になされてきた批判には誤りがあること、

（二）この誤りは「実在」という概念の特徴の見損ないに由来すること、

（三）この特徴、つまり、「実在は述語ではない」ということを正しく理解すれば、「存在論的証明」を否定できること、この三点である。[31] これらの核心には、「実在は述語ではない」という問題をどのように解釈するのか、ということがある。彼は次のように議論を進める。「実在する exist」という語が示しているのは幾つかの存在様相を切り開くことであり、「実在は述語ではない」と指摘しただけでは、この存在様相間の移行を遮断できない。アンセルムスは「知性のなかに実在する或る存在 a being which exists in the understanding」から、「リアルな（実際の）実在 real existence」へと移行している。実在がどのように述語でないのかを検討していけば、この移行を遮断することができる。[32] これがオルストンの議論の要点である。彼がこの主張のためにどのように論じているのか、もう少し細かく見て行くことにする。

「実在は述語ではない」ことの論拠は何か。述語が何かに付け加えられる場合には、その何かが存在していると前提されていなければならない。まず、そのような点で「実在する」は述語とは異なる。これまでも、そのように考えられてきたが、オルストンは次の二点を付け加える。

（一）「実在言明 existential statement」が肯定文である場合には、それは「取るに足らぬ明らかなこと trivial」を示しているに他ならない。

（二）実在言明が否定文である場合には「自己破壊的 self-defeating」になる。

この二点について次のように説明される。

（一）「PはQである」とする。その場合に、「Pである一つのそしてたった一つのxがあり、そしてPである或る何かがQである There is one and only one x which is P, and anything which is P is Q」が成り立つ。たとえば、「リンゴは果物である」は、「リンゴであるようなものがただ一つだけ（種類として）あり、リンゴである何らかのものが果物である」と分析される。ところで、「Pである一つのそしてたった一つのxがある」は前提であり、主張されているのは「Pである或る何かがQである」ことになる。ここで「そのxが実在する The x exists」という文章を考える。そうすると「Pである一つのそしてたった一つのxがあり、かつそれは実在する」というように展開される。しかし、その場合に「それは実在する」は余計である。したがって「Pは実在する」は「取るに足らぬ明らかなこと」である。

（二）実在言明が否定文である場合には「自己破壊的 self-defeating」になる。「Pは実在しない」という言明は上の変形に倣って前提を表立てると、「一つのそしてたった一つのPがあり、かつそれは実在しない」となり、この形式は矛盾を示すことになる。こうして実在言明は余計であり、「実在は述語ではない」ことがわかる。(33)

オルストンは、しかし、肯定の実在言明が余計でなく、否定の実在言明が自己破壊的ではない場合があるとする。実在の仕方の違いを考えれば、肯定の実在言明が有意味であり、否定の実在言明が自己破壊的ではない場合も見つかる。たとえば、伝説上の存在、夢における存在、小説上の存在と現実存在を区別するならば、夢では存在したが、現実に存在しないとか、小説上は存在したが、現実には存在しないなどということが有意味に言える。これらを「実在①」と「実在②」というように区別をすれば、上の二つ〈余計であることと自己破壊的であること〉は当てはまらないことになる。たとえば、「リンゴであるようなものがただ一つあり、そしてそれが植物図鑑に実在する」。否定の場合には、「リンゴであるものがただ一つあり、そしてそれはあそこのスーパーには実在しない」。オルストンはアンセルムスの存在論的証明はこの方式を用いているとする。つまり、現実的な実在ではない実在様相において「完全な存在者」の実在を前提し、考えられているのだから知性の内に実在する、というように。そのことによって、「完全な存在者」についてその述語規定を議論できるようになる。そしてこの「或る完全な存在者 a perfect being」の特性を分析して、それが現実的に実在するという特性をもつことを明らかにする[34]。アンセルムスの証明とは、オルストンによれば、この種の証明であり、「実在は述語ではない」ということを、上の二つのことに基づいて示しただけでは否定できない。オルストンの結論を先取りすれば、アンセルムスの証明は知性の内からものの内への不当な移行になる。

それでは〈知性の内に実在する〉から〈実際に（知性の外に）実在する〉へと移行することがどのように間違いであるのか。このことを明らかにためにオルストンは二つのステップを踏む。第一のステップは次のように示される。「実在言明は、或る論理的枠組み a logical framework を規定する。この枠組みのなかで実在すると言われたものについて［総じて］述定が成り立ちうる。実在言明は或る種の主・述言明を作るための認可として解釈されうるのであり、それ以外ではない」（［ ］内は本書著者の補足）[35]である。第二のステップは、「実在言明は一定の種類の主述言明を認可するだけではなく、その種類の真なる言明が存するであろうということを保証するように思われる[36]」ということになる。次に、この二つのステップを説明しよう。ここで実在言明と言われているのは、「SがPである」という形式の言明が前提している実在言明である。第一のステップは、その「SがPである」が前提にしている「S（であるx）が実在する」という言明は一定の論理的枠組みのなかで、そのように言明されていることである。だから、オルストンの例によれば、ドストエフスキーの『カラマーゾフの兄弟』について、「ここでドミトリとアリョーシャがとても強調されている」と話しているときに、誰かが「そうは言っても、カラマーゾフ老人には三人の息子がいた」と言う。そこに何も知らない人が入ってきて、「彼らのうちの誰かはまだ生きているのですか」と問うたとする。このような間違いが生じるのは、話されている主述構造をもった言明が或る論理的な枠組みを規定していて、後で入ってきた人がその枠組みを共有していないからだ、とオルストンは言う。(37)

第一のステップが枠組みを設定するのに対して、第二のステップは、実在言明の役割がそれに留まるのではなく、その枠組みのなかで真なる言明が成立することを示している。ということは、その枠組みが知識の整合的な或るネットワークを形成しているということを含んでいる。この二つのことを、クワインの用語を用いて言えば、第一のステップは、我々が何かについて語る枠組み、つまり、概念図式にはさまざまなものがあるとされるその「概念図式 conceptual scheme」に相当するであろうし、第二のステップは、「存在論的関与 ontological commitment」あるいは〈実在するとは変項が値をとることである〉ということに対応するであろう。(38)我々が何かを言うとき、たとえば、「昨日は祝日なのに授業があった」などと言う場合に、たしかに、一つの枠組みのなかで話している。その枠組みのなかで実在すると言える主語もあれば、そうではない主語もあるだろう。たとえば、この言明が二〇世紀後半の日本で言われたことだと仮定すれば、偽として〈祝日に行われる授業〉の実在は否定される可能性が高い。つまり、実在前提が成り立たない。そのように我々がさまざまな話の枠組みのなかを移りながら会話を交わしているのは当たり前のことである。オルストンが言いたいのは、或る存在が幾つかの概念図式のなかで一つの位置をもつことだけから、別の概念図式のなかにおいても実在前提が満たされていると帰結することはできないということである[39]。

オルストンは、この二つの考え方をアンセルムスの証明に適用して、その証明が成り立たないことを明らかにしようとする。オルストンはアンセルムスの証明の形式を次のように提示している。すなわち、「リアルではない或る世界における完全な或る存在 being の実在、その世界では実在することが当たり前である、そういう存在を前提することによって、述定の主語を得ることができる。次に、我々はこの或る存在の分析が、当の存在がリアルな実在という特徴を保有することを示している、と論ずることができる[40]」。オルストンはアンセルムスの言う「知性のなかの或る存在 a being in the understanding」という表現をこのように解する。この表現で、オルストンの思考のなかでは少なくともノンリアルな実在ということが考えられている。そうすると、「それよりいっそう大きな何ものも思われえない或る存在 a being than which nothing greater can be conceived」というアンセルムスの表現は、オルストンによれば、まずもってノンリアルな実在をもつ知性のなかの存在であることになる。第一のステップとして、「それよりいっそう大きな何ものも思われえない或る存在」はノンリアルに実在する（以下、議論の流れを捉えやすくするために、これをD（Deus ＝神）と省略し、ノンリアルな実在を「実在②」、リアルな実在を「実在①」と表記する）。換言すれば、「Dは実在②する」という言明が或る何らかの論理的な枠組みを開くことになる。その上で、Dが実在するような論理的世界を構想することができると仮定する。その構想世界のなかではDが実在するのは明らかである。次に、このDがどのようなものであるのかを調べてみる。そうすると、このDが「実在①」に属するような特徴をもっていることがわかる。ということは「Dは実在①する」という言明が成立することになる。つまり、Dはリアルな実在をもつ。こうして、神の実在をア・プリオリに（経験に依拠せずに）証明したことになる。しかし、オルストンは、「実在①」から「実在②」への移行は成立するが、「実在②」から「実在①」への移行は成立しないと主張する。オルストンの辿る筋道は以下の通りである。

アンセルムスの証明は、知性の内から知性の外へと進む証明だと看做されている。ここで明らかにされるべきは「実在②」から「実在①」への移行が可能かどうかということである。「実在②」という実在様相、つまり、この場合には「知性の内」という実在様相はどのような特徴をもつのか。オルストンによれば、「知性の内の或る存在」は、第一に、心理的実在という特徴をもつ。つまり、たとえば、青いターバンを巻いた女性の夢を見た人は、その夢においてその女性は実在すると確信している。しかし、この心理的な意味での実在はリアルな実在、「実在①」への移行を成立させはしない。第二に、「知性の内の存在」は次の二つの論理的特徴をもっている。（一）当の知性の内の存在が、夢のなかでのように実在するその場合に、必ずそれに随伴する「実在①」に属する状態がなければならない。もっと精確に引用すれば、「或る与えられたリアルでない様態の実在に対して、いつも、同じ種類のリアルである実在するものがあり、その実在は当のもののリアルでない実在によって包含されている is entailed by」[41]。たとえば、夢を見ているときに、夢を見ているという状態があることは「リアル」に実在し、夢で見ているノンリアルに実在する「山」は、かならず、この実在に含まれている「実在①」における同種類の「山」を包含する。この「実在①」の「山」のようなものをオルストンは「リアルな相関者 real correlate」と呼ぶ。たとえば、アーサー王伝説であるならば、その物語を描いた絵画なり、書物に表されているアーサー王はリアルに実在している。この点で鍵になるのは、ノンリアルな実在がリアルな実在を「包含する entail」という関係にあるとされていることである。「包含」とは「ならば」で表現される関係である。たとえば、

「p→q（pならばq）」で表記される関係である。オルストンが述べている「ならば」は「論理的包含 logical entailment」と解釈してよいであろう。つまり、「p∧¬q（pかつ非q）」が矛盾になるという関係である。たとえば、「もし、xがリンゴであるならば、xは果物である」という文章を考えてみれば、「xがリンゴであり、かつ、果物ではない」ということが矛盾になるという関係である。これを適用して「実在②」から「実在①」への移行を考えてみよう。その場合に、「xがノンリアルに実在するならば、xはリアルに実在する」という言明が真である場合をもつのか、ということが問われていることになる。これを論理的包含の形式を用いて展開すれば次のようになる。「xがノンリアルに実在し、かつ、xはリアルに実在しない」は矛盾である。つまり、「xがノンリアルに実在するならば、xはリアルに実在する」という論理は成り立たない。こうして、リアルな実在をもつ相関者がなければ、ノンリアルな夢における「山」は「実在①」しないということになる。このことは同時に、リアルに「実在①」するものが相関者として前提されるならば、ノンリアルなものが「実在②」するということを示している。これがオルストンの指摘する「知性の内の存在」についての第一の論理的特徴である。

彼の指摘する第二の特徴は次の通りである。(二)「我々はリアルに実在し、かつ、ノンリアルに実在するもののすべての特徴（もしその特徴が実在を排除することが必然的ならば、実在を排除するという特徴）をもっている或る何かを特定することができる[42]」。これを彼はノンリアルに実在するものの「リアルな原型 real archetype」とよぶ。たとえば、「夢のなかの山のリアルな原型は、同じサイズ、かたち、などなどをもった或るリアルな山であることになろう」、と彼は言う。この場合に、ノンリアルなものはリアルに実在するものによって説明される。

以上の論点を纏めてみれば、次のようになる。第一に、「知性の内の存在」とは心理的な実在であること、その論理的特徴として、第二に、「リアルな相関者 real correlate」をもつこと、第三に、「リアルな原型 real archetype」が特定されることである。この三つのことから、ノンリアルで、リアルな実在を含意しないようにノンリアルであることの条件を、オルストンは次のように言う。「ノンリアルな仕方での実在を定義する特質は次のようなものだと思われる。すなわち、そのような仕方で実在するものについてのどんな言明も、次の場合を除いて、すなわち、それのリアルな相関者と、それに対してもつかもしれない任意の内含関係とを除いて、リアルなものに関するどのような関係ももたないであろう[43]」、と。とりわけリアルな原型に対する「内含関係implication」をもたないことの重要性を彼は指摘する。ひどく単純化すれば、ノンリアルという特徴をもつのは、リアルということを内含しないものだということになる[44]。言い換えれば、「xはノンリアルであるならば、xはリアルである」と言明することができないものが、ノンリアルであるということになる。「ならば」を論理的内含（包含）と解釈して、形式的に言い換えれば、「xはノンリアルであり、かつxはリアルでない」が矛盾になるということである。「xはリンゴであり、かつxは果物ではない」ということが矛盾になるように。果物という類のなかにリンゴという種が含まれる。だから、果物であることを否定すれば、リンゴでもなくなる。これと並行的に考えれば、リアルという類のなかにノンリアルが含まれる、だから、リアルを否定すれば、ノンリアルでもなくなる、ということになる。このことの否定がノンリアルの特徴とされている。リアルという類のなかに含まれていないノンリアルが見つかれば、それがリアルに依拠しないノンリアルな実在だということになる。先ほど「知性の内の存在」についての論理的な第一の特徴とされていたのは、リアルな実在に依拠したノンリアルなものの特徴ということになる。

このようなオルストンの道具立てに則れば、アンセルムスの神証明は以下のように解釈される。「〈それよりいっそう大きな何ものも考えられえない存在［神］は、リアルに実在する〉ということが、或る述語を知性の内の存在に帰属させると解釈されるならば、アンセルムス、あるいは、この考えを形成する誰でもよいが、誰かが、彼の心のなかにある一定の観念をもったということ以外には、リアルな世界に対する何の内含関係ももちえない」[45]。要するに、神の定義内容がリアルな世界と何ら接点をもたないということである。しかし、実際には、神について言われることはリアルな世界と関係をもっている。たとえば、「全能は全知ではない」などは通常のリアルな世界との関係の下に理解される。だから「もしアンセルムスが、「知性の内に実在する」という表現をその通常の意味で用いなかったとしたならば、彼の実在前提は力をもたないことになるであろう」[46]。しかし、神の定義がリアルな世界と何らかの接点をもつ場合には、リアルな実在を相関者としてもつことになり、ア・プリオリな証明にはならない。

結局のところ、「実在②」から「実在①」への移行が可能だとしても、ノンリアルな実在からリアルな実在に戻ることを担保にしてしか可能ではない。この点を確かめるためにオルストンは次の例を挙げる。たとえば、(一)「アーサー王は伝説のなかに実在し、かつ、アーサー王は六世紀にリアルに実在した King Arthur exists in legend, and King Arthur really existed in the sixth century」という言明は、言明内部のどちらの「アーサー」も、もう一方の「アーサー」の実在を前提していないと考えることができる。言い換えれば、後者の実在言明が前者の「アーサー」の実在前提になっているという訳にはいかない、ということである。オルストンの言いたいことは次のことである。アーサーは伝説においてもリアルにも実在する。そのことを通して我々は、二つの実在様態をアーサーに対する同じ主語と述語との結びつきとして、同等に扱おうとするかもしれない。しかし、それはできない。「リアルな実在」が伝説上の人物についても述定されるかもしれないが、「伝説上の実在 legendary existence」はリアルな人物に述定されないかもしれない。「この二つの言明が同じように処理されうるのは、我々の言っていることが二つの論理的に独立な実在言明の単なる連言に相当する場合に限られる」。この二つの言明間の関係が論理的に独立でない場合にはそうではない。先の言明は、たとえば、(二)「アーサー王は一二の勝利を勝ち取った」という言明と「アーサー王と呼ばれる人物は伝説の内に実在する」という言明との関係とは明確に異なる。この(二)の場合には、相互に独立ということではない。(二)をさらに言い換えれば、「伝説のなかに実在するアーサー王は一二の勝利を勝ち取った」ということになる。こうして(二)の場合には、主語と述語の関係が成り立っていることがわかる。[47] しかし、同じことを(一)に適用するならば、「伝説のなかで実在するアーサー王は六世紀にリアルに実在した」ということになる。この場合に「アーサー王は伝説のなかに実在する」という言明が「アーサー王は六世紀にリアルに実在した」そのアーサー王の実在前提を構成することはない。つまり、「アーサー王は伝説の内に実在する」という言明が真であっても、そのアーサー王について「リアルに実在した」と述定することは正当化されない。つまり、連言で結ばれた二つの実在言明は、相互に独立であり、決して主語と述語の関係を同じくするものではない。そういう意味で「実在は述語ではない」。二つの場合が同等の主語・述語関係として同じ役割を果たしているのではない。そうではなく実在言明は述語の場を切り開く役割をしている。

こうしてオルストンは「実在は述語ではない」ということの意味をいっそう明確にし、そのことによって存在論的証明が不可能であることを示した。彼が明確にしたのは次の点である。すなわち、実在言明が述語の場を拓くという役割をし、そのことを通して初めて述語が主語に帰属するという場が開かれる。アンセルムスの証明に対する批判としては、リアルな実在からノンリアルな実在への移行は可能であるが、逆は可能ではないということであった。たとえば「アーサー王は伝説上でリアルに実在する」という実在前提は「アーサー王は六世紀にリアルに実在した」という実在前提が開く述語領域を開かない。前者の実在言明の主語について、我々は後者の実在言明の主語と同じ述語群を探すことはできない。しかし、すぐわかるように、オルストンはリアルな実在が既に確保されているという議論の場の上に立っている。そのような場では、リアルな実在そのものを問題とする視点を開くことができない。別の言い方をすれば、現実の世界があって、そこでさまざまな言語的な営みがなされており、その言語的営みの基本条件を前提にするならば、現実の世界と繋がりをもつ架空世界、心のなかの事物、夢のなかの事物については、現実の世界というリアルな実在を前提にして、それとの関係をつけながら、語り、議論をして、当該の架空のものを主語にする言明に真偽の場を開くことができる。しかし、現実の世界との関係を見つけることができないものについては、それを主語にする言明の真偽は当該の主語に想定されている述語群のなかに探られる。そしてどのような述語群を仮想してみても、現実世界における実在前提が認められなければ、述語群の整合性と述語群で完結する内含関係ではリアルな実在には届かない。だから、ノンリアルな実在という場に留まる限り、どうあってもリアルな実在を論じることはできない。オルストンの議論からはこのような筋道が見える。この考えは、リアルな実在についてその条件を問うこと、言い換えるならば、リアルに実在するとはどのようなことなのか、その意味を問うことを遮断している。実在量化子という操作がそうであったように、「実在」を述語言明（述定）にとって外的なパラメーターであるとすることによって、「実在」という考え方を支える存在についての問いを解消してしまっている。ノンリアルであるいっそう高度な実在がリアルな実在に意義を与えるということの可能性の追求を遮断している。存在に度合い、段階を認める考え方を理由もなく排除している。オルストンのように存在問題を捉えたならば、我々の「あること」について問いを立てることができなくなる。一言でいえば、存在問題を捨てることによって、存在論的証明の不成立を宣言することになったのである。[48]

第四節　心的実在をもつとされる存在

プランティンガは或る論文で、オルストンによるアンセルムスの証明への批判をさらに批判する。[49] その批判は、我々がオルストンの議論に対してすぐ反応した批判と同じである。まず、プランティンガはオルストンの批判を次の二点に纏める。すなわち、

(一) アンセルムスの証明が成功するのは知性の内に実在すると想定された存在についてリアルな実在を述定する場合だけである、しかし、

(二) 知性の内に実在をもつと前提された存在についてのどのような言明も、当の存在のリアルな実在を含まない。

プランティンガは、オルストンの批判をこのように纏めた上で、オルストンの批判を逆に批判する。つまり、アンセルムスの証明を擁護しようとする。[50]

まず、プランティンガは、オルストンの (二) が成立するならば、「神が実在する」と主張する宗教的関心も満たされないことになる、とする。なぜならば、オルストンによれば、心的実在をもつどのような存在もリアルな実在をもたないので、宗教的な文脈におけるリアリティもたないことになるからである。同じように、物語上の登場人物も、その物語におけるリアルな実在であることを否定されることになる。夢で見た大空にせよ、物語上のガンダルフにせよ、夢のなかでは、あるいは、物語のなかではリアルな実在をもつのではないか。言い換

ければ、夢のなかであれ、物語のなかであれ、或る種の文脈をもち、その世界のなかでは辻褄が合っているのではないのか。オルストンの批判はこの点まで否定することになってしまう。このようにプランティンガは言う。(51)したがって、少なくとも、(三)「神は知性の内に実在し、かつ、リアルに実在するものとして思考されている」と言わなければならない。(52)それゆえ(二)オルストンの主張、つまり、〈ノンリアルに実在するものについての言明の特徴は、そのもののリアルな相関者、および、その相関者が包含しているもの以外には、リアルなものについて何らの包含ももたない〉という主張が吟味されなければならない。たとえば、ハムレットとオバマ大統領に関して、(三)「オバマ大統領に関してよりも、ハムレットについていっそう沢山の本が書かれている」という言明があったとする。この場合にこの言明は「オバマ大統領」がリアルに実在する／したことを含んでいる。しかし、「オバマ大統領」は「ハムレット」のリアルな相関者ではない。だから、実在に関して同列に扱うことができない。この場合には、(二)が成り立っていないと考えた方がよいのではないのか。

第一に、(三)のような言明は、「ハムレット」に関して、単にノンリアルな実在をする何かについての記述ではないと考えるべきではないのか。第二に、この場合に、実在に関して問題になるのは、この言明の作者が、当該のもの(ここでは「ハムレット」)をノンリアルに実在すると前提しているかどうか、である。それゆえ、オルストンの(二)は次のように言い直されなければならない。すなわち、(四a)〈もし、pが、ノンリアルに実在するとだけ前提されている存在についての言明ならば、その場合には、pによって内含されるリアルなものについてのどんな言明も、pの主語のリアルな相関者についてのものである〉、と。(53)しかし、ここでもう一つの困難に衝突する。それは、リアルな実在を前提するように、ノンリアルな実在を前提することができないのかということである。というのは、オルストンも理解しているであろうように、多くの存在はリアルな実在とともにノンンリアルな実在をもつからである。誰かが「タージ・マハル」という名前を聞いて、それを理解するという事実から、タージ・マハルが知性の内に実在することが帰結する、と主張されるならば、それは当然認められるべきことである。アンセルムスの証明の出発点にはこのような考えがある。そうなるとリアルな実在とノンリアルな実在の両方を主語に述定できないという理由がわからなくなる。たとえば、「タージ・マハルは、一般に、ピンク色だと信じられている」という言明の場合に、ここで述べられているタージ・マハルは知性のなかに実在すると前提されている存在であるが、しかし、この言明は、タージ・マハルがピンク色ではなくリアルに実在するということをも含んでいる。そうすると（四a）は次のように変えられなければならなくなる。

（四b）〈もし、pが、ノンリアルな実在をもつと前提されるか、リアルな実在をもつとは前提されない何らかの存在についてだけの言明であるならば、その場合には、pによって包含される is entailed リアルなものについてのどんな言明もpの主語のリアルな相関者についてのものである〉[54]。こうすれば、先の言明「タージ・マハルは、一般に、ピンク色だと信じられている」の場合に、「一般に、ピンク色だと信じられている」ということもタージ・マハルという主語のリアルな相関者ということになる。つまり、主語をリアルであると認めてしまうのだから、p全体もリアルな何かの相関者ということになる。そうすれば、ノンリアルな存在がリアルな存在から独立に記述できるということは認められない。オルストンの主張が通る。

しかし、果たしてこれは正しいのか、とプランティンガは切り返す。プランティンガによれば、ここで「包含entailment」（オルストンは「内含関係 implication」という語も用いていた）という論理形式を用いることには一つ問題がある。なぜならば、必然的言明について考えてみると、次のことが明らかになるからである。たとえば、

①「xが必然的に実在する」とし、さらに、

②「xは必然的にノンリアルに実在し、かつ、xはリアルに赤ではない」

を考えるならば、②はリアルな実在とノンリアルな実在とを連言で結ぶのだから、必然的に偽、つまりは、矛盾である。

このことから、

③「xは必然的にノンリアルに実在する」は「xはリアルに赤である」ことを包含する、

という帰結が得られる。

さて、先にも見たように、「論理的包含ないし内含」という関係において「pならばq」と「」(pかつ」q)」は等値である。言い換えれば、「pかつ」q」が矛盾であることと「pならばq」が真であることとは交換可能である。この関係を右の推論に当てはめるならば、必然性についてのノンリアルな実在言明のどれも、リアルな事実についての言明を内含してしまうということになる。言い換えれば、ノンリアルな実在は、リアルに実在するあらゆるものを内含してしまうことになる。とするならば、実在することについての必然的言明、つまり、当該の実在様態においてしか実在しない、たとえば、ノンリアルにしか実在しないものについては、オルストンの批判は妥当しないことになる。

繰り返せば、xがノンリアルに実在することが必然的、つまり、ノンリアルにだけ実在するという言明は、xがリアルに実在するすべての述語を含むことを許す。つまり、xがノンリアルにだけもっぱら実在すると主張するならば、リアルなすべての事柄と何の係わりももたなくなり、それゆえに、逆に、すべてのリアルな事柄を含むと想定することができるようになる。もっと精確に言えば、すべてのリアルな事柄を含むということが真になってしまう、つまり、偽にはならない。(55) もう一度繰り返せば、必然的にノンリアルに実在するものには、一切のリアルな事柄が述語づけられることになり、何も言ったことにならないということになる。要するに、プランティンガによれば、オルストンの（二）は有意味に使用することができない定式だったということになる。ところで、オルストンによる批判として纏められた（一）の方についてみれば、この批判では、アンセルムスが「リアルに実在する」を述語と看做していたかどうか、明確にはならない。アンセルムスが提起しているのは、「神はリアルに実在する」という言明の真であることは、「神は知性の内に実在するが、リアルには実在しない」という言明が必然的に偽であることによって示される、ということである。ここからアンセルムスが「リアルに実在する」を述語として用いていたと決定するためには、「リアルに実在する」を述語ではないと看做しておかなければならない[56]。結局のところ、「リアルに実在する」が述語として最初から認められていないからオルストンのような批判が成立する。こうしてプランティンガによれば、オルストンのアンセルムス批判は的外れであることになる。

それではプランティンガはアンセルムスによる神についての「存在論的証明」をどのように正当化するのか。彼はこの証明を「帰謬法 reductio ad absurdum」と解釈して、次の四つの段階に分けている。

（一）「〈それよりいっそう大きいものがある〉ということの可能ではないような存在 being（x）は実在しないと仮定せよ Suppose that the being than which it is not possible that there be a greater does not exist[57]」（（x）は我々が与えた略号である）。

（二）「どんな実在する存在も、どんな実在しない存在よりもいっそう大きい Any existent being is greater than any non-existent being[58]」。

（三）ところで「タージ・マハルは実在する The Taj Mahal exists」。

（四）「したがって、タージ・マハルは、〈それよりもいっそう大きいものがある〉ということの可能ではない存在（x）よりも大きい Hence the Taj Mahal is greater than the being than which it is not possible that here be a greater」。

これを基礎に推論を進める。

（五）しかるに、（四）は必然的に偽である。なぜならば、「xは最大であり、かつ、最大ではない」ということになるからである。［というのも、実在するタージ・マハルが、（二）により、実在しないものよりも、大きく、〈それよりもいっそう大きいもの〉よりも小さくなるはずなのに、いっそう大きい、とされているからである。もっと簡潔に言えば、タージ・マハルはxに比べて大きく、かつ、小さいと言われているからである。］

つまり、

（六）「タージ・マハルは実在し、かつ、xは実在しない」は［上の（二）を挟むと］必然的に偽である。［p∧￢qが成立する。］

（七）ゆえに、「タージ・マハルは実在する」は、「〈それよりいっそう大きいものがある〉ということの可能ではないような存在（x）は実在しない」の否定を包含（内含）する。

（八）したがって、神は実在する。［というのも、p∧￢qが偽であることはp→qが真であるということだからである。こうして「〈それよりいっそう大きいものがある〉ということの可能ではないような存在（x）は実在する」が真になる。］(59)

次に、このプランティンガの証明を批判的に検討してみよう。形式的に言えば、プランティンガはオルストンの論理的内含（包含）を使った議論を、逆手にとって、帰謬法に内含の論理を用い、逆の結論をもたらしたことになる。帰謬法は、アンセルムスが『プロスロギオン』において適用した論法ともされるので、そのこと自体に問題はない。問われるべきは、彼が論理的内含の形式を利用した議論に「タージ・マハルが実在する」ということを用いた点にある。プランティンガの議論はア・プリオリな議論のなかにア・ポステリオリに得られる素材を持ち込むことによって成し遂げられた。しかし、それでは所謂「存在論的証明」にはならない。というのも、この証明の核心は、主語概念だけからその主語の実在を導出する点に存するからである。アンセルムスの証明は、このように現実の経験によって初めて確認できる事物を用いてはいなかったからである。プランティンガの証明は、現実に実在するものを一つだけ認めれば成立するであろう。しかし、そのことによって、現実的実在の意味を問う道が閉ざされることも否定しがたい。結局のところ、プランティンガの実在に対する考えをどのように評価したらよいのであろうか。「タージ・マハルが実在する」とう言明が疑わしいところのない実在言明であるとされているということは、やはり、現実的実在については無根拠的に決まっていると考えられているであろう。繰り返しになるが、たとえば、ライプニッツの理由律（「充分な理由の原理」）のように、「それがそれであり、別様でないことの理由」だけではなく、「それがあり、ないのではないことの理由」をも求めるという考え方はプランティンガにも、オルストンにも見出すことはできなかったと言えよう。(60) 実在することの理由・原因は不問に伏されているということである。ただし、プランティンガはこの後で、様相論理を使って「存在論的証明」を再構成している。そこでは「タージ・マハル」のような現実に実在すると経験的に確かめられる事物は用いられていない。プランティンガの様相論理を用いた「存在論的証明」については次章「第五節」で取り上げる。

註

（1） Ch. H. Kahn, Retrospect on the verb ‘to be’ and the concept of being, in S. Knuuttila & J. Hintikka (eds), *The Logic of Being : Historical Studies*, Kluwer, 1986, pp. 1-28. カーンの研究の古代ギリシャ研究における意義、彼の「einai」についての研究に関しては、中畑正志「移植、接ぎ木、異種交配――「実体」の迷路へ」（村上勝三・東洋大学国際哲学研究センター編『越境する哲学 体系と方法を求めて』、春風社、二〇一五年「第三部第十一章」二二一頁から二六六頁）に詳しく述べられているので、参照していただきたい。

（2） *op.cit.*, p.11.

（3） この点についても中畑正志の前掲論文に詳しい。

（4） *op.cit.*, p. 22.

（5） *op.cit.*, p.21.

（6） 山田晶『トマス・アクィナスの《エッセ》研究』創文社、一九七八年「二 存在とエッセ」、また、É. Gilson, *L'être et l'essence*, 1948 / 1972, J. Vrin, pp.14-23 & pp. 344-349 を参照。

（7） « Sein ist offenbar kein reales Prädikat »,I. Kant, *Kritik der reinen Vernunft*, A 598 / B 626.

（8） J. Owens, *An Interpretation of Existence*, Center for Thomistic Studies, 1985, p. 3.

（9） B. Russell, The Philosophy of Logical Atomism, in *The Monist*, XXIX(1919) / Routeledge Classics, 2010, p.87（ページ数は後者による）。ラッセルの「命題関数」と「実在」との関係については東京大学大学院博士課程の野上志学さんに多くのことを教えていただいた。記して感謝の意を表する。

（10） B. Russell, On Denoting, in *Mind*, New Series, Vol. 14, No. 56 (Oct., 1905), pp. 479 -493 & 飯田隆「存在論の方法としての言語分析」（『岩波講座・現代思想7：分析哲学とプラグマティズム』岩波書店、一九九四年、六七頁から七四頁。

（11） Russell, 1919, pp. 66 -67.

（12） *op.cit.*, p. 87.

（13） *e.g.,* Russell, 19057,5, pp. 483-484.

（14） *e. g.*, P. F. Strawson, *Introduction to Logical Theory*, Methuen, 1952, p. 175.

(15) Symposium: Is Existence a Predicate?, in *Proceedings of the Aristotelian Society, Supplementary Volumes*, Vol. 15, What can Philosophy Determine? (1936), pp. 154-188.

(16) 「ムーアの言う「分析」が言語的なものと直接の関係はない」（飯田隆の前掲論文、六七頁から六八頁）と指摘されるにしても、である。

(17) G. E. Moore, Is Existence a Predicate? in *Proceedings of the Aristotelian Society*, Supplement, XV(1936), p. 187 & in ed. by A. Plantinga, *The Ontological Argument*, Macmillan, p. 83. 尚、引用に際しては後者のページ付けで示す。

(18) A. J. Ayer, *Language, Truth and Logic*, 2nd ed., New York, Dover, 1947, p. 43.

(19) W. P. Alston, The Ontological Argument Revised, *The Philosophical Review*, LXIX, 1960, p. 454.

(20) Ch. Hartshorne, *The Logic of Perfection*, LaSalle, III, Open court Publishing Co., 1962, pp. 84-85.

(21) Ch. Hartshorne, *Anselm's Discovery*, La Salle: Open Court, 1965, *esp*. p. 85.

(22) N. Malcolm, Anselm's Ontological Arguments, *The Philosophical Review*, 69, 1960, repr. in *Readings in the Philosophy of Religion*, ed. by B.A. Brody, 1974, pp. 37-52.

(23) Owens, *op.cit.,* p. 36.

(24) G. E. Moore, Is Existence a Predicate?, pp. 71-72.

(25) Moore, *op.cit.*, p. 74.

(26) *op.cit.,* p. 77.

(27) *op.cit.*, pp. 73-74.

(28) « Existence is essentially a property of a propositional function. It means that that propositional function is true in at least one instance. If you say "There are unicorns", that will mean that "There is an x, such that x is a unicorn" », B. Russell, The Philosophy of Logical Atomism, pp.66 -67.

(29) Moore, *op.cit,* pp. 81-82.

(30) Moor, *op.cit.*, pp. 83-84.

(31) W. P. Alston, The Ontological Argument Revised, *The Philosophical Review*, Vol. LXIX, 1960, in ed. by A. Plantinga, *The*

Ontological Argument, Macmillan, 1965, pp. 86-110 and in *Descartes*, ed. by Willis Doney, Macmillan, 1967, pp. 278-311. 以下では後者の版から引用する。ここでの引用箇所は、p. 278である。

（32） *op.cit.*, p. 296.

（33） *op.cit.*, pp. 282- 283. オルストンはここでストローソンによる「実在前提」という考えを継承している（cf. Alston, *op.cit.*, p. 282）。

（34） *op.cit.*, p.286.

（35） *op.cit*, p. 292.

（36） *op.cit*, p. 293.

（37） *op.cit*, p. 291.

（38） Cf. W. V. O. Quine, *From a logical point of view*, Harvard University Press, 1953, p. 44 *sqq.*, p. 8, *sqq.*, & p. 102.

（39） Alston, *op.cit.*, pp. 294-302.

（40） *op.cit.*, p. 268.

（41） *op.cit.*, p. 294.

（42） *op.cit.*, p. 295.

（43） *op.cit.*, p. 295.

（44） オルストンが「内含関係 implication」という概念をどのように理解しているのか、ここには示されていない。しかし、ストローソン的な「実在前提」という意味での「前提 presupposition」と解することはできない。なぜならば、オルストンは「実在前提」をストローソン的な意味で用いているからである。引用文の implication を論理的内含関係と解しておく。

（45） Alston, *op.cit.*, p. 296.

（46） *op.cit.*, p. 297.

（47） *op.cit.*, p. 299.

（48） オルストンは当該の論文の最後に「必然的実在言明 necessary existential statements」について触れている（Alston, *op.cit.*, pp. 301-302）。彼によれば、実在は述語であるのかという問題を辿っても、どんな実在言明も必然的ではないという結論には到達しない。「必然的実在」について我々は本書の以下の部分で論じることになるが、「必然的実在」という問題が主語と述語の関係を考察しても到達できない問題であるというオルストンの指摘は重要である。

(49) A. Plantinga, Alston on the Ontological Argument, 1967, in *Descartes, A Collection of Critical Essays*, ed. by Willis Doney, Macmillan, 1967, pp. 303-311

(50) *op.cit.*, p. 303.

(51) *op.cit.*, p. 304.

(52) *op.cit.*, p. 305.

(53) *op.cit.*, p. 306.

(54) *op.cit.*, p. 307.

(55) *op.cit.*, p. 308.

(56) *op.cit.*, p. 310.

(57) アンセルムス『プロスロギオン』「第二章」における対応する表現は以下の通りである。「あなたは、何もそれよりいっそう大きいと思われえない、或る何かであると、私たちは信じている」(« credimus te esse aliquid quo nihil majus cogitari possit », *Proslogion*, cap. II, t. I, p. 101)。

(58) 同じように、アンセルムス『プロスロギオン』における対応しそうな表現を探すならば、以下の通りになる。「というのも、もし、［当該の或る何かが］知性の内にだけあるとしても、ものの内にあると思われうるし、そのことの方がいっそう大きい」(« si enim vel in solo intellectu est, potest cotigari esse et in re, quod maius est », *ibid.*)。

(59) Plantinga, *op.cit.*, p. 320.

(60) たとえば、以下のライプニッツの表現を参照することができる。［「矛盾の原理」以外の］「もう一つは、決定することの理由の原理である。それは、一つの原因、つまり、少なくとも決定することの一つの理由があるのでなければ、何ものもけっして生起しないという原理である。その［決定することの一つの理由とは］すなわち、なぜ、それが実在しないのではなくむしろ実在するのか、なぜ、それが、まったく別の仕方ではなく、このようであるのか、ということに対して、ア・プリオリに理由を与えることに役立つ何かである」(« l'autre principe est celui de la raison déterminante : c'est que jamais rien n'arrive, sans qu'il y

ait une cause ou du moins une raison déterminante, c'est-à-dire quelque chose qui puisse servir à rendre raison a priori, pourquoi cela est existant plutôt que non existant, et pourquoi cela est ainsi plutôt que de toute autre façon », G. W. Leibniz, *Essais de Théodicée*, 44, dans *Die philosophischen Schriften von Gottfried Wilhelm Leibniz*, éd. C. J. Gerhardt, Berlin 1875 / Olms 1961, t. VI, p. 127)°

第五章　さまざまな「実在」

第一節　トマス・アクィナスという迂回

プランティンガとオルストンの「存在論的証明」をめぐる「実在は述語であるのか」についての議論からは、「実在」と「存在」の関係を考えたり、「実在」について判断する根拠を問うたりする筋道を見出すことはできなかった。そこで「存在論的証明」について問うという論脈ではないが、「実在」についての見方がはっきりと提示されているP・ギーチの「形相と実在」という論文を参照してみよう。(1)

この論文はトマス・アクィナスにおける「形相と実在」との関連について解明することを目的にしている。そのなかで、ギーチは「実在に関する命題 existential proposition」を三種類に分けている。ここではこの点に注目し、ギーチの「実在」についての観方から学ぶことにしよう。ギーチは問題の所在を次のように提起する。すなわち、「実在」を述語と看做さないこれまでの議論の上に立つと、論理的主語に「実在する」を付け加えることが否定され、文法的主語にこれを付け加えることはできるという問題が生じる。こうして、否定の実在命題についてのパラドックスが生じる。(2)たとえば、「x」という主語の実在前提が成立していなければ、当の「x」は論理的には主語になりえない。しかしながら、「xは実在しない」という命題は文法的には成立する。彼によれば、この困難を解決するには次のように考えればよい。つまり、「それによって個体xが実在する」という表現が意味をもつのは、「〈がある（いる）〉ないし〈実在する〉'is' or 'exist'」が当の個体について適切に述語づけることができるような「〈がある（いる）〉ないし〈実在する〉」の意味がある場合だけである、とすれば解決できる。(3) 言い換えれば、「x」について「xが実在する」という文が有意味な表現になるような仕方で「実在する」が使われている場合だけ「実在する」を述語として認めるという提案になる。次に、実在に関する三種類の命題を例にして、彼はこの点を検討する。そこでの肝要な点は、全ての実在に関する命題が同じ論理的身分をもっているわけではないという点である。そのことが否定文を考察することによってはっきりする。

ギーチは三種類の実在に関する否定命題を例に挙げ、それらを分析することによって「実在する」という語の役割の違いを明らかにする。

（A）「ケルベロス［地獄の番をする犬の固有名］のようなものはいない。よって、ケルベロスは実在しない、ケルベロスはリアルではない。There is no such thing as Cerberus; Cerberus does not exist, is not real.」

（B）「ドラゴンのようなものはいない。よって、ドラゴンは実在しない。There is no such thing as a dragon; dragons do not exist.」

（C）「ジョセフはいない、そして、シモンはいない。Joseph is not and Simon is not.(4)」。

まず、（A）について、「ケルベロス」という地獄の番犬の名前、これを誰かの飼い犬の名前ポチと比べてみれば、この二つの語、「ケルベロス」と「ポチ」の使用上の違いは次のように考えられる。「ポチ」は何らかの「もの」を指示するために使われ、事実上指示に成功する。しかし、「ケルベロス」という語は、我々に指示をもつと信じるように促すだけである。命題（A）は子供の恐怖をなだめるために用いられており、ここに否定形で用いられている「実在する exist」も「リアルである is real」も、「ケルベロス」の述語として働いていない。つまり、命題（A）は「私がその物語のなかでケルベロスと言ったときには、私はただそれを名前として使っているように見せかけているだけだ」というように言い換えることができる内容をもっている。このようにギーチは述べている。(5)

（B）「ドラゴンは実在する」と言ったときの、「実在する」は、「牛は実在する」における「実在する」と同じ役割を果たすわけではない。この点では、（A）と（B）は同様に考えることができるが、次の二点で異なる。第一に、（A）の「ケルベロス」は固有名であるのに対して、（B）の「ドラゴン」は、「概念語」（一般名辞）であり、記述句で言い換えることができる。たとえば、「巨大な鳥のような形をしていて、口から火を噴き、大きな鉤爪をもち、狡猾で、光るものが好きな伝説上の怪物」というように。第二に、次の二つの命題の違いを考察してみるならば、（A）と（B）の違いが見えてくる。或る天文学者が水星の内側にもう一つの惑星を見つけたと主張し、それに「ヴァルカン Vulcan」という名前を与える。しかし、彼の主張は実証されなかったとする。その事実の上に立って、誰かが「ヴァルカンは実在しない」と言う。「ヴァルカン」は固有名なので、（A）型命題に入る。さて、その誰かは「私の知る限り、水星の内側にもう一つの惑星は実在しない」と言う。「惑星」は概念語（一般名辞）なので、これは（B）型命題に入る。「水星の内側にもう一つの惑星は実在しない」という命題において、「水星の内側のもう一つの惑星」は、実在前提に失敗する場合も、失敗しない場合もありうる。その意味で、「実在する」は論理的述語である。しかし、「ヴァルカンは実在しない」の場合には、実在前提が不可能であるのだから、「実在する」は論理的述語にならない。このことは、「aが実在するかどうか」という問いは、（B）型命題として問われる問いだということを示している。この場合に「実在するかどうか」という問いは有意味に検証される。「ヴァルカンは実在するかどうか」という問いは、ヴァルカンの実在しないことがわかっているときには、何の役割も果たさない。固有名で呼ばれる対象が実在しないことは実在しないこと以外の意味をもたない。それに対して、「水星の内側にもう一つの惑星が実在するかどうか」という問いは、もし、水星の内側に一つも惑星のないことが判明したとしても、「何ものも、水星の内側の、もう一つ惑星ではない」という意味をもっている。[6] こうして命題（B）が或る特殊性をもつことがわかる。「fは実在する」という命題（B）は、fに現実性としての実在を帰属させているのではなく、何らかのものに「FであることF-ness」を帰属させている。たとえば、「悪が実在する」は「悪が現実的実在をもつ」ということを主張しているのではなく、「何らかのものが欠点をもっている」ということを示している。[7] 言い換えると、「fが実在する」が真であるのは、「FであることF-ness」が何らかのものに真に述定されうる場合だけだということである。そのようにして、「神が実在する」という命題において、我々は神について何かを述定しているのではなく、「神」という語そのものについて述定しているのである。[8] 言い換えれば、何かに「神であること」を述定している。こうして、トマスにとって「神が記述的に述定しうる用語であり、論理的固有名ではないこと」の重要性がわかる。[9]「神は実在するか」という問いは、「神であること」をもつものを探す問いである。その意味で神の実在証明は有意味であることがわかる。つまり、「神」は概念語（一般名辞）であり、固有名ではないということである。

（C）型命題「ジョセフはいない、そして、シモンはいない。Joseph is not and Simon is not.」の場合の「〈がある（いる）〉ないし〈実在する〉‘is,’ or ‘exist,’」は「個体についてのほんものの述語である」とギーチは言う。[10] この意味で、我々は「或る個体が実在することになった」とか、「まだ実在している」とか、「もはや実在しない」などと言う。もし、「xはない（いない）x is not」が（C）型命題であるとするならば、主語となる「x」は何も指示しないことはありえない。（A）型命題では否定文を有意味に展開することができなかった。（B）型命題では、否定文はその「x」が概念語（一般名辞）であるのだから、それに応ずる記述句を満たすものがないことを意味していた。（C）型命題の場合には、否定文でも指示が成立している。ここでギーチはウィトゲンシュタインの『哲学探究』を参照する。ウィトゲンシュタインはそこで「名前の意味（指示対象）と名前の担い手」とを混同してはならないと述べている。[11] ウィトゲンシュタインは次の例を記している。「ミスター N・N が亡くなっているときに、名前の担い手は亡くなっているが、意味（指示対象）は亡くなっていない」。[12] ギーチはこれを引用して、「名前の指示（意味）reference はどんな時間規定も受け容れない。つまり、名前は時制をもたない」と書いている。[13] この「〈がある（いる）〉ないし〈実在する〉'is' or 'exist'」の意味こそ、トマスが「存在 esse」という語で示そうとしたことである、とギーチは言う。（C）型命題において、生き物について「あることto be」が用いられるときには、「ある」は「生き（てい）ることto live」と同じ指示（意味）をもつ。この意味での「〈がある（いる）〉ないし〈実在する〉'is' or 'exist'」はほんものの述語である。（B）型命題における「神はいない God is not」は「神であること」を見出していない状態、神という用語を規定できていない状態を示す。それに対して、（C）型命題として「神はいない God is not」と言われるならば、それはもはや死んでこの世にいないことを意味する。これが無神論者の言う「神は実在しない」という命題の意味するところである。永続的実在は「神」概念の一部をなすが、しかし「神が実在する」ということが概念としての「神」の役割を示しているのであるからには、「神は永遠に実在する」ということに基づいて、神の実在証明はできない。それはちょうど次のことと同じようにである。一定の期間ごとに炎から生まれて、老化を防ぐことが「フェニックス」の概念に属しているということから、〈「死んだフェニックス」というのは概念矛盾であるので、フェニックスは実在しなければならない〉と推論することはできない[14]。

以上のギーチによる実在についての考えから、我々は何を学ぶことができるのか。もう一度纏めてみれば、次のようになる。

（A）型命題は指示に成功しない固有名の場合である。これは見せかけの名前とされる。言い換えれば、物語のなかの登場人物に「実在」を付け加えるとき、我々は実在前提をしているのではなく、実在前提の「ようなこと」をしていることになる。ということは、この場合の「実在する exist」はオルストンの言う「実在②」でもないということだろう。ギーチの考えでは、実在に様相の違いはない、実在は「現実世界に実在すること」という意味において用いられる。

（B）型命題は、記述句で言い換えることができるような一般名辞、言い換えれば「概念語」の場合である。この場合には、当の主語の言い換えである性質の連言を満たす対象が現実世界のなかに探されることになる。この場合だけ、主語の実在について問うこと、言い換えれば、実在証明をすることができる。記述に合うものが探され、それが見つかるならば、当の主語で示される個体は実在することになる。ギーチによれば、神の実在証明が成り立つのはこの意味においてである。神の実在証明がなされる場合に「神」という語は固有名ではなく、一般名辞と看做されていることになる。

（C）型命題は実在する個体に対して「ない（いない）is not」と言われる場合である。この場合には、「実在する exist」の意味は「生き（てい）ること」と重なることになる。

以上の考えを批判的に検討してみよう。第一に、「神」という語を一般名辞として扱うことができるのならば、その実在が証明された後で、神の唯一性の証明を行わなければならないことになる。もし、神の属性のなかに唯一であること、あるいは、単純性ということが含まれていたとする。その場合には、神は唯一実在するということになるのであろうか。これにはかなりの困難がある。なぜならば、「神」という概念が「唯一性」を含んでいるとしても、それはその「神」の属性であり、唯一性をもった複数の神の実在を排除できないことになるであろう。すべての「神」が神である限り同じ属性をもつことを証明することによって、その問題に答えることができるであろう。しかし、第二に、（B）型命題における実在証明とは、感覚知覚によって当該の個体を見つけることによって成し遂げられる。たとえば、「巨大な鳥のような形をしていて、口から火を噴き、大きな鉤爪をもち、狡猾で、光るものが好きな怪物」という記述に該当する個体が見つからなければ、ドラゴンの実在を証明したことにはならない。見つかるとは目に見えることであろう。ギーチは、基本的に、眼に見える現実の世界に準拠して「実在」を捉えている。この考え方では眼に見えないものの実在を証明することはできない。ギーチが則っている「実在」についての観方に立つのならば、感覚知覚が不可能な個体については〈実在のような有様〉にしか到達できない。おそらく、ギーチは実在するものは個体だけであり、普遍は概念として扱われ、存在性格をもたないと看做しているのであろう。第三に、「実在するexist」が「生き（てい）るlive」と同じように使われ、多義性を許すことになる。このことは「実在」を衝撃のようなもの、あるいは、単なる操作子（実在量化子）ではなく、述語として扱うことの可能性を開くことになるであろう。

第二節　実在は完全性ではない

それでは「実在」には何らかの実質があるのか。この問いを「実在は完全性であるのか」という問いとして立て直すならば、「実在とは述語であるのか」という現代分析哲学的な問いを哲学史的伝統のなかで問い直す方途が開ける。これまで検討してきた「存在論的証明」についての論脈を踏まえて、マルコムは或る論文で「実在は一つの完全性である」とはどのようなことであり、アンセルムスの『プロスロギオン *Proslogion*』「第二章」の証明は、実在を完全性として扱うという点では間違いを犯しているとする。しかし、その一方で彼は「必然的実在」だけは完全性として解することができるとする。[15] 本書「第Ⅲ部」において我々は「存在論的証明」の遡行的研究を提起し、アンセルムスの思索についても細かく検討する。ここでは『プロスロギオン』「第二章」の証明ではなく、マルコムが提起していることの意義について考えてみよう。

彼は「実在は一つの完全性である」という教説の内容を次のように提示している。すなわち、「或るものについて、もしそれが概念されていることに加えて実在し、さらに、もしそれが概念されるだけである場合よりもいっそう大きいとされるならば、その教説を「実在は一つの完全性である」という教説と呼ぶことができるであろう」[16]、と。核心だけを纏めれば、次のようになる。すなわち、〈思われていて実在するもの〉は〈思われているもの〉よりも「いっそう大きい」という教説である。その場合に「実在は一つの完全性である」と看做されている。この「いっそう大きい greater = majus」は、先にも見た通り、アンセルムスの『プロスロギオン』「第二章」の証明において鍵の一つになる表現である。

この「いっそう大きい」という表現がどのような意味で、どのような存在論的布置の下で使われているのか、この点がアンセルムスの証明を解釈する上で決定的な役割を果たす。しかし、このことも本書「第Ⅲ部」に譲ることにして、マルコムが「いっそう大きい」で何を考えているのか調べてみよう。彼は「いっそう大きい」ということを空間的な大きさではなく、「いっそう優れている、いっそう完全である more excellent, more perfect」と言い換えている。(17) 実在しないよりも実在する方が「いっそう完全である」あるいは「いっそう優れている」と考えられている。このように「いっそう大きい」を解釈した場合にタージ・マハルの空間的な大きさを例にするわけにはいかない。それに対して「大きい」を価値的な序列について用いることは通常見られることであり、異常なことではない。その場合の「いっそう大きい」ということは何かに何かが加わることを意味する。このようにマルコムは「いっそう大きい」を解している。その加わる何かが「完全性」と呼ばれる。

また、マルコムとは離れるが、「完全性」という表現には或る種の理解し難さが伴う。というのも、一方では「完全な」という形容詞は、「いっそう完全」、「最も完全」というように程度の序列に従って使用される。それに反して、他方では、「完全性」は何らかの規定性、たとえば、「知性」とか、「理性」とか、「運動」とか、もっと細かい局面では、「歩行」ということとか、或る種の「知識」とか、どのような「形」をしているとか、などについて適用されうる概念である。この場合に「完全性」はそれ自体で比較級をもつとは思われていない。中世スコラ哲学的な伝統的意味では、動物が感覚と運動能力をもっていることも、そして人間が理性をもっていることも、ともに「完全性」をもつと言われ、さらに前者に対して後者の方が存在するものの序列としては上位にあるとされる。その意味では人間の方が動物よりも「いっそう大きな」完全性をもつという表現も可能になる。纏めて一言で云えば、完全性とは肯定的な規定性のことである。この肯定的規定性としての完全性は、質の記述になりうるが、量とか程度には馴染まない。そして〈感覚だけをもつよりも、それに加えて理性をもつことはいっそう完全である〉とされる場合には、当該のものは完全性をいっそう多くもつとともに「いっそう大きな」完全性をもつということにもなる。このように整理してみるならば、「実在は完全性である」とされることは、「理性」や「感覚」などの、ものに付け加えられる何らかの肯定的規定性と同じ水準で「実在」という概念が設定されていることになる。このことをもっと現代風に、そしてもっと精確に述べたのが、先ほど見たマルコムの「或る何かについて、もしそのものが概念されていることに加えて実在するならば、そして、もしそれが概念されるだけである場合よりもいっそう大きいならば」その何かは完全性である、という定式化になる。

しかし、先ほど紹介した伝統的な意味とは異なり、マルコムの場合は「完全性」をものの性質という観点からではなく、ものを捉える捉え方という観点から定式化している。これを再度伝統的な言い方に繋げるならば、マルコムの規定は「ものについて」ではなく、「言葉について de voce / de dicto」という水準におけるものということになる。そう考えて、マルコムがここで述べている「実在」が概念としての「実在」であると看做すならば、マルコムの定式化全体が「言葉について」という水準で言われていることになる。しかし、そうなると「実在」が完全性かどうかという問題よりも、「ものについて」と「言葉について」という区別が成立するのかどうかという問題の方が、いっそう基礎的になる。その場合には、ものとか事実について語るとはどのようなことなのか、突き詰めれば、実在するとはどのようなことなのか、そこから問い直さなければならなくなる。神についての「存在論的証明」の問題とは、そのように我々の哲学的立脚点（存在に関する基本的布置）をどのように定めるのかという問題に直結している。しかし、今はこの短絡の道を歩まずに、大きく回り道をすることにしよう。なぜならば、短絡の途は、内容を置き去りにした形式だけを辿ることになるからである。それが誤りであるというのではない。稔りが少ないということである。たとえば、糸を使って円を描く場合と、コンパスを使って円を描く場合を比べれば、前者の方が事柄を説明するためのいっそう多くの内容をもっている。たとえば、手の構造についても語らなければならないからである。「存在論的証明」の形式だけを問う途はこれと類比的に短絡なのである。

そこでもう一度、「実在は完全性である」という問題に戻ろう。つまり、概念内容に実在を加えることができ、そのことによって「いっそう大きい」と言えるという問題である。先の回り道から明らかになったことは、「実在」を概念化するならば（言い換えれば、「語について」という水準で捉えるならば）「存在論的証明」は成り立たなくなるということである。というのも、概念と「実在」を同じカテゴリーに包括しようとすれば、「実在」は概念としての「実在」になり、現に実在するという現実性を失うからである。我々が逢着していることの一つは、この「現に実在するという現実性」と表現しても、この表現自体が自明ではないという事態である。その点は別にして、「存在論的証明」が概念の水準から抜け出せないことを、「知性の内」から「知性の外」への移行は不可能であると言い換えてもよいが、このことが示しているのは、概念としての「実在」から「現に実在する」へと到達することの不可能性である。繰り返しになるが、この不可能性には「現に実在する」ということの〈わからなさ〉がつきまとっていることを忘れてはならない。今はこの点は別にして、「ものについて」と「言葉について」とを区別すれば、マルコムの言うように、「実在が一つの完全性であるという教説は、はっきり言って怪しい」(18)ということになるのは当然である。我々としては、マルコムが「実在は一つの完全性であるという教説」を定式化するときに、既にこの教説の怪しさが露呈しているということを指摘しなければならない。言い換えれば、「実在は完全性である」という考え方を、実在と概念とを予め区別した上で定式化するならば、何もしたことにはならないということである。この点を問題として捉え出すには、マルコムの立場ではおそらく不可能であろう。彼の立っている哲学的立脚点そのものを相対化する視点が必要だからである。その点は本書「第Ⅲ部」の主要課題になるが、「実在が完全性であるという教説」を使わずに、マルコムがどのように「存在論的証明」を正当化するのかという点を次に見て行こう。マルコムはアンセルムスの『プロスロギオン』「第二章」の証明はこの教説を使った証明であり、誤りであるとする。[19] しかし、その反面で、彼はアンセルムスの別の証明はこの誤りに陥ってはいないとしているのである。この点を以下に見て行こう。

第三節　必然的実在は完全性である

マルコムは『プロスロギオン』「第二章」の証明は誤りであるが、「第三章」の証明は正当であるとする。その論述を調べる前に、アンセルムス「第三章」の証明を振り返っておこう。ここでの鍵になるのは「ないと思われえない non possit cogitari non esse」という否定の可能性の否定、つまり、必然性の問題である。この証明の肝心な点は次のことである。[20] すなわち、神について語るものは、神ありと語らざるをえないこと、「神であるところのこと」を知解する者は、「神なし」と思うことができないことである。この筋道を、二つのステップを踏んで紹介してみよう。

一．（A）「存在しないと思われえない何か quod non possit cogitari non esse」と（B）「存在しないと思われうる何か quod potest cogitari non esse」とを比べてみる。（B）は何かが不在であると思うことの可能性を示す。それに対して（A）は何かについて不在を思うことの不可能性を示している。（A）は「ないことの不可能性」として必然性を示している。これに対して（B）は「ないことの可能性」を示している。「ないことの可能性」を「あることの可能性」に、「あることの可能性」を「ないことの可能性」に引き戻すことはできる。というのも「ないことの可能性」も「あることの可能性」も、共に「あることもないこともありうる」ということを示しているからである。これに対して、「ないことの不可能性」は「ないことのありえないこと」、「必ずある」ことを示している。そう考えると、〈A〉の方が、〈B〉よりもいっそう大きいことがわかる。

二.『プロスロギオン』の先立つ「第二章」で得られたことと合わせて考えると次のようになる。〈それよりいっそう大きな何も思うことができない或るもの〉は知性の内にも、ものの内にもある。ものの内にあるものでも、ありうるもの〈あると思うことが可能なもの〉よりも、ないことのありえないもの〈あると思われないことが不可能なもの〉の方がいっそう大である。ということは〈それよりもいっそう大きな何も思うことができない或るもの〉は、必然的に存在するということになる。

マルコムの議論は、この「存在しないと思われえない」を〈必然的に、存在する、と思われる〉に展開しないで、「必然的実在」という問題として問う。彼は「神がすべての存在のなかで一番大きい God is the greatest of all beings」、「神は最も完全な存在 God is most perfect being」、「神は至高の存在 God is the supreme being」であるという規定が「論理的に必然的な真理 logically necessary truths」であるとする。[21] それは「四辺形が四つの辺をもつ」という言明と同じように論理的に必然的な真理であるとする。アンセルムスが「それよりいっそう大きな」と表現したときの「いっそう大きい」ということは「より上位の」、「より優れた」、「より完全な」ということを意味すると解される。[22] このことを通してマルコムは量的な大きさと質的な大きさを結びつけようとする。たとえば、我々は知識について、それが或る優れたものである、或る善いものであると考えているであろう。ここでは「いっそう」が質的上昇として捉えられている。それに対して、もし、AさんがBさんよりも代数学の知識を「いっそう〈多く〉もっている more knowledge」とするならば、我々は普通の言い方で、AさんはBさんよりも「いっそう〈よい〉知識 better knowledge」をもっていると言う。さらに、Aさんの代数学についての知識は、Bさんのそれよりも「いっそう勝っている superior」とも言う。そして、逆に、BさんはAさんよりも「いっそう

（大きく）無知 greater ignorance」である、つまり、「いっそう」少しの知識しかもっていないと言うならば、この「いっそう（大きい）greater」というのは純粋に量的に使われている。[23] このようにして、マルコムは量的な大きさと質的な大きさを結びつけようとしている。

彼は、次に「実在」について述べる。先ほど見たように、「実在は完全性である」という教説を彼は否定した。マルコムによれば、アンセルムスがこの「第三章」で述べているのは、「実在は完全性」であるという教説ではなく、「非実在の論理的不可能性は或る完全性である the logical impossibility of non-existence is a perfection」ということである。言い換えれば、マルコムは他の規定は別にして「必然的実在は完全性である necessary existence is a perfection」とする。[24] つまり、実在が完全性であるという考え方は間違いであっても、必然的実在は完全性として認められるということになる。彼は次のように言う。つまり、アンセルムスは、「彼の最初の存在論的証明において、もし或るものが実在しない場合よりもそのものが実在する場合の方がいっそう大きいという原理を用いていた。彼の第二の証明は異なる原理を用いている。それは、或るものが必然的に実在しないよりも必然的に実在する方がいっそう大きいというものである」。[25] この後者の原理を理解するためには「依存 dependence」という考え方が有効である。[26] 実在に関して、多くのものは他のものや出来事に依存している。家は建設業者によって建てられる。家が実在するに至ることは「或る特定の創造的活動に依存している dependent on a certain creative activity」。木の存続は、切られないこと、燃やされないことなどに依存する。「神の実在についての通常の意味を振り返ってみれば（それが何らかの仕方で曖昧で漠然としているとしても）、神の実在の意味は、それが何らかのものに依存すべきであるということと両立不可能であるとわかる」。「何ものかが、自分の実在のために他の何かに依存すると考えることは、その当の何かが神よりもいっそう小さいと考えることである」。

「いっそう劣っている inferior」と「いっそう勝っている superior」、「限界をもっている limited」と「限界がない unlimited」ということの間にも、後者の方がいっそう大きい、前者が後者に依存するという関係を見出すことができるとマルコムは言う。「普通には神は或る限定のない存在と考えられている God is usually conceived of as an *unlimited* being」[27]。それも「絶対的に限定のない存在 an absolutely unlimited being」と考えられている[28]。このことは「それよりもいっそう大きな何かを考えることができない何か」として神を考えることである[29]。つまり、神をその実在に関して何ものにも依存しないものと考えることである[30]。

以上の準備の上で、マルコムが提起する実在証明の骨子を紹介しよう。その証明は二つの仮定からなる。第一は、神が実在しないという仮定、第二は、神が実在するという仮定である。

（1）神が実在しないと仮定する。

（一）「もし、それよりもいっそう大きな何かを考えることのできない存在である神が、実在しないならば、神は実在に至ることはできない If God, a being a greater than which cannot be conceived, does not exist then He cannot *come* into existence」。

（二）というのも、もし、（a）神が実在に至るならば、神は実在に至ることを生じさせる原因をもっていることになるが、この場合には神は「限定された存在 a limited being」であることになる。または、（a）たまたま（偶然的に）実在に至るとしても同じである。しかるに神が「限定された存在 a limited being」であるということは、神についての我々の概念と異なる。つまり、神ではないことになる。

（三）したがって神は実在に至ることはできないのだから、もし神が実在しないならば、神の実在は不可能である。

（2）神が実在すると仮定する。
（四）もし、神が実在するならば、（上の理由で）他の何かに依存しながら神が実在に至ることはできないか、神が実在することを止めることができないかのいずれかである。というのも、神がその実在を何かに依存しない場合には、何も神が実在することを止めさせることができないか、神が実在を止めるという場合が生じないかのいずれかだからである。
（五）「したがって、神が実在するならば、神の実在は必然的である」。
（六）こうして、神の実在は不可能か、必然的である。
（七）もし、このような神という存在の概念が自己矛盾的、あるいは、何らかの仕方で論理的に不条理であるのならば、神の実在は不可能でしかありえない。
（八）自己矛盾的でも、何らかの仕方で論理的に不条理でもないと想定するならば、「神は必然的に実在することが帰結する」[31]。

第四節　「神」概念の可能性と世界把握

マルコムによる証明の検討から次の二点が浮かび上がる。第一に「神」概念と世界把握との関連であり、第二に「神」という我々の概念把握が証明の前提になるということである。これとは別に次の点にも留意しなければならない。すなわち、マルコムの証明が実在の生成ないし実在の原因という概念を根底においてなされていることである。ここには「自己原因 causa sui」という概念に連なる問題がある。この概念は、デカルトによって『省察』の「答弁」において導入され、スピノザの『エティカ』において肝心要の概念として使用されている。マルコムは「自己原因」という概念を表立って用いてはいない。また、中世スコラ哲学における「自分による存在 ens a se」とも関連する。ここでは要点だけ述べれば、「自己原因」は、自分が自分の原因であるという積極性を示す表現であるのに対して、「自分による存在」の方は当の「自分」を超えると、もはや原因のないことを示しているとされる。「自己原因」の場合でも、自分が自分を作成する、自分に実在を与えるというように考えた場合に、「ない」自分が自分を生成せしめるという矛盾的事態を引き起こすという問題がある。デカルトの場合にはむしろ「自己原因」は根拠・理由の終局を示す表現である。マルコムの証明では、「自己原因」とか「自分による存在」という概念がもっている難しさ、一言でいえば、〈自分で自分を〉という再帰性をどのように捉えるのかという点は問われていない[32]。

先に挙げた二つの問題の内の第一のものから検討して行こう。マルコムの証明の基礎には、「神」という概念が「自己矛盾的でも、何らかの仕方で論理的に不条理でもない」という想定があった。このことはライプニッツの「存在論的証明」に対する批判を思い起こさせる。つまり、ライプニッツは「神」の概念が可能的であるならば神は実在する、と述べている。以下、少し引用を重ねて説明する。「何であれ、或るものの観念ないし定義から帰結するものは、そのものに述語づけられうる」。「実在は神（つまり、もっとも完全な存在、ないしは、それよりいっそう大きな何かを思うことのできない存在）の観念から帰結する」。「ゆえに、神について実在が述語づけられうる」。ここから結論されるのは次のことだけである。「もし神が可能ならば、神が実在することが帰結する[33]」。この観念ないし概念の可能性は概念ないし観念の無矛盾性によって示される。この点についてもう少し深追いしてみよう。

ライプニッツが、もし「実在」を他の述語と同等のものと考えていないとしたならば、神についてだけ実在が述語、つまりは完全性になることを証明すれば、「神」という概念の可能性を示したことになり、そこから必然的に神の実在が帰結することになる。彼は「神」という概念の可能性を、神が「究極の理由」ないし「最後の理由」であることを通して示す。マルコムの方は「いっそう大きい」、「いっそう優れている」、「依存しない」という概念と、我々のもっている「神」概念を前提にして無矛盾性を示すことができると考えているであろう。マルコムもライプニッツについて論じているが、要するに、鍵は「神」という概念の無矛盾性＝可能性をどのようにして示すのかという点にある。ライプニッツとマルコムを離れて、一般的に言って、或る概念が無矛盾であるとすることは可能であるとすることである。つまり、どちらを示してもいいわけだが、矛盾が「ない」ということを示すことが、「ない」という事態の性質上、困難であるとするならば、可能性を明らかにする方が、事柄上、少しは容易であると考えられる。それでは「神」概念の可能性を示すとは何をすることなのか。それは全存在を包括することのできる論理、あるいは、体系を展開することである。もっと簡便な言い方をすれば、世界全体を説明する方式を提示することである。そのこと自体は難しいことではない。たとえば、「世界とはあるものとないものからなっている」と提示すれば、それはそれで世界の一切の説明原理になる。しかし、そこからは豊かな内容を引き出すことはできない。別の言い方をすれば、世界の諸現象とその関係を解明するには内容がなさ過ぎる。これだけの原理では経験の豊かさを表現へともたらすことはできない。「神」概念の可能性とはこのような問題へと転換される。つまり、世界についてどれほど豊かに、かつ、整合的に探究する方途を示しうるのか、ということである。これはまたこれで別の問題系に入るので、今はここまでに留め置くことにする。[34] 結局のところ、マルコムの証明に対して我々が提起する第一の問題は、どのような哲学体系を構想するのかという問題である。それをマルコムは提起してはいない。こうして彼の証明を批判的に検討することを通して、神の実在証明が世界把握と一体化しているという点が見えてきたのである。

第二の問題は、神についての思考内容（「神」概念の実質）を証明の前提にしているという点である。マルコムの表現を用いれば、「神についての我々による概念把握 our conception of Him」が既に得られているということになる。問われるべきことは、マルコムが「それよりいっそう大きな何ものもない或る何か」というアンセルムス的「神」の定義に、「我々による概念把握」を加えているという点である。この「我々による概念把握」によって、彼は当の対象が「神」か「神」でないかを識別できるとしている。この場合の「我々」は、或る文化的共有性を背景にして使われている「我々」である。アンセルムスの証明を振り返ってみるならば、たしかに、『プロスロギオン』「第二章」において「あなたは、何もそれよりいっそう大きいと思われえない、或る何かであると、我々は信じている credimus te esse aliquid quo nihil majus cogitari possit」と「神」が規定される。このときに、「我々が信じる」内容として「神」という概念が規定される。しかし、アンセルムスの場合には、この「我々」がもっている信念内容の文化的役割が証明の筋道に用いられているわけではない。それに対してマルコムの場合には、「限界をもたない」、「何ものにも依存しない」というような「神」概念の内容が、神か否かを識別する特徴として用いられている。別の言い方をすれば、これらの規定は、「神」概念の内容として真であるということが、共通に了解されていることを証明の力にしている。アンセルムスの場合には事実を述べているのであるが、マルコムの場合には正当性の根拠を述べている。「神」という概念が一般にこのように了解されているということは経験的という意味で、ア・ポステリオリな事柄である。言い換えれば、「神」の「限定されていない」、「何ものにも依存しない」ということが何かしら一般的了解に基礎をもっているということである。というのも、これらの規定をさらに説明することができ、説明を試みる場合には、一定の整合性をもった言説の束を必要とするからである。

マルコムの「神」概念は、アンセルムスの定義に含まれている「いっそう大きい何もない」という形式的な規定とは異なる。マルコムの場合には、「いっそう大きい何もない」ということから「限定されていない」という規定が引き出されているわけではなく、両者が外挿的に関係づけられているに他ならない。別の観点から言ってみれば、「いっそう大きい」という事態と、「実在についての依存性」とを、論拠なしに同じであるとすることはできないということである。アンセルムスの証明は「実在についての依存性」を論拠として使っているわけではない。既に述べたように、「実在についての依存性」は、実在するものの相互の依存性であるのか、実在するものの実在しないものへの依存性であるのか、どちらかである。実在するもの相互の依存性が、ここで問われている依存性であるのならば、何かが実在するということを、予め組み込んだ証明であることになる。その場合には、証明はア・ポステリオリになる。実在するものの実在しないものへの依存性であるのならば、実在しないものが、或る何かを実在せしめるということが別途に証明されなければならない。このことから十分予想できるように、マルコムの提示すべきこの別途な証明は、アンセルムスの証明とはまた別の神の実在証明ということになる。以上を纏めて言えば、第二の点はさらに以下の三つに展開できるということである。第一に、「いっそう大きい何もない」ということから「限定されていない unlimited」ということが引き出されているわけではない。第二に、神が限定されていないという共通了解を証明に用いている。第三に、限定されていないということと「実在についての依存性」とは問題として異なる。

さらに、大きく見た場合に、マルコム批判として付け加えるべき第三の問題として次の点がある。マルコムは次のような註記をつけている。すなわち、「「神が必然的に実在する」というア・プリオリな命題が、「神が実在する」という命題を包含するのは、後者もまたア・プリオリな命題として理解されている場合であり、その場合だけである」、と。[35] それはその通りであろう。ただここにも、ア・プリオリ性の限界がどこにあるのかという問いが潜んでいる。分析判断の限界の問題であり、経験の限界の問題でもあり、これもまた大きな哲学的課題の一つである。これに答えるためには、経験を超えるとはどのようなことかを明らかにしなければならない。しかし、マルコムがそれを行っているわけではない。マルコムはまた、デカルトについても触れて、次のように述べている。デカルトは、実在がものの特性であるかどうかという問題に対しては「はっきりしていない hazy」が、必然的実在は神の特性であるという点でははっきりしている。[36] デカルトが、実在をものの特性とはしていないことは我々の調査から明らかである。[37] その一方で、マルコムは、デカルトにおいて、必然的実在が「或る絶対的に完全な存在」にだけ当てはまるということを見抜いている。[38] この点では、マルコムのデカルト解釈は正当であるが、彼は「存在」とあるいは「実在」と必然的実在とが程度の差として連続しているのか、それともその間には超越があるのか、明らかにしていない。

第五節　カントから現代分析哲学へ

「存在論的証明」を主な対象にして、分析哲学に多くの題材を採りながら、「実在」ということの役割について見てきた。最後に、マルコムによるカントへの批判を検討することを通して、「実在は述語ではない」ということを主軸にする「存在論的証明」に関する議論と、カント哲学との関連をマルコムの記述に沿って考察することにしよう。(39) カントは周知のように「存在論的証明」に対する批判として、「実在」がものの特性であるとする考えは誤りであると主張していた。これが「存在論的証明」批判についての彼の批判の第一の論点である。カントはさらにそれを拡張して、第二の論点として「必然的実在を神の特性と看做すことも誤りである」ということを提起する。マルコムは、前者は妥当であるが、後者には問題があると述べている。(40)

また、マルコムは、この後者を主題にするために「存在論的証明」を批判する何人かの現代の哲学者たちについて論じている。その一人にJ・N・フィンドレイ（J. N. Findlay）がいる。彼は、「思われたことの必然性に基づいた based on the necessities of thought」アンセルムスによる神の証明は間違いであると述べる。(41) そのことをフィンドレイは「単なる抽象と具体的な実在との間に橋を架けることは可能だとは考えられない」と表現する。(42) これに対して、マルコムは、ここで「具体的な実在 concrete existence」が「偶然的な実在 contingent existence」のこととされ、それが「必然的な実在 necessary existence」と区別されていないと批判する。(43) マルコムはこれ以降の論述において、この「必然的実在」という把握が、カントの批判から免れているという次第を論述する。すべての実在に関する命題は「総合的」であるというカントの主張は、現代風に言えば、「すべての実在命題は偶然的である」ということになる。現代においてこの主張は一つのドグマ、理由なき思い込みになっている。(44) マルコムはこの考えがヒュームに由来しているとする。ヒュームは次のように述べている。すなわち、「実在するものとして概念されるものは何であれ、また実在しないとしても概念されうる。したがって、実在しないということが矛盾を含むような存在はない」。(45) これらのことは現代の英米哲学がヒューム哲学とカント哲学の影響下にあるということを示しているであろう。(46)

次に、マルコムは、フィンドレイの場合を現代的な議論の典型として看做しているが、このマルコムの検討について、先に述べた点に着眼しながら見て行くことにする。(47) フィンドレイは、「神の実在についての存在論的な証明のできなさ an ontological *disproof* of God's existence」を「命題における必然性」についての現代的観方に基づいて提示する。(48) 結局のところ、この必然性についての現代的観方というのは、言語ゲームという考え方に基づいて、論理的に必然的な真理は「単に、我々の言葉の使用を反映している merely reflects our use of words」という点に根拠をもつ、とマルコムは見る。(49) マルコムによれば「必然性についての現代の観方は、神の概念が要求しているものが充足されえないということを証明している。それ［必然性についての現代の観方］は神が実在しえないことを証明する」ことになる。(50) つまり、神の実在が必然的だからといって、その必然性は人間的規約上のものであるのだから、神が実在することの根拠にはならないということである。しかし、この「論理的な必然性は言葉の使用の単なる反映である」という観方が、あらゆる実在命題が偶然的でなければならないということを内含するわけではない。(51) むしろ、言語ゲームという観点を導入するならば、聖書という言語ゲームにおいて神の「必然的実在 necessary existence」という観念が見出される。(52) そのように考えるのならば、言語ゲームの恣意性が、あるいは、規約性が、どんな実在命題も必然的でありえない、ということを証明するわけではないということがわかる、とマルコムは言う。(53) 要するに、カントを筆頭にする反論者たちは、実在は特性ではない、それはおよそ実在ならば何であれそうである、と主張している。それに対して、マルコムは、必然的実在は神の特性として認められることを対置させる。しかし、この場合のマルコムの言っていることの根底的な欠陥は相対主義に対して相対主義を主張しているという点にある。「必然性」が言語規約によって相対的に決まるということをマルコムも利用しているからである。そうであるならば、当該の「神」について言われる「必然的実在」も聖書という言語ゲームの、つまりは、さまざまな物語の一つにおいて成立しているに他ならないことになる。これでは元の木阿弥である。大事な点は、どこかで相対主義を脱却しなければならないという点にある。これもまた現代哲学に課せられている喫緊の課題である。

その一方で、様相論理に着眼した「存在論的証明」の定式化が、マルコムの右の提起以降さらに展開して行く。最後に、屋上屋を架すようではあるが、様相論理を用いた「存在論的証明」について触れておこう。プランティンガは、先に調べた存在論的証明の救命策の提示後、『必然性の本性』という書物で様相論理を用いて存在論的証明を擁護しようとしている。[54] その肝心要な点は「最大の卓越性をもつ或る存在がどのような世界にも実在する There exists a being that has maximal excellence in every world」という命題によって示される。そのような「乗り越えがたい大きさ unsurpassable greatness」は「特性 property」であり、その「特性」は「どのような世界でも例化され is instantiated in every world」、そのことによって「或る存在は実在する」ことが示される。[55] この論証については、トゥーレイ（M. Tooley）が批判的に検討し、その欠陥を指摘している。[56] その批判点うちの一つには「最大の卓越性」でなく「最大限に悪い maximally evil」という表現でも証明は可能になるということがある。[57] もう一つには、「範化する exemplify」ことに関する様相論理の真理値についての考え方にある。[58] これらのトゥーレイによる批判は首肯できる。しかし、その前に、プランティンガの議論の底に、彼の「ものについての de re 必然性」と「言葉についての de dicto 必然性」を区別し、前者の論理を展開するという試みがあることを評価しなければならない。この試みは、従来の必然性が「命題の特性 a property of proposition」としての必然性であるのに対して、[59]「或る特定の種の各々の事物 res が或る特定の特性を本質的に、ないし、必然的にもつ」ことを主張しようとするものである。[60] しかしながら、あるいは、当然ながら、「ものについて」と「言葉について」という基礎設定の論拠が示されているわけではない。プランティンガはこの書物において多可能世界に本質主義を適用しながら、「ものについての必然性」を展開する。この点について我々が調べなければならないのは「実在」への着地の仕方である。「ものについての」様相論理は存在問題をどのように論じることができるのか。

プランティンガによる「現実性」についての議論にこの点を探ってみよう。彼に従うならば、「現実性」と言っても、「この世界」と「この現実的世界」とが「これが現実世界である This is the actual world」という文と「この世界がこの世界である This world is this world」という文が同じ文になるという意味での「この現実世界」である。(61) 議論にはさまざまな意匠が施されていても、結局のところ「現実性」は「これ this」に依存することになるであろう。「この世界」のなかに実在するものならば何であれ「現実的」である。可能的な諸世界のなかから、「現実的な世界」を論理的に取り出そうとする場合には「この世界」を求めることになる。「言葉についての必然性」と「ものについての必然性」の区別が重要であり、後者に立脚すると言われても、「これ」への依存なしに現実性について語ることができない。そして「これ」について「これ」以上、論理的な探求はできない。「これ」は「これ」っきりのどん詰まりになる。そういうプランティンガに存在論的な論説、つまり、「ある」、「実在する」とは何かを究明する論説を求めることはできないであろう。そういうわけで、彼は、神の実在について存在論的証明を「実在は述語か？　実在命題は必然的に真などということがあるのか？」という問題として捉えることになる。(62) つまり、神を規定する特性（本質）がどの可能的世界のなかでも例化されるような特性であるならば、そのことは神が実在するということの「ものについての必然性」を示す。しかし、「ものについての必然性」が現実性に結びつくためには、「この世界」がなければならない。この考え方では、「この世界」を創造した神に到達することはない。神の実在を証明するためには「この世界」が実在し、「この世界」が一定の構造体として何らかの仕方で整合的に成り立っていなければならない。プランティンガの解くところをこのように説明することができるのならば、彼の「ものについての必然性」と「言葉についての必然性」という区別における前者は、存在の必然性、つまり、可能的実在、現実的実在、必然的実在へと連係するような必然性に届いていないことになるであろう。

だからといって、我々は、インワーゲン（P. v. Inwagen）が指摘するような、「或る完全な存在という信念が合理的である belief in a perfect being is rational」ことの理由を求めているわけでも、プランティンガの証明を支える基礎論理（「肯定式 modus ponens」）がなぜ「必然的」になるかということの理由を求めているわけでもない。(63) しかし、インワーゲンの指摘から次の眺望が得られる。つまり、所謂「存在論的証明」あるいは「ア・プリオリな神証明」があらゆる点から見て無前提な証明というわけではないということである。「存在論的証明」とは「神の何であるか」すなわち「神の本質」から「神の実在」を結論する証明である。神の本質を「無限」として規定する場合に、その「無限」という概念が規定内容をもっているのでなければならない。そしてそのような「神」についての規定が説得力をもつとしたならば、説得する人と説得される人と、その意志疎通を保証する言語と論理が想定されるのでなければならない。そのように「神の本質」の含意を繰り広げて行けば、いずれ世界のなかに「ある」と思われている、あるいは、「ない」と思われている無際限な項目が現れ出ることになる。だからといって、この営みをすべて可能的世界の出来事として並べ、世界の実在を前提し、そのなかに「私」が見、聞き、触れる経験的内容を含めなくてもよいかもしれない。そのようにして様相空間における神についての「存在論的証明」を構想することはできるかもしれない。インワーゲンが指摘していたことの一つは、そのようにして証明してみても、その証明の必然性はどのようにして確保されるのか、ということであろう。こうして、「存在論的証明」はそもそも我々の知に何を付け加えるのか、という点に行き着く。

マルコムの議論にまで戻って、我々によるマルコムに対する批判点を纏めるならば、次の四つになる。すなわち、（一）論理的必然性と存在論的必然性の関係について考えていないこと、（二）必然的実在と現実的実在との関係が示されていないこと、（三）価値の序列が（一定の歴史的・局地的文化の上に立って）前提されていること、（四）「自己原因」と「自分による存在 ens a se」の問題が考察されていないこと、この四点である。さらにプランティンガの提起し、それについて批判されていた「様相的存在論的証明 modal ontological argument」[64]から得られた点を付け加えるならば、次の四点になる。[65]（一）そもそも「証明」という行為が成立するためには、（可能的）世界のさまざまな事柄を想定しなければならないこと、（二）その可能的世界は「世界」でなければならず、「〈この世界である〉という特性 the property of being this world」[66]の理解も求められること、（三）畢竟するところ「世界」という何らかの統一性が想定されなければならないということがある。「現実の世界は可能的世界ではなく、可能的世界の例化に他ならない the actual world is not a possible world but only the instantiation of one」という考えでは、「この世界」には届かないであろうし、可能的世界は、たとえば、「もののありうる、あったかもしれない仕方の例化 an instantiation of a way things can be or might have been」というには留まらない構造特性をもっているであろう。[67]こうしたことを通して、（四）「存在論的証明」の我々の知における役割が問い直されることになる。第四の点をデカルト形而上学の立場から表現し直せば、容易に理解できるものになる。『省察』には三つの神の実在証明が見出され、カントが「存在論的証明」と呼んだものは、この三つの内の最後に位置する証明である。二つのア・ポステリオリな証明の後に「第五省察」で提示されている証明が「存在論的証明」と呼ばれるものである。デカルトはなぜ「第五省察」で所謂「存在論的証明」を展開したのか。「存在論的証明」の役割は何か。それは数学（論理学）に基礎を据えることであった。そのためには物体的世界についての学問の基礎として、「必然性」の内実を固定しなければならなかった。デカルトはここで、主語と述語との引き離しがたさを、神についての本質と実在との引き離しがたさを範型に、必然性として示した。必然性の範型は我々の知を超えて示される。「第一省察」から「第三省察」までの道筋がデカルトによる神の「存在論的証明」を支えている。デカルトの「存在論的証明」はこの意味で無前提な証明ではない。「無限」ということについて見出され、確立され、鍛えられてきた思考を使ってなされる証明である。神の本質を展開することを通して遂行される証明として、ア・プリオリな証明なのである(68)。

以上を要するに、大局的見地からすれば、分析哲学を主要な足場とする人たちも、いやもっと大きく言えば、ヒューム・カント以降の哲学は、「超越」を知の言葉にできる哲学的立場を見失ってきているということに終着する。J・バーンズ（Jonathan Barnes）は『存在論的証明』という一九七二年に公刊された書物の序文冒頭で、分析哲学的潮流における論争について次のように記している。「存在論的証明は八世紀の間、論争の的であったが、この一〇年間ほど熱心に論争された時期はなかった」、と(69)。この皮肉な事態は、分析哲学において存在問題を問うことの困難さを示しているであろう。

註

（1） P. Geach, Form and Existence, *Proceedings of the Aristotelien Society*, 1954-55, pp. 250-276, in *Aquinas : A Collection of Critical Essays*, ed by Anthony Kenny, Macmillan, 1969, pp. 29-53. 以下引用は後者から行う。

（2） Geach, *op.cit.*, pp. 41-43.

（3） *op.cit.*, p.41.

（4） *op.cit.*, p. 43.
（5） *op.cit.*, p. 44.
（6） *op.cit.*, pp. 44-45.
（7） *e.g.*, Thomas Aquinas, *Summa*, Ia, q. 48, art. 2 ad 2.
（8） Geach, *op.cit.*, p. 45.
（9） *op.cit.*, p. 46.
（10） *op.cit.*, p. 46.
（11） « die Bedeutung eines Namens verwechseln mit dem Träger des Namens », L. Wittgenstein, *Philosophische Untersuchungen*, Blackwell, 1968, 1, § 40, p. 20.
（12） *ibid.*
（13） « The reference of a name admits of no time qualification; names are tenseless », Geach, *op.cit.*, p.47.
（14） *op.cit.*, p. 48.
（15） N. Malcolm, N. Malcolm's statement of Anselm's ontological arguments, in *The Ontological Argument from St. Anselm to Contemporary Philosophers*, Edited by Alvin Plantinga, Macmillan, 1968, pp. 136-159. 初出は *The Philosophical Review*, Vol. LXIX(1960)
（16） Malcolm, *op.cit.*, p. 138.
（17） *ibid.*
（18） *op.cit.*, p. 139.
（19） *op.cit.*, p. 140.
（20） 『プロスロギオン』からの引用は、S. Anselmus, *Opera Omnia*, ed. F. S. Schmitt, F. Rommann Verlag, 1984, t. I, pp. 102-103 による。
（21） Malcolm, *op.cit.*, p.141.
（22） *op.cit.*, p.142.

(23) *ibid.*

(24) *ibid.*

(25) *ibid.*

(26) *op.cit.*, p. 143.

(27) *ibid.*

(28) *op.cit.*,pp. 143-144.

(29) *op.cit.*, p. 144.

(30) この後、マルコムは *op.cit.*, pp. 144-145 においてスピノザについて言及しながら、また、アンセルムスのガウニロに対する答弁を取り上げながら、無限定な存在が自己を破壊することのないこと、自己矛盾する概念ではないこと、実在の持続性について示そうとするが、我々にとって問題はその前にあるのだから、その問題については問わないことにする。

(31) Malcolm, *op.cit.*, p.146.

(32) これらの問題については、拙著『数学あるいは存在の重さ』「第Ⅲ部第二章」を参照。

(33) それぞれの原文を引用しておく。« Quicquid ex alicujus rei idea sive definitione sequitur, id de re potest praedicari ». « Existentia ex DEI (sive Entis perfectissimi, vel quo majus cogitari non potest) idea sequitur. (Ens enim perfectissimum involvit omnes perfectiones, in quarum numero est etiam existentia) ». « Ergo existentia de DEO potest praedicari, si DEUS est possibilis, sequitur quod existat », Leibniz, *Meditationes de cognitione, veritate et ideis* , Gerhardt, 1684, t.IV, pp.422-426. なお、ライプニッツの哲学における「存在論的証明」の問題については本書「第Ⅲ部第三章」で論じる。

(34) このことは本書「第Ⅳ部」の主要課題になる。

(35) Malcolm, *op.cit.*, p. 147.

(36) *ibid.*

(37) 拙著『数学あるいは存在の重み』「第Ⅳ部 第二章」を参照。

(38) Malcolm, *op.cit.*, p. 147.

(39) カントによる「存在論的証明」に対する批判は本書「第Ⅲ部第一章」において検討される。

（40）　Malcolm, *op.cit.*, p.148.

（41）　N. Malcolm, *op.cit.*, p. 112 & J. N., Findlay, Can God's Existence Be Disproved?, in *The Ontological Argument*, Macmillan, ed. by Plantinga, 1968, p. 149. また、Malcolm, *op.cit.,* p. 149, n. 19 に挙げられている書誌事項は次の通りである。J. N. Findlay, Can God's Existence Be Disproved?, *New Essays in Philosophical Theology*, ed. by A. N. Flew and A. MacIntyre (London, 1955). Malcolm のこの論文について、我々は *The Ontological Argument*, Macmillan, ed. by Plantinga, 1968, pp. 111-122 に再録されているものを典拠として用いた。

（42）　Findlay, *op.cit.*, p. 112.

（43）　Malcolm, *op.cit.*, p. 149.

（44）　たとえば、マルコムの挙げているリストによれば、Gilbert Ryle は、「どんな実在に関する主張も、何らかのものの現れについての主張と同じく、論理的な不条理なしに否定されうる」（*The Nature of Metaphysics*, ed. by D. F. Pears, New York, 1957, p. 150）としている。また、I. M. Crombie は「すべての実在言明は偶然的である」としている（Arising From the University Discussion, in *New Essays in Philosophical Theology*, ed. by A. N. Flew and A. MacIntyre (London, 1955), p. 114）。さらに、J. J. C. Smart は「実在は特性ではなく」「神が実在することを否定しても何らの論理的矛盾も決してありえない There can never be any *logical contradiction* in denying that God existes」（Metaphysics, Logic and Theology : The Existence of God, in *op.cit.*, *New Essays in Philosophical Theology*, p. 34）と述べる。また、K. E. M. Baier によれば「論理的に必然的である存在という概念が自己矛盾であることは、もはや真面目に論争されるようなことではない It is no longer seriously in dispute that the notion of a logically necessary being is self-contradictory」（*The Meaning of Life*, Inaugural Lecture, Canberra University College, Camberra, 1957, p. 8）とされる。

（45）　« Whatever we conceive as existent, we can also conceive as non-existent. There is no being, therefore, whose non-existence implies a contradiction », D. Hume, *Dialogues Concerning Natural Religion,* Part IX, 2 ed. London, 1779, p. 163.

（46）　この点については、本書「第Ⅲ部第一章」と同「第二章」を参照。

（47）　Malcolm, *op.cit.*, p. 151.

（48）　Findlay, *op.cit.*, p. 119 / Malcolm, *op.cit.,* p. 151.

(49) Malcolm, *op.cit.*, p. 152.
(50) *ibid.*
(51) *ibid.*
(52) *op.cit.*, p. 153.
(53) *ibid.*
(54) A. Plantinga, *The Nautre of Necessity*, Oxford University Press, 1974.
(55) *op.cit.,* pp. 214-217.
(56) M. Tooley, Plantinga's Defense or the Ontological Argument, *Mind* (1981), Vol. XC, pp. 422-427.
(57) *e.g. op.cit.,* p. 425.
(58) *op.cit.,* p. 427.
(59) Plantinga 1974, p. 9.
(60) *op.cit.*, p. 10.
(61) *op.cit.*, pp. 49-51.
(62) *op.cit.*, p. 196.
(63) P. v. Inwagen, Ontological Argument, in Ed. by Ch. Taliaferna, P. Draper and Ph. L. Quinn, *A Companion to Philosophy of Religion*, Wiley-Blackwell, 2010, pp. 359-367.
(64) *op.cit.,* pp. 361-362.
(65) 「様相論的存在論的証明」については東京大学助教の野村智清さんに沢山のことを教えていただき、また、資料も提供していただいた。記して感謝の意を表する。
(66) Plintinga 1974, *e.g.*, p. 51.
(67) J. H. Sobel, *Logic and Theism, Argument For and Against Belief in God*, Cambridge University Press, 2009, p. 100. また、可能的世界の構成に関しては、拙著『感覚する人とその物理学』「第Ⅰ部第四章第三節　判明な知覚の矛盾」を参照。
(68) この点については、拙著『数学あるいは存在の重み』「第Ⅱ部　ア・プリオリな神証明と必然性」七九頁から一五六頁を参照。

（69）J. Barnes, *The Ontological Argument*, Macmillan, 1972, p. viii.

第Ⅲ部　存在論的証明を遡行する

はじめに

歴史とは忘却であるとともに更新である。本書「第Ⅱ部」において我々は所謂「存在論的証明」を軸に据えて（言語・論理分析を基礎におくという意味での）分析哲学を主な対象にして「存在」ないし「実在」に関する観方を調べた。その過程で多くのものを得たが、分析哲学的手法では存在問題を哲学的に論究することができないこともわかった。分析哲学といってもさまざまであろうが、その立脚点は「あるかどうか an sit」が「何であるか quid sit」に先立つということになると思われる。これはアリストテレス以来の問いの立て方の順序であると言われるかもしれない。しかしながら、「がある」と「である」を統括する場がアリストテレス哲学にはあったはずである。[1] そのことは「形而上学」が優れて「神学」とされる以上はトマス・アクィナスの思索の根底にもあったはずである。しかし、アリストテリコ・トミスムという呼び名の下に「感覚に前もってなかった何ものも知性の内にはない」という経験主義的認識説に一括されるときには、アリストテレスの哲学においても、トマス・アクィナスの神学においても、このことが見え難くなるのではないだろうか。こういう経過を辿って、我々は「何であるか」と「がある」とが一つになる立場を見失ってしまったのではないだろうか。その次第はどのようであるのか。カントが「存在論的証明」という名前を与えた問題を遡行して、カントから、ヒュームへ、そしてライプニッツを経て、デカルトに至る道筋を辿ることは、この見失ったものを探すことになるであろう。以下は遡行的哲学史研究になる。

遡行的哲学史研究の有用性については本書の「第Ⅰ部第一章」に記した。本書「第Ⅰ部」から「第Ⅱ部」への移行も、「第Ⅱ部」から「第Ⅲ部」への移行も、この方法の実践になる。しかし、この「第Ⅲ部」ではいっそう時代を限って遡行を試みる。近代前期哲学の研究が中世哲学の研究にどれほど寄与することになるのか。遡行的な方法が何か発見的役割を果たすことできるのか。これらの問いは読者によって評価される点であろう。今はこの研究手法について次の点だけを付け加えておこう。過去から現在に向けて進行する場合には、問いの中心は拡散して行き、問いは最初になかった要素を付け加えながら進んで行く。過去から現在に向けた問題の追跡は比喩的に言えば、足し算、ないし、かけ算である。だからといって、それに対して、現在から過去に向けて問題を遡行的に明らかにすることは引き算、ないし、割り算のようであるわけではない。もちろん、余分なものを取り除く作業ではある。しかし、問題が痩せて行くことはない。遡行的な哲学史研究はむしろ分析する手立てが多いところから出発する。ということは、結果もいっそう豊かになるという希望をもつことができる。事実を足場にする歴史であるのならば、アナクロニズムの介入を避けることはできないかもしれない。それに対して哲学的な問題の場合には、当該の問題についての表現の仕方が増加する。当該の問題を分析する手法もふえる。たとえその表現が元の時代にはなかったとしても、たとえその分析方法が過去にはなかったとしても、観点の増加はいっそう多くの眺望をもたらす。アリストテレスのテクストに言語分析の手法を適用しても、現代語で表現しても、それだけでアナクロニズムになるわけではない。アナクロニズムに陥るのは、あたかも古代人が子供で、現代人が大人であるかのように思い間違えるような場合である。

これから「存在論的証明」を遡行する旅に出る。このことの目的は以下の三点にある。第一に、知識が体系的に紡がれて行く場合に基礎となる諸概念の役割を見定めることである。第二に、これまで見てきたように「存在論的証明」の妥当性を探るときに「必然的実在」という概念が鍵の一つになる。この概念の内実を明らかにすることが第二の目的である。「存在論的証明」の妥当性は「存在」に度合いを認めなければ成り立たない。このことを明らかにするとともに、「存在の度合い」という考え方は単に忘れ去られていただけであることを示し、我々の使用可能な概念として取り戻すこと、これが第三の目的である。

「存在論的証明」を論ずる場合に、既に見たように「完全性 perfectio」ないし「実象性 realitas」、それと関連づけられた「実在 existentia」、「必然的存在 ens necessarium」ないし「必然的実在 exitentia necessaria」などという概念を欠かすことができない。これらの概念はカント以来ほとんど忘却されているか、意味内容を変えていると思われる。存在の重さを軸に設定しながら、これらの概念相互の連関を見出し、それぞれの役割を据え直すのでなければ、「存在論的証明」の意義を明確にしたことにはならない。このことはこれら概念の位置測定のための基点を探る試みでもある。その基点に相当するものが「無限」という概念である。しかしながら、「無限」概念は「存在論的証明」において顕在的に用いられてきたわけではない。ということは別の側面から見れば、「存在論的証明」が思索の道筋なしに闇の中から突然現れるわけではないことを示している。「存在論的証明」が批判される多くの場合に、主語概念だけから述語を導出することができるという意味での無前提さと、「存在論的証明」が証明としての役割を果たすに至る過程を必要とすることとが区別されなかった。どのような証明であれ、それが証明として提示されるまでの思索の過程をもつことは当然である。一度この証明に辿り着くならば、この証明は経験という支えを求めない。経験を先立てることがないという意味で、ア・プリオリな（原因から結果へと向かう）証明なのである。別の言い方をすれば、「存在論的証明」、中世以来の呼び方をもちいれば「ア・プリオリな証明」は定義から定義されたものの実在を帰結する証明である。この定義が意味をもつためには語義が理解されるだけではなく、一定の論理が認められていなければならない。それゆえ「存在論的証明」は定義に論理を適用することによって定義されたものの実在が帰結する証明である。定義が理解されるということは、当該の概念がもっている内容が知られているということである。定義と論理に基づいてだけ「実在する」という結論が下される。それが「存在論的証明」である。そしてこの証明が「無限」という概念との関連で拓かれてくる証明であることもわかってくる。

第二に、「無限」概念を基点にして先に挙げた諸概念の役割が明らかになるが、そのことを通して「必然性」概念の内実が獲得される。これが第二の目的である。真と偽は文において主語と述語の結びつきとして表示される。主語と述語の結びつきの必然性、言い換えれば、否定の不可能性が根拠をもたなければ、必然性が真理を支えることもなくなる。その根拠も当然「無限」概念に依拠する。しかし、必然性は、「無限」が〈すべてのすべて〉、言い換えれば、限定なき全体であることに依拠するのではない。「無限」の「何であるのか」と「何があるのか」とが一体であること、核心だけを表現すれば、「無限」において本質と実在が一つであることを明確にすることによって、「必然性」という概念の依拠するところが明らかになる。本質と実在が一つであり、引き離しえないこと、当該の本質が実在でないことの不可能性を明らかにするのが「存在論的証明」である。「無限」という概念は「無限」が実在することを含んでいる。この証明の成否は主語と述語の結びつきとして表現される真理の、あるいは、虚偽の必然性を支える。経験世界についての知の客観性を支える底になる。必然性という基盤なしには底なしの相対主義を免れる術はない。

第三に「存在の度合い」という捉え方の取り戻しという目的がある。「存在論的証明」はこれまで否定されることが多かった。概念から実在を導き出すことは論理的には可能でも、現実的には不可能である。これが大方の否定根拠である。この根拠は概念領域において語られる「存在」と事物領域における「実在」の遮断にある。概念の「存在」と事物の実在の間に「あること」の度合いを認めるのでなければ、二つの領域は遮断されたままであり、「存在論的証明」は成立しない。「存在論的証明」が成立しなければ、真理と善とは外挿的に接ぎ木されることになる。そこにまた実在も接ぎ木されることになる。ところで、この「存在の度合い」とは、存在するもの、例えば、植物、動物、人間との間の段階（分類）と係わるかもしれないが、そのこと自体ではない。この段階（分類）を上に登っていっても有限性（被造物）を超えることはない。有限的なもの（被造物）の「存在」を何らかの順序に従って並べても、その先に無限なるものの「存在」が見つかることは、飛躍なしにはないからである。その飛躍は「存在類比 analogia entis」とか、「信じること fides」とか、奇跡で埋められてきた。そうではなく論理に従って「存在」を度合いとして捉えるということが、我々の第三の目的なのである。有限性を超えて無限に至るときに一義的であるが重さの違い（強度の違い）を包み込みながらも、同じく存在する（実在する、あるいは「がある」）と述定可能になる、そのような存在についての観方が求められることである。我々が探しているのは、その本質が存在（実在）である無限なるものの存在（実在）が一切の存在（実在）の頂点をなすような「存在（実在）」概念である[2]。我々がこの「存在」の重さ、ないし、度合いで示そうとしていることは、デカルトが「実象性」の度合い、重さで示していることを出発点にする。デカルトは『省察』「第三省察」において観念の表している内容に着目し、その内容上の差異を「観念の対象的実象性」の差異として捉える。そのことを示しているのが「いっそう大きな対象的実象性 plus realitatis objectivae」という表現である[3]。「偶性ないし様態 modus sive accidens」よりも「実体 substantia」の方が、有限実体よりも無限実体の方が、いっそう大きな実象性の下に観念を通して表象される。様態をどれほど重ねても実体にはならない。有限実体をどれほど変形させても無限実体にはならない。ものの間を実象性の度合いで貫く。これがデカルトの試みである。もちろん実象性はものの規定性であり、「があること」（実在）ではない。実象性の度合いはむしろ「であること」、本質上の度合いを示している。デカルトはこの「第三省察」において、観念の表す実象性の度合いを足場に「私」の思いの領域を超えて行き、絶対的に「私」でないものとして「無限」の実在を証明する。この「無限」が「第三省察」の第二の神証明と「第五省察」のア・プリオリな証明を経て「答弁」において「必然的実在」・「自己原因」という表現をもつ。ここに「であること」の頂点と「があること」の頂点が合致して一つになることの理由が明らかになる。そのように我々が求めている「存在」の度合いは、実象性、本質の度合いであるとともに、実在、つまり、「があること」の度合いでもある。先にも見た存在するもの相互に見て取られるような程度の差異ではなく、そうした差異の根底をなす「存在」の度合いの違いである。この「度合い」を「重さ」と表現してもよい。「いっそう善い」、「いっそうの尊厳を有する」、「いっそう真である」というような表現が可能になる根拠としての「存在」把握でもある。「最も善いもの」が「最も真なるもの」であり、「最も実在するもの」である。それが成り立つ「存在」把握である。

最後に「存在」についての用語の整理をしておこう。「存在 esse」をめぐる概念は微妙な差異を内包している。その微妙さを残しながら問題を表現にもたらさなければならない。差し当たって次のように整理しておく。「あること（存在）esse」、「存在 ens」、「実在」の三つを「存在」概念の基本に据える。「あること（存在）esse」は、「存在するもの（あるもの）ens」と「存在すること」としての「存在 ens」とを包み込む。また、「あること（存在）esse」は、「存在するもの（あるもの）」について、それの〈があること〉をもっぱら表す「実在」をも含意する。言い換えれば、「存在」は〈であること〉と〈があること〉を包み込むのである。このように、我々の目的を提起し、基礎概念に整理を与えておいて、カントから出発する遡行の道に入ることにしよう。

註

（1）　中畑正志訳『アリストテレス全集1』「カテゴリー論」岩波書店、二〇一三年、「『カテゴリー論』補註E」九五頁以下参照。彼の次の文も引用しておく。「カテゴリーとしてのウーシアーは、［中略］「何であるか」という表現で指し示されるものである」（二三八頁から二三九頁）、「ウーシアーから「存在」や「実在」の意味を排除するものではない」（同上二四六頁）。また、中畑正志「移植、接ぎ木、異種交配──「実体」の迷路へ」（村上勝三／東洋大学国際哲学研究センター編『越境する哲学──体系と方法を求めて』春風社、二〇一五年二二二頁から二六六頁を参照。

（2）　ここで山田晶の次の文章を挙げておくことは我々の途の理解を助けることになる。「存在」と「実在」という二つの概念については、「さしあたり今は」「「エクシステレ」の意味と「エッセ」の意味とが」「最も広い意味で何か「がある」ということを示す」という点で「相互に置換可能であることは認めなければならない」、「しかしそれだからといって、この両語が全くの同義語であるということはできない」（山田晶『トマス・アクィナスの《エッセ》研究──中世哲学研究　第二』創文社、一九七八年、二三一頁から二三二頁）。

（3）　*MM. MN, AT. VII*, 40.14.

第一章　存在論的証明とはどのような問題か――カント

第一節　「最も実象的な存在」と「必然的存在」

カントはデカルトが「第五省察」で行ったア・プリオリな証明を「存在論的（デカルト的）証明」と呼んだ。[1]「存在論的証明」に対するカントの批判を次の二点に纏めることができる。第一に「ある sein」ないしは「現にある dasein」をものの述語と看做すことへの批判、[2] 第二に、「必然的存在 ens necessarium」という概念に明確な意味内容を与えることができないという批判である。[3] カントの議論に沿って、この二つの論点を一つに集約するならば、「存在論的証明」は「必然的存在（者）の概念と最もレアール（実象的）な存在（者）ens relissimum の概念との同一性の証明である[4]」ということになる。[5] この二つが一つになってゆく方向を導きの糸にしながら核心となる点を探索してみよう。第二の批判点を逆手にとってみると、必然的存在という概念が「凡通的規定の原則 der Grundsatz der durchgängigen Bestimmung[6]」に則っているのならば、つまりは、個体としての条件を具えているのならば、「存在論的証明」は成立するということにもなりそうである。果たしてその通りであるのか。

このことを考えて行くなかで、「ある」がものの述語であるのかどうか、ということと「凡通的規定の原則」との関係が浮かび上がる。なぜならば、「凡通的規定の原則」の適用に際して「実象性 Realität」のうちに存在が含まれるかどうかということが問われなければならないからである。要するに、存在論的証明が妥当であるためには「ある」が実象性であり、かつ、先の原則を満たすことが要求されることになる。そこですべての「実象性」を具えた「最も実象的な（レアーレな）存在（者）」が希求されることになる(7)。しかし、これを具えた「最も実象的な（レアーレな）存在（者）」という概念は「必然的存在の概念を規定するのに何ら役立たない(8)」。なぜならば、「最も実象的な（レアーレな）存在（者）の非存在は不可能ではない」からである(9)。なぜか。「ある」が実象性ではない、ものの述語ではないからである。かくて出発点に戻る。結局のところ判明した事態は、「必然的存在」という概念には「ある」が実象性として含まれているにもかかわらず、そのことの根拠が示されていないということである。このことは、先に挙げた二つの批判点が相互に深く関わっていることを示している。

第二節　原級と最上級

「凡通的規定の原則」というかなりライプニッツ的な捉え方が、『純粋理性批判』のあらゆる文脈のなかで衝突なしにおさまるのかどうか、その点を疑問にしないことにする。その上で、次のように問いを立てて考えを進め直そう。もし「ある」を実象性の一つに数え入れるという点で、例外を一つだけ認めると仮定するならば、「最も実象的な存在」と「必然的存在」は一つになるのであろうか。「実象性の総体 omnitudo realitatis(10)」と「必然的存在」とは、仮定上、前者が「ある」ことをその規定性に含むのであるから、概念として実質をともにすることになるのかもしれない。しかし、この二つの概念と「最も実象的な存在」という概念とが一つに切り結ぶためには、さらに実象性に度合いを取り入れなければならない。カントは、たとえば、「最高の存在 ens summum」、あるいは「むしろ最高の実象性は、あらゆるものの可能性の根底に一つの根拠としてあり、総括としてあるのではないであろう」[11]と記す。このことは、彼が存在 ens にも実象性にも最上級を認めていることを示す。

この最上級はどのような役割を果たしているのであろうか。そこで翻って考えてみると、カントによる「存在論的証明」批判の論脈において、比較級が重要な役割を果たしているとは考えられないことに気づく。ここから探りを入れてみよう。「最高の存在」とは自分を超える何もないことを意味する。[12]このことは実象性にも当てはまるであろう。言い換えるのならば、この最上級はそれより上がないという最上級であり、原級と比較級を媒介にして相関する最上級ではない、ということになる。いわば絶対最上級のように捉えることができる。別の言い方をすれば、原級と最上級の間には橋渡しの術がない。あたかも根拠と根拠づけられるものとの間のような断絶がある。というのも、根拠と根拠づけられるものとの間では中間的なものは役割をもたないからである。それゆえに、たとえ「ある」が実象性と認められたとしても、原級の「存在 ens」と「最高の存在」との間には渡ることのできない亀裂がある。かくして、たとえ、我々が仮定したように、例外を一つだけ認めることによって「凡通的規定の原則」が満たされることになったとしても、二つの「存在」の間に架け橋がないならば、結局のところ「存在論的証明」は不成立に終わる。概念としての「ある sein」は「現にある dasein」(「実在 Existenz」)に届かない。いや、おそらく事情は逆であろう。つまり、「存在」と「最高の存在」が隔離されているということが「凡通的規定の原則」が満たされていないことの理由になるのではないか。

第三節　神と世界

「一八〇〇年の終わりから一八〇三年の二月までの間に書かれたと推測されている」『遺稿』[13]のなかには次の記述が見出される。「神という概念のもとに、超越論的哲学はすべての現実的特性に係わっている最も大きい実在をもつ実体eine Substanz von der größten Existenzを考える」。この「最高の存在がそれ自身として認識されることによって、その結果、神と世界との区分けが相互関係のうちにおかれることになる」[14]。このことが示しているのは、神と世界との橋渡しが可能になることと「存在論的証明」が可能になることとの関係である。「存在」と「最高の存在」とのつながりが与えられていることは、また「存在論的証明」が成立しているということでもあろう。このことを通して、概念としての「ある」と世界のなかに「現にある」とのつながりも見通される。同じ部分には、神について「その単純な観念が同時にその実在の証拠である」という一文も見出される[15]。『遺稿』においては「存在論的証明は受け容れられている」[16]と考えてよいのであろう。しかしながら、我々が『遺稿』のうちの或る断片だけを支えにしているということに慎重でなければならない。たとえば、その断片の欄外には、「神の実在を証明することはできない」が「そのような理念を原理としてPrinzip einer solchen Idee」認めて、「神の命令」のような義務を受け容れること、これらを避けることはできない、とも記されている[17]。断片を断片的に取り上げても、カントの思考に届くことはないであろう。我々が指摘しようとし、指摘できるのは、『純粋理性批判』からの或る揺れ動きの一面にすぎない。その揺れ動きについて、次のように考えることができるであろう。『純粋理性批判』「超越論的弁証論」の記述を通して、我々は「存在」と「最高の存在」との隔離が「存在論的証明」不成立の根底にあるという次第を見た。これに対して『遺稿』の叙述から汲み取られるのは、「存在論的証明」が可能になれば「存在」と「最高の存在」との連関が見出されるということである。この二つのことは実は同じことである。というのも、ともに「神」という概念の内実に係わることだからである。『純粋理性批判』の立場と『遺稿』の立場とを分けているのは、むしろ「最高の存在」の〈自明性（それ自身によって知られること per se notum）〉であると思われる。このことは「超越論的観念論」における第一の問題は「神が何であるか Was ist Gott」と設定され、第二の問いは「唯一の神があるか? Ist ein Gott」と設定されていることにも関わる。[18]「最高の存在がそれ自身として認識され」「存在」と「最高の存在」[19]との回路が開かれるならば、「存在論的証明」は成立し、神と世界とが区別されながら関係をもつ。この自明性が成立しないならば、「存在論的証明」は不成立であり、「存在」と「最高の存在」は隔絶のままである。このことはむしろ、二つの立場におけるカントの思索の同質性を示唆しているのではないのか。この同質性のなかの差異を摑む上で、看過すべからざることは「最も大きな実在」という表現であろう。「実在」の最上級が導入されている。このことは、「ある」が実象性ではないということに、たった一つの例外が認められていたことを予想させる。「実在」についての度合いの導入を、我々は〈存在の重さ、ないし、度合い〉が測られていると表現しておこう。

第四節　太陽か北風か

最後にカントの批判から汲み取ることのできたことをもう一度纏めておこう。「存在論的証明」が妥当であるための条件は、第一に「ある」がものの述語、すなわち、実象性の一つであることが例外的に認められる場合をもつこと、第二に、「最高の実象性」という表現はすべての実象性が収斂されていることを示し、それにともなって「最高の存在」という表現も比較級を超えた最上級を示すこと。「必然的存在」を凡通的に規定することの可能性は、「最高の実象性」が「実象性の総体」でもあることに依存している。『遺稿』の「最も大きい実在をもつ実体」という表現はこの方向を指している。もちろん、その場合に「最高の存在」ついての認識が「感性的表象に依存しない」ということも、カントは示さなければならなかった[20]。ここから、第三に指摘できることは、存在論的証明の成否に際して、「最高の存在」ないし「神」という概念の自明性が問われるということである。このように纏めてみるならば、「ある」が事物の述語であるのか否かという点は「存在論的証明」批判にとって肝心要の点ではないことがわかる。この点で一つの例外を認め、その例外の理由を明らかにすることができるのか。その点にこそ核心がある。そう捉えることによって、第一点と他の二点との関係も明らかになる。

『純粋理性批判』「超越論的弁証論」によれば、「存在論的証明」へと人を突き動かすのは、無条件な存在を求めるという「人間理性の自然本性的な歩み[21]」であった[22]。「存在論的証明」が不成立であることの根拠が「実在」概念の問題と「神」概念の問題に帰着するならば、「自然神学的証明」、「宇宙論的証明」の根底に「存在論的証明」を配置することは、〈理性の歩み〉を止めることと関連しているであろう。晩年にカントはこの「歩み」を肯定的に受け止めるに至ったのであろうか[23]。この「歩み」を押しとどめようとする『純粋理性批判』全体の構想を、ごく切り詰めて言い抜けば「内容なしに思惟されたことは空虚であり、概念なしに直観されたことは盲目である[24]」ということになるであろう。すなわち、感性的直観に多様が与えられなければ認識が成立しないという観点である。この観点からするならば、「実在する」ということは「触発される」という受動性においてのみ捉えられることになる。この構想に縛られて、実在が実象性（完全性）である唯一の例外をカントは認めることができなかったのであろうか。この構想は「人間理性」にとって、はたして太陽だったのか、それとも北風だったのか。

註

（1） I. Kant, *Kritik der reinen Vernunft*, A 602, B 630.

（2） Cf. *op.cit.*, A 598, B 626.『神の現存在の論証の唯一可能な証明根拠 *Der einzig mögliche Beweisgrund zu einer Demonstration des Daseins Gottes*』の「第一部第一考察第一節」の表題は次のようになっている。「現存在は何らかのもののどんな述語ないし規定でも全くない Das Dasein ist gar kein Prädikat oder Determination von irgendeinem Dinge」（S. 9）。カントのテクストに関しては、『純粋理性批判』と『神の現存在の論証の唯一可能な証明根拠』については主に、Philosophische Bibliothek (Felix Meiner) 版を用い、その他のものについては、*Kant Werke*, Akademie-Textausgabe, Walter de Gruyter & Co., 1968 : *Kant's gesammelte Schriften*, begonnen von der Königlich Preußischen Akademie der Wissenschafte. Berlin, Bd. XXI, 1936 : *Opus postumum*, Passage des principes métaphysiques de la science de la nature à la physique, Traduction, présentation et notes par François Marty, PUF, 1986 を用いた。また、翻訳としては理想社版『カント全集』を主に参照し、岩波版『カント全集』をも適宜参照した。

（3） Cf. Kant,*op.cit.*, A 603, B 631.

（4） 久保元彦『カント研究』創文社、一九八七年、四〇〇頁。

（5） 引用文中括弧内の「実象的」という言い換えは、本論文筆者による補足である。以下においては、「レアーレ」という久保の訳語を、本書における用語の統一という観点から「実象的」に変更した。また、久保は《ens》を「存在者」と表記しているが、本書では「存在」と表記し、久保の文章を引用するに際して「者」を括弧に入れることにした。中世哲学における《ens》の使用までを視野に収めるとき、「存在すること」と「存在するもの」との両義を汲み取らなければならないからである。本文中に紹介したもの以外に指摘されている久保の主張を一つ補足して付け加えれば、カントは「思惟のなか」と「思惟のそと」という区別に基づく批判は「一七六三年以降」二度としなかったとされる（久保前掲書、三五八頁）。

（6） Kant, *op.cit.*, A 571, B 599.「凡通的規定の原則」は久保によれば次のように示される。「すべての事物は凡通的に規定されており、そのそれぞれの規定のされ方の独自性によって互いに区別される」（久保前掲書、三八二頁）。言い換えれば、或るものが他の一切のものとの関係のなかで、それがもっている完全性のいっさいが規定されていることを示す。

（7）久保前掲書、三九四頁を参照。

（8）前掲書、三九八頁。

（9）前掲書、四〇〇頁。

（10）Kant, *op.cit.*, A 575, B 603.

（11）*op.cit.*, A 579, B 607.

（12）Cf. *op.cit.*, A 578, B 606.

（13）Kant, *Opus postumum*, Passage des principes métaphysiques de la science de la nature à la physique, Traduction, présentation et notes par François Marty, PUF, 1986, p. 193.

（14）Kant, *Gesammelte Schriften*, Bd XXI, p. 13 & Traduction par F. Marty, p. 199.

（15）Kant, *op.cit.*, p. 14 & Traduction par F. Marty, p. 200.

（16）Traduction par F. Marty, p. 195.

（17）Kant, *op.cit.*, p. 15 & Traduction par F. Marty, p. 201.

（18）Kant, *op.cit.*, p. 13 & Traduction par F. Marty, p. 199.

（19）「スピノザ――神のうちにすべてを直観すること」Kant, *op.cit.*,, p. 15 & Traduction par F. Marty, p. 201.

（20）Kant, *op.cit.*, p. 13 & Traduction par F. Marty, p. 199. この点が「存在論的証明」批判の問題にとどまらず、カント哲学にとって或る根底的な問題をなすことについて檜垣は次のように記している。「「存在は物の述語でない」からこそ、「存在認識」に関して、「悟性」と「感性」ないしは、「概念」と「直観」とが区別」される。「この順序は注意されるべきである」（檜垣良成『カント理論哲学形成の研究』渓水社、一九九八年、一六四頁）。我々の後文における見解はこれと対立するように見えるが、我々は「弁証論」が「感性論」に制約されているということを主張しているに留まる。

（21）Kant, *Kritik der reinen Vernunft*, A 586, B 614 & cf. A 584, B 612.

（22）この「自然本性的な歩み」が「存在論的証明」の背後にあることについては、久保前掲書三九〇から三九一頁、および、E.

Scribano, *L'existence de Dieu — Histoire de la preuve ontologique de Descartes à Kant*, Éditions du Seuil, 2002, p. 290を参照。

(23)　福谷によれば、「『遺稿』の段階における超越論哲学の論理を集約的に示している表現が、頻出する「forma dat esse rei（形相がものの存在を与える）」というラテン語である」とされる（福谷茂「形而上学としてのカント哲学」『哲学』五五号、一九九四年、七〇頁）。そしてこの「形式 Form」が出発点になり、「経験」が「形式」の役割を果たすことになる（前掲書七〇—七二頁）。このことは、晩年においてカントが「存在」について『純粋理性批判』とは近接していながらも異なる思索に至ったことを示唆しているのではないのであろうか。

(24)　*op.cit.*, A 51, B 75.

第二章　実在と制度――ヒューム

第一節　「必然的存在」を遡る

さて時代を一つ遡って上に得られたことを考え直してみよう。カントの二つの批判点は、以下に見るようにヒューム、ライプニッツによって既に提起されている。「実在 existentia」がものの特性でないことはガサンディによって示されている。(1)「必然的存在」については、カントから遡って、時代的に近い方から辿るならば、ヒュームの指摘があり、それ以前に既にライプニッツによって指摘されていた。まず、ヒュームによる「必然的実在 necessary existence」という捉え方に対する批判から見て行くことにしよう。彼は『自然宗教に関する対話』「第九部」において対話者の一人（Cleantes）に次のように語らせている。神が実在することの必然性は、「神の本質全体ないし自然本性全体」を我々が知っているという条件のもとで、二×二が四でないことが不可能であるように、神が実在しないことは不可能であるという主張として提起される。しかし、「我々の能力が現在と同じにとどまる限りでは」そのようなことは起こりえない。それは以前に実在したと思ったものが今は実在していないと思うことはいつでも可能だからである。何らかの対象について、その対象が「常にあり続ける」と想定する必然性は心に課せられてはいない。「したがって、必然的実在という語は何ら意味をもたない」(2)。

ヒュームは『人間本性論』において次のように書いている。「何が物体の実在を信じるように我々を促すのかと問うのは悪くないが、物体があるかどうかと問うても無駄である」(3)。無駄な問いを立ててしまうのは、我々が知覚の外に踏み出せるという思い違いをしているからである。しかし、翻って考えてみるならば、実在の原因を問うことの無効さと、常に実在することの不可能性とは問題として異なっているのではないか。それでは両者は、どのように違うのだろうか。ヒュームが必然的実在を否定するときに否定されているのは「常にあり続ける」こと、これを〈常に実在すること〉と言い換えることができる。ところで、「常に」知覚することの不可能性から〈常に実在すること〉の不可能性が帰結するのだろうか。問題は二点に収まる。第一に、神の本質を我々が知り尽くしてはいないということと、第二に、我々が「常に」実在し続けることができないということである。この二点とも「我々の能力」に関わり、それが「現在と同じにとどまる限り」不可能になる。

第二節　神不在の根拠

ヒューム的視点からすれば、〈実在する〉とは感覚知覚への或る種の現れ以外ではない。もし、そのような〈実在〉に原因が求められるとするならば、「私」が或る何かを実在すると思い込むような原因以外ではないことになる。すなわち、「実在する」か否かの条件は、或る個体を実在すると「私」が認知するという個体認知の条件（原因）として探られてしかるべきである。個体認知の条件は少なくとも人々による個体認知の条件を制約とする。どのような場合に当の種類のものが実在すると認知されるのかという一般的な条件（原因）が求められる。その原因が他人である人々に向かって開かれ、原因の系列が辿られるときに、その「「原因」とは究極的には真なる謎としての「他者」に他ならない[4]」ということになるのかもしれない。そうであるとして、また、その「他者」が神に重なりかねないとしても、ヒュームの場合には、この「他者」はものの実在を産出するのではありえない。ということは、ヒュームの思索が実在の産出という意味での原因に届かない、あるいは、届くのを否定していることを示す。これを纏めて言えば、ヒュームによる「実在」把握は、人間的認知の生成を明らかにする認知理論の一環であり、それとは別個に存在の理論として構築されるものではないということになる。認知理論という枠内であったとしても、だからといって、あるいは、だからこそ、知覚の範囲が限定されていることから常に実在することの否定が帰結するわけではない。というのも、ものの実在に作用原因がないこと（あるいはそのような視点がないこと）から恒常的実在の否定は帰結しないからである。

『自然宗教に関する対話』の先に引用した箇所でヒュームは「必然的に実在する存在 the necessarily existent being」を否定する根拠を示していた。たとえば、物質がそのような存在であると主張された場合の反対根拠は「偶然性 contingency」であるとされる。この考えを彼は「神性 Deity」にも適用する。或るものの何であるのかということ、何からなるのかということ、そのいずれの場合にも偶然的であるとは、反対が可能であることを示す。ヒュームの述べていることを纏め直してみれば、次のようになる。神の何であるかということから、その非実在の不可能性を示そうとしてもその道がない。このことをもっと押し詰めて言い直すならば、二×二が四でないことの不可能性が人間本性の知的現状を基盤とするように、神の非実在の不可能性が人間本性の知的現状であるのならば、その現状が変われば神は実在することの可能性も開かれる。そして現状において神の非実在を「想像する」ことができ、神の属性を変えてしまうこともでき、神には我々に知られていない性質もあると認められる[5]。とすれば、神の非実在の不可能性を主張することはできないことになる。これがヒュームにとって神不在の根拠である。つまり、彼にとって我々の知の現状が神不在の根拠なのである。先に見たように、二×二が四であることは「我々の能力が現在と同じにとどまる」限り否定することは不可能であり、その限りで必然的であった。この立言に立脚すれば、神の不在と実在の必然性がともに人間能力の現状と不変性に基づけられていることがわかる。

第三節　知の共同体

その一方で、我々が物質のあらゆる性質を知ることができるならば、あるいは、そのように人間の自然本性が変更されたならば、物質の非存在が不可能であることを知ることもできるかもしれない。それでは逆に、我々の知の現状の変更により、ヒュームは「存在論的証明」を認めることになるのであろうか。それが経験主義というものなのかもしれない。ヒュームの経験主義に「他律性」[6]という観点が含まれているのならば、「感覚（器官）に関する懐疑論」[7]の後にも、知覚とは独立した物体の或る程度の持続的実在を支える理論が残されることになるであろう。公共的な知の有り様によって、あるいは「知の共同体」[8]を通して、個々人の知が条件づけられている。たとえば、「「志向性」とはすなわち「制度になった因果関係」である」[9]というように。この方向性への反抗の企て、すなわち感覚的に知覚されていないものの非実在の主張は、畢竟するところ、ものの実在に関する基準を、身体の認知に関わる構造に求めることに帰着するであろう。我々は目にも見えず、触れるという感覚もなく、香りも感じることがなく、聞こえもしなくても、味さえなくとも、実在すると考えることがある。多くの場合に身の周りの空気がそうである。すなわち、感覚的に知覚されていないにもかかわらず、実在すると考える。これがヒュームの採った方途ではないことは明らかである。それにもかかわらず、ヒュームが「必然的実在」という概念を否定したのはものの非実在の不可能性が、現在の我々の経験を超えてしまうからであろう。その根底には、ものとは「印象」として与えられるもの以外ではないということがあった。これに対して、知覚の対象ではない二×二＝四は必然的だとヒュームによって考えられていたのである。我々にとって手の届く必然性は、知の変わりうる現状を支えとする論理的なものだけに認められる。実在について「必然的」と言うことはできない。しかし、その一方で、何かが持続的に実在すると我々が思うに至る経緯は、我々の一人一人を超えて、いわば「制度」として、あるいは、「他律的に」与えられているという思考線を、ヒュームの思索のなかに見出すこともできたと言えよう。こうして我々は「必然的実在」という概念が、感覚知覚をその出自としているのではないことの次第を理解する。このことは、「必然的実在」という概念が、認知の一環として感覚知覚の裏付けを求める概念ではなく、二×二＝四のように論理的・存在論的概念であることを教える。経験主義的立場に立つならば、「必然的実在」とは一枚のコインの裏表のような位置にある。知覚的事態としての実在と「必然的実在」との可能性は「他者」へと超えて行く方向に求める以外にはない。たとえそのようにして「必然的実在」を思うことが望されたとしても、手を伸ばせばさらに遠ざかる陽炎のようなものになるであろう。知覚される〈実在〉は「常に」をもたないからである。

註

（1）「実在は特性ではないこと、どのようなものの特定された類にも入らないこと」« *Existentiam non esse propietatem, neque esse ullius determinati generis rerum* », P. Gassendi, *Disquisitio Metaphysica* (1644- seu Instantia), Texte établi, traduit et annoté par

Bernard Rochot, Vrin, 1962, p. 497, title）。

（2）« It is pretended that the Deity is a necessarily existent being; and this necessity of his existence is attempted to be explained by asserting, that if we knew his whole essence or nature, we should perceive it to be as impossible for him not to exist, as for twice two not to be four. But it is evident that this can never happen, while our faculties remain the same as at present », ... « The words, therefore, necessary existence, have no meaning; or, which is the same thing, none that is consistent », D. Hume, *Dialoques concerning Natural Religion*, Part IX, in *Philosophical Works of David Hume* (Reprint of the 1854 edition), Thoemmes Press 1996, Bk. II, pp.490-491（福鎌・斎藤訳『自然宗教に関する対話』法政大学出版局、一九七五年、一〇一頁から一〇二頁）. ここでの「必然的実在」については Scribano, *op.cit,* p. 277 と D. Henrich, *Der ontologische Gottesbeweis*, J. C. B.Mohr (Paul Siebeck) 1960, S. 129- 130（ディーター・ヘンリッヒ（本間その他訳）『神の存在論的証明』法政大学出版局、一九八六年、一八八頁）においても言及されている。

（3）« We may well ask, *What causes induce us to blieve in the existence of body?* but 'tis in vain to ask, *Whether there be body or not?* That is a point, which we must take for granted in all our reasonings », in *A Treatise of Human Nature*, Bk. I, Part IV, Sect. 2, Edited, with an analytical index, by L. A. Selby-bigge, Oxford 1888 / 1973, p. 187（大槻春彦訳『人性論』（二）、岩波文庫、一九六七年、一五頁）.

（4）一ノ瀬正樹「ヒューム因果論の源泉——他者への絶え間なき反転」（ディビット・ヒューム（斎藤・一ノ瀬訳）『人間知性研究』法政大学出版局、二〇〇四年、二七二頁）。

（5）« But it seems a great partiality not to perceive, that the same argument extends equally to the Deity, so far as we have any conception of him; and that the mind can at least imagine him to be non-existent, or his attributes to be altered », in *Dialoques concerning Natural Religion*, p. 491.

（6）一ノ瀬前掲論文、二七一頁から二七二頁を参照。

（7）« *Of sceptism with regard to the senses* », in *A Treatise of Human Nature*, Bk. I, Part IV, Sect. 2, Title.

（8）黒田亘『知識と行為』東京大学出版会、一九八三年、二三五頁。

（9）黒田前掲書、三〇一頁。

第三章　「可能的存在」と理由——ライプニッツ

第一節　「自分からの存在 ens a se」

ヒュームからさらに遡って、ライプニッツの場合について考察しよう。[1]「デカルトによって刷新された聖アンセルムスの証明」[2]について、ライプニッツはいくつかの箇所で批判している。そのうちの一つをまず取り上げる。[3]そこでなされている議論は手短に要約しにくい点を含んでいるので、少し丁寧に議論を追ってみることにする。ライプニッツはまずデカルトの証明の核心を次のように纏める。［その証明の実質は］「観念の内にすべての完全性を含むものは、ないしは、すべての可能な存在の内の最も大きな存在を含むものは、また、その本質の内に実在を包括している、ということにある。なぜならば、実在は諸完全性の数の内に入るからであり、さもなくば完全であるものに、或る何かが付け加えられうるであろうということになるからである」[4]。デカルトのこの証明の欠点は、「神、ないしは、まさしく完全である存在が可能である」ことを論証せずに、暗黙のうちに前提している点にある。どうして欠点であるのかと言うならば、「すべての完全性の両立可能であること」が否定されるならば、証明までも否定されることになってしまうからである。この点を補うためにライプニッツは「神は自分からの存在、ないしは、始元的な自分からの存在、つまり、その本質によって実在する存在 un Être de soi ou primitif Ens a se」であるということを導入する。神をこのように定義すれば、批判されない。なぜならば、この定義から帰結することは「このような存在は、もし可能ならば実在する un tel Être, s'il est possible, existe」ということだからである(5)。つまり、「自分からの存在 ens a se」という捉え方で神を定義するならば、完全なる存在が可能であることを示したことになる。「というのも、事物の本質とは、もっぱらその可能性を作るもの以外ではなく、それゆえ自分の本質によって実在するものが自分の可能性によって実在するということはきわめて明白だからである(6)」。

これに対してさらに反対しようとする者がいるかもしれない。その場合には、ものの本質としての可能性を否定する以外にない。このことは「自分からの存在」の可能性を否定することにもどる。しかし、ここにはもう一つのことがある。それは「自分の本質によって実在するものが自分の可能性によって実在する」ことの理由である。しかし、この論理的隙間は(一)「必然的存在が可能ならば、それは実在する」という様相命題によって埋められる。それでもなお納得できない者には(二)「もし自分からの存在が不可能ならば、すべての他による存在も不可能になる。なぜならば、他による存在は結局自分からの存在によるのだから」という論点が提示されることになる。この二つを纏めれば、「もし必然的存在がないのならば、けっして可能的存在はない」ということになる(7)。この二つの命題が「証明の隙間を最後に埋め remplit enfin le vide de la démonstration」「証明を完成させる achève la démonstration(8)」。それゆえにデカルトの証明の欠陥は「自分からの存在」という概念を用いて神を定義することによって補われる。なぜならば、「自分からの存在」ということはそれの本質が実在であることを示し、それの本質であるとは、それが自らの可能性を自らに与えることだからである。さて、テクストのこの箇所においてライプニッツは明記してはいないが、彼にとって「自分からの存在」と「必然的存在」とは同一であると看做されている。なぜならば、「自分からの存在」ということはそれの本質が実在であることを示し、それの本質であるとは、それが自分の可能性を自分に与えることであり、そのことは「自分からの存在」が〈ないことが不可能〉な「必然的存在」であることを示しているからである。「自分からの存在」は「必然的存在」の可能性を示す表現と考えることができる。こうして、デカルトの証明の欠陥は「自分からの存在」という概念を用いて神を定義することによって補われる。それでもなお、デカルトの証明を批判しようとするならば、「自分からの存在」の概念可能性が問われなければならないということになる。この概念可能性はア・プリオリな証明とア・ポステリオリな証明の順序に関わる。我々がいま取り上げているテクストにおいて、ライプニッツは「可能的存在」の論理的役割に言及しているが、「永遠真理 les vérités éternelles」[9]のような「可能的存在」の「あること」を用いてはいない。この点については以下に問い直すことにする。

第二節　「必然的存在」の可能性

別の箇所で、ライプニッツはデカルトの証明を次のように批判している[10]。この部分についても概要を記しておこう。まず、デカルトの証明が以下のように纏められる。「神は最も完全な存在である。最も完全な存在の概念には実在が属する（実在は諸完全性のなかに入るのだから）。ゆえに、神は実在する」[11]。これをライプニッツは次のように修正する。「それの本質が実在である存在は必然的に実在する。神は、それの本質が実在である存在である。ゆえに神は必然的に実在する」、と[12]。この証明に対して、反論者は小前提が証明されるべきだと主張するが、ライプニッツはそれを認めない。その理由は、次の定義が立てられるのならば、小前提を証明する必要はないからである。それは「神の定義、つまり、自分からの存在であること、ないし、自分自身から、つまり、自分の本質から自分の実在をもつ存在であること」という定義である。[13] この定義について問われるべきは「それの本質が実在である存在が矛盾を含んでいないかどうか」という点にある。「そういう存在が可能である、ないし、そういう概念あるいは観念が可能であるということをひとたび受け容れるのならば、それが実在すると帰結することを私は認める」。[14] このことから〈必然的存在が可能であるのならば、実在する〉とされる場合の、必然的存在の可能性とは最終的には思考可能性であることがわかる。言い換えれば、存在に関する可能性が論理的（思考的）可能性に制約されている。存在から実在への移行としてみるならば、上に述べられたように「自分からの存在」は自分自身に可能性を与え、それが必然的存在であることに基づいて実在が保証される。

それゆえ、「デカルト主義者たちによって証明されなければならないことは、そのような存在が概念されうるということである」。[15]「実際の問題というのならば、必然的存在の、あるいは、最も完全な存在の可能性が前提されていることを、私は認める」。[16] こうして（デカルトによる）神の実在証明について批判されるべきであるとライプニッツによって指摘されている点が二つであることがわかる。第一は、「最も完全な存在が矛盾を含まないかどうか」ということ、第二は、「もし、最も完全な存在が矛盾を含まないのであるのならば、実在が諸完全性の数のうちに入るかどうか」ということ、この二点である。後者の点について、この後に記されている討論の記録のなかで決着がついているとは考えられない。つまり、存在が完全性（実象性）であるか否か、明快な答えがここに提示されているわけではない。[17] しかし、これへの答は以下に参照する箇所に見出される。

第三節　ア・プリオリな証明とア・ポステリオリな証明の順序

上記の二つの部分を参照してわかることが三つある。第一に、デカルトによる証明の紹介においては実在が完全性のなかに入れられているが、ライプニッツ自身の議論のなかでは存在が完全性（実象性）であるか否か、この点については明確にはなっていないこと、第二に「自分からの存在」という神の定義によって、デカルトの証明は妥当なものになると考えられていること、第三に、しかし、その場合にも問題が残り、「最も完全な存在が矛盾を含まない」ことが示されねばならない。これらのことを一つに纏めれば「最も完全な存在」、「必然的存在」、「自分からの存在」という概念の可能性の問題である。かくして、デカルトによるア・プリオリな証明に対するライプニッツの批判の核心が次の点にあることがわかる。すなわち、この三つの概念の示している事態が一つの事態として我々にとって思うこと（思惟）が可能であるのかどうかということである。〈一つの事態〉と表現したが、その〈一つの事態〉の形式は「もし必然的存在が可能であるならば、それは実在する si l'Être nécessaire est possible, il existe[18]」ということによって与えられている。この〈一つの事態〉の思うことの可能性は、この〈一つの事態〉が世界構築の理論と整合性をもって連接していることによって示される。それでは、この思考可能性はどのようにして示されるのであろうか。言い換えれば、「必然的存在」という概念は世界との連接のなかでどのように獲得されるのであろうか。ここでア・ポステリオリな証明との関係が問われる。このことはまた実在が完全性であることの否定とも関連する。

『モナド論』の記述に即してこの点を考えてみよう。『モナド論』におけるア・ポステリオリな証明の第一のものは「第三六節」から「第三九節」に提示されている。そして「第四三節」から「第四四節」に第二のそれが見いだされる[19]。前者は「偶然的真理」のなかに見出される「充分な理由」に着目され、「最後の理由」としての神に行き着くものである[20]。後者は諸本質のなかに「実象性 réalité」があり、この実象性が「実在する何らかのもの」つまり「必然的存在の実在」に基礎をもつということを示している[21]。偶然的な真理の最後の理由と本質の基礎、この二点に「必然的存在」の内実を見ることができる。「第四五節」においてこの「必然的存在が可能であるのならば実在しなければならない」とされる。「何の限界をも、何の否定をも、したがって、何の矛盾をも含んでいないことの可能性を、妨げる何もありえないならば、神の実在をア・プリオリに認識するためには充分である[22]」。必然的存在に内実が与えられるならば、言い換えれば、先ほど指摘した〈一つの事態〉が世界構築の理論と整合的に連接するならば、逆に言えば、その不可能性が見出されない限り、神の実在はア・プリオリに証明できる。この〈一つの事態〉が世界構築の理論と関わる以上、その内実はア・ポステリオリな証明を通して明らかにされなければならない。このことはア・プリオリな証明も、世界と神とが区別されながらも何らかの連関を想定しているということを示す。しかしながら、この「世界」とはそれの実在が感覚知覚によって確かめられる世界ではない。この点でア・ポステリオリな証明とは異なる。ア・ポステリオリな証明は何らかの仕方で現にこの世界が、あるいは、何らかのものが実在することを証明の出発点として要請する。それに対してア・プリオリな証明が要請しているのは世界構築理論の可能性である。しかし、この理論の可能性はア・ポステリオリな証明を通して神の何であるかが定まることによって開かれる。「必然的存在」という概念の思考可能性は世界との係わりのなかに求められる。そしてこのことと、実在を完全性と解することの否定とが関連する。思考可能性、つまりは、認識可能性という点で、ア・ポステリオリな証明がア・プリオリな証明に先立っている。しかし、実在という現実性の根拠確定という点ではア・プリオリな証明がア・ポステリオリな証明に先立っている。かくして我々が見てきたところからア・プリオリな証明の意義を次のように考えることができる。すなわち、「必然的存在が可能であるのならば実在しなければならない」とされる、その必然的存在の唯一性が確定されることによって「必然性」概念の規定が得られるということである。言い換えれば、ここに必然性と現実性と可能性との連結が明らかになる。真であることにとって不可欠な主語と述語の結合における必然性の根拠が得られるのである。(23)しかし、「実在は完全性」であるという思考の消失が何を意味するのか、未だ判明しない。

第四節　完全性の強度から実在へ

「必然的存在が可能であるのならば、それは実在する」。この「実在」とは何を意味しているのであろうか。もし本質と実在とが隔絶しているのならば、このテーゼは成り立たないであろう。それでは本質である可能性から実在へとどのように進むことができるのか。まず完全性の度合いについて確認することから始めよう。ライプニッツは或る箇所で次のように述べている。「最大の嵩の存在も、無限な延長の存在もけっして与えられていない」。「そうではなく、完全性の最高の強度をもつ、ないしは強さにおいて無限な存在だけが与えられている」。前者が不可能であるのは、「常にいっそう大きい」ということが認められるからである。(24)強度において最高の存在にはそれ以上がない。それだけではなく、「さらにいっそう」の先なのであるから、それ以下がなければならない。完全性が（内包的な）強度において捉えられていることがわかる。完全性は可能性の下にあると言える規定性であり、ものの規定性として捉えるのならば、実象性である。完全性も実象性も可能的なものである。その可能的なものに度合いがある。

次に「実在」そのものに迫ることにしよう。M・ダスカルは、一六六六年頃の自伝的断片に基づいて、ライプニッツが「実在の定義を定式化しようとして多くの労力を払った」と述べている(25)。その断片のなかには次のような記述が含まれている。「感覚された存在という概念以外に、実在の判明などんな概念をも見出すことはできない。「ものの実在は、無謬な或る精神によって感覚された存在ということにある。我々はその精神からの、つまり、神からの流出物にほかならない(26)」。ここでライプニッツは、実在することを感覚に基づける。ベラヴァルの表現を借りれば、この「主観的 subjective(27)」な事態をライプニッツは神によって支えることになる。この断片には「ものの内的原理は普遍的調和であると、私は見出した」とも記されている(28)。また、別の文書には次の記述が見出される。「何であれ感覚されるものが実在する。このことは証明不可能である。実在するものは何であれ感覚される。このことは証明されるべきことである。じつに、感覚されるものは何であれ実在するというわけではないが、明晰判明に感覚されるものは何であれ実在する(29)」。また別の箇所に、次の定義が示されている。「実在とは或る人にとっての判明な感覚可能性である(30)」。以上の箇所から汲み取ることができるのは、繰り返しに過ぎないが、実在することと感覚されることとの緊密な連関である。感覚するとは「或る人」にしか生じない。このいわば「独我論 solipsisme」的事態からの脱却方途が「普遍的調和」によって与えられている(31)。

最後に、また別の或る箇所を参照することによって、ライプニッツの「実在」についての思索にさらに近づくことができる。少し長くなるが引用してみる。「そしてそのようにして、実在が我々によって、いわば本質と共通な何ももたないものであるかのように概念されることはない。というのも、「そのように概念されるとしたならば」実在するものの概念のうちには、実在しないものの概念よりも、なおいっそうが内在しなければならない、ないしは、実在は完全性でなければならないということになるからである。実際上でも、実在において説明可能なことは、さまざまなものの最も完全な系列に入り込むということ以外ではないのだからである。我々が措定することは、当の措定されたものに何も付け加えない外的な何かであるのと同じように、しかし、他のものによって触発される様態を付け加えるように、我々は概念するからである」[32]。「実在」をそれとして概念しようとすると、「実在」は本質と共通な何ももってはいないのだから、概念する内容がない。実在が完全性であるのならば、それとして概念されなければならないが、そうではないのだから概念されない。実在は先に見た感覚することとの関連からしても、ものの述語ではない。そうではなく、「実在」はものを「措定する」場合になされていることと関係する。「措定する」とは、当該のものを他のものと関係づけることである。しかし、その場合に「さまざまなものの最も完全な系列」のなかで関係づけが成立しなければならない。要するに、ライプニッツによれば、実在しているとはその他のものとの「最も完全な」関係の網の目に入っているということになる。何かが実在すると我々が概念するときにしていることは、その何かを宇宙の他のものと関連づけ、当のものの本質ではなく、それとともに付け加わる様態を捉えていることである。「実在は完全性である」という考え方が不要であることと、当のものが普遍的調和のなかに一つの位置をもつこととが対抗している。「必然的存在」ないし「自分からの存在」は、この普遍的調和の、あるいは、可能的なものの網の目のなかで個々のものが位置をもつことの、理由であり根拠になる。このことがわかれば、神の定義に「実在が諸完全性の一つである」ことを加える必要がないこともわかる。別の面から見れば、「必然的存在」の概念可能性が普遍的調和という世界構成の成立と軌を一にしているならば、「実在が完全性の一つである」ことを神の定義に求める必要はなくなる。

第五節　「最も可能な存在」と実在

実在についてのライプニッツの考え方は『概念と真理の解析についての一般研究 *Generales Inquisitiones de Analysi Notionum et veritatem*』の「第七三項」においていっそう明確に述べられている。このテクストを解読するのは難しいので、やや詳しくテクストを見ながら議論を進めることにする。[33] 要点を先に記す。[34] 実在するとは「存在ないし可能的なもの」に加わる何かである。実在はさまざまな存在するものに適用されるのだから、実在するものにおいて「存在の或る段階」が包み込まれて捉えられる。ライプニッツが述べているわけではないが、この段階は、存在することの度合いではなく、例えば、植物、動物、人間のような、存在するもの相互の段階のことと考えられる。「実在するものは最も数多くのものと両立可能である存在、ないし、最も可能な存在である」。「あるいは同じことになる」が、知るという観点から次のように言い直される。実在とは、もし知解能力をもった精神が実在するならば、その精神が実在すると受け容れること、そして「最も力能のある精神 mens potentissima」がこれを拒まないこと。[35] さらに同じく「第七四項」には、「すべての実在命題は真であるが必然的ではない。なぜならば、それは、無限個の命題の使用によって、つまり無限に至る分解によってのみ証明されるからである」と述べられている。[36]「第七三項」を酌量して理解を進めるならば、必然的でないのは、一つには、「精神に受け容れられる」ということによると考えられる。だが、主な理由は同じ「第七三項」に述べられている次の点に求められる。すなわち、この命題が真であることは当該個体の「完足概念 notio completa」の分解によって証明されるが、これには「無限に多くのもの」が含まれているので、証明を完結できないという点である。[37]

さて、上に触れた実在と精神との関係の述べられている箇所を少し長くなるが、番号を振って分節化しながら引用してみよう（前註（27）に原文を掲載している。以下はその下線部・傍線部である）。「あるいは同じことになるが、（一）実在することは知解し力能あるものに受け容れられるということである。しかし、その場合に当の知解し力能あるものの実在することが前提される。（二）だがまさに、実在することとは、もし何であろうと諸精神が実在すると仮定されるとしたならば、或る精神に受け容れられ、かつ、他のいっそう力能あるものに斥けられないこと、と少なくとも定義されることができるであろう。（三）かくして事柄は戻るのであるが、実在することとは、もし最も力能ある精神が実在すると仮定されるとしたならば、最も力能ある精神に斥けられないこと、と言われることになる。（四）しかし、この定義は実経験にも適用されうるのだから、そうするとむしろ次のように定義されるべきである。すなわち、或る（実在する）精神に受け容れられ、（もし我々が定義を単純命題として求めているのでないのならば、実在するものにと付け加えられてはならない［〈実在するものに〉受け容れられると表現するならば、単純命題になり、実経験が複合的な事態であることと齟齬を来すので］）、また（絶対的に）最も力能ある精神に斥けられないことが、［それの］実在する［ことである］、と」。ここには数字で示した四つの段階がある。（一）で手がかりが提示され、（二）で定義という形式で示され、（三）で事柄自体が述べられ、（四）では実経験という場面に適用される。（四）の定義をそれだけで存立するものと考える場合には、「或る実在する精神に受け容れられ、また（絶対的に）最も力能ある精神に斥けられないことが、実在すること」である、と表現してよいであろう。そう捉え直すならば、（三）と、「実経験」ということで示される（四）との差異分は「或る実在する精神に受け容れられる」という点にあることがわかる。（四）と（二）との差異は、（四）における最上級が（二）では比較級になっているという点に集中する。このことから（四）における最上級が（二）の比較級を伴う「精神」と（四）における「（実在する）精神」を包み込むという機構を示していることも判明する。最上級が原級を包み込むのであるが、実経験への適用という局面において、「或る実在する精神」が受け容れるという場所がまず以て確保されなければならない。この「或る実在する精神」という視点から実在の受け容れを捉えるのならば、「最も力能ある精神に斥けられないこと」とは当該のものの実在が矛盾にならないこととして解される。このことを論理的に示すならば、「実在するものは最も数多くのものと両立可能である存在、ないし、最も可能な存在である」という先の表現になる。このことからもう一度精神の問題として「最も力能ある精神に斥けられないこと」を実経験における事柄として捉え直すならば、肯定的には、理由のあること、否定的には、矛盾が見出されないことによって示される。要するに、有限的精神によって、当のものの実在することに理由が認められ、かつ、対他的に矛盾が見出されない場合に、当のものが実在する、ということになる。

第六節　感覚可能性と完全性

さてそれでは、先に見出された「実在すること」の論理的規定と、いま析出された実際上の条件との間にはどのような関係があるのか。論理的規定とは、繰り返しになるが、「実在するものは最も数多くのものと両立可能である存在、ないし、最も可能的な存在」ということであった。これがものの実在することの定義になる。このことが示しているのは、可能的でありながら現実的と同じことになる可能的であること、それが実在するということである。言い直せば、可能性のうちでの特別な可能性が実在である。これに対して、実経験の側では、「力能ある精神」が原級から最上級までへと展開されていた。このことは、一つの或る何かの度合いを示している。

一方では、有限精神は個体概念を分解し尽くことはできず、他方では、有限精神は「最も力能ある精神」には達しえない。この状態のなかで我々は「実在する」かどうかを見定めて行かなければならない。先に、「実在は完全性である」というデカルトによる証明には現出していた考えが、ライプニッツによる証明の補足からは消えているのを見た。その消失は「実在とは或る人にとっての判明な感覚可能性である」ということによって補われていた。「実在する」ということを可能性の或る配置と考えるのならば、これらのことを理解できる。実在は個体の特徴として、個体に帰すことができるが、それは実在という完全性が個体に加わるのではなく、普遍的調和における様態として当の個体の完全性に書き込まれていることを示す。さらに、可能性は度合いをもっているからには、可能性が最高度に至れば、無矛盾であることが実在を保証する。この可能性がそのまま現実性であるという、可能性をも超えた頂点に位置するのが必然的存在である。有限的な個体概念の場合には、その概念を限なく分析し尽くすことができれば、当の個体が実在するかどうか決めることができる。しかし、実在命題は偶然的命題であり、限なき分析は有限者には不可能である。この二つのことが両立するのは、「実在すること」が個体概念のうちに「実在」として含まれているのではなく、可能性として包み込まれており、その可能性が「最も数多くのものと両立可能」である場合に実在することを示しているからである。

先に見た箇所において、「実在が諸完全性の内に入るかどうか」[38]という点についての応酬にライプニッツが決着を付けていないのは、このような事情があるからではないのか。また、ライプニッツが「可能的実在Existentia possibilis とは本質そのもの」のことだとして、「可能的実在」という表現を認めないのも[39]、上記のことと平仄が合っているであろう。[40]我々の解釈は、ライプニッツ哲学のうちに可能性から現実性へ、現実性から必然性へと移行する途を見通すことになる。必然的存在の可能性とは思うことの可能性であった。実在とは可能性の特別な場合である。「必然的存在」も「必然的実在」も可能性の下に考察可能になる。完全性（実象性）に度合いがあるように可能性にも度合いがある。それでは我々の視野から免れていた「必然的実在」という表現は、ライプニッツにとってどのような事態を示しているのか。しかしながら、ライプニッツは「必然的実在」に特別の意味を込めて使ってはいないように思われる(41)。可能的実在も、必然的実在も、表現として適切ではないと考えられたのであろう。可能的実在とは既に見られたように本質のありさまのことであり、必然的実在とは必然的存在以外のことではないであろう。このことは、必然的実在がデカルト、ヒュームのように「常に実在すること」とは捉えられていないことを示している。ライプニッツにとって、実在とは、まさしく現実性のことである。

もう一度得られたことを捉え直しておこう。「必然的存在が可能ならば、それは実在する」と言われる場合の、「可能」とは思うことの可能性のことである。必然的存在についての思うことの内実は世界と神との係わりのなかで、ア・ポステリオリな証明を介して示される。その意味で、ア・ポステリオリな証明がア・プリオリな証明に先立っている。その「必然的存在」の内実を示す表現として「自分からの存在」、「最も完全な存在」、「ものの最後の理由 la dernière raison des choses」(42)などを挙げることができる。「自分からの存在」は自分が自分自身に可能性を与えること、つまりその本質がすべての可能性の究極理由としての実在であることを示す。この場合の可能性は思うことの可能性ではなく、事柄自身における可能性である。

そしてまた、「実在」についてライプニッツの述べていることから我々が見出したのは、実在することは可能性の最高度を示し、その可能性をも超えたところに必然的存在が見出される、ということであった。この必然的存在を思うことが可能であるのならば、それは実在する。必然的存在という概念の内実はア・ポステリオリな証明を介して得られる。しかしその思うことの可能性は、「最も可能的な存在」を超えた必然的存在として開披される。この超えているとは、単にその本質が実在であることに他ならない。最も可能な存在であることをその本質にしているということは、実在を完全性として含む、言い換えれば、「必然的存在」においては本質が実在を含むという仕方でだけ実在は完全性であるということになる。「自分からの存在」とはこのことを示している。これに対して有限的なものは、その個体概念に最も可能な存在であることは含まれない。その概念を分解し尽くしたときに、当該の個体に帰するすべての規定が、一切の完全性と両立可能であるか否かが明らかになり、両立可能であるのならば、その個体は最も可能な存在として実在することが論証される。この場合の「実在」は普遍的調和における様態であり、この「実在」をそれとして概念として摑もうとすると本質に戻ってしまう。しかし、そのことは有限的な我々にはなしえぬことであり、我々は我々によって感覚された当該の個体の実在を受け容れることができるかどうかを問うことになる。これを得られた事柄に基づいて展開して行くと次のようになる。「或る人」が感覚するという事実を超えて、「普遍的調和」へと、つまりは、当該個物の実在に理由があり、矛盾を引き起こすことがないかということを判定する。同じことであるが、「或る人」は当の個体がその他のものとの「最も完全な」関係の網の目のなかに入るかどうかを評価する。そのように判定され、評価されるならば、当のものは実在する。

カントの名付けた「存在論的証明」の成否という観点から見るならば、次のように考えられる。必然的存在の思うことの可能性が要求するのは、実在が、可能性の特別の場合であり、可能性の度合いとして捉えられていることである。必然的存在が最も度合いの高い存在として、有限的世界内の存在と存在連関に入ることが必然的存在の思うことの可能性の条件である。しかし、だからといってものの実在を前提するわけではない。なぜならば、先の連関を可能性として論じることができるからである。必然的存在が可能であることは、最も可能な存在としての実在を自らの本質にすることとして開かれる。このように思うことの可能性の開示が存在論的証明成立の条件になる。

第七節　完全性と必然的実在

我々は、カントからヒュームを経て、ライプニッツについて論究してきた。本章の最後にこれまでに獲得されたことを土台にして、デカルト哲学との関連の下に、存在が完全性か否かという点と、必然的実在について捉え直してみよう。カントとヒュームは例外なしに実在（存在）を完全性から排除した。ライプニッツにとって、実在を完全性として捉えることは、「実在」そのことの概念不可能性に応じて認められなかった。しかし、彼にとって必然的存在において、実在も可能性の頂点としては本質として捉えられるという点では、神についてのみ、本質と同列に捉えられていた。デカルトは神だけを例外として扱い、神の実在はその完全性であるとした。神においてその本質は実在であるということは「神はその〈あること〉である Deus est suum esse」という伝統の上に立っている。(43) ライプニッツの哲学においては、有限的個体の実在は完全性ではないが、無限なる神の実在が可能性の強度（存在の重さ）の下に捉えられることを通して、可能性の度合いを示していた。デカルトの哲学においては、神における完全性は、完全性の超出としての必然的実在と一つの頂点を築く。(44) 両者のこの違いにもかかわらず、「存在」が重さと段階をもっている点では同じである。カントの『純粋理性批判』の構想における感性的直観と実在することとの結びつきは、ヒュームにおける知覚と実在との連関に重なる。その点から観るかぎり、カントの「実在」観は認知論的な（つまり、感覚知覚を基礎にする）「実在」把握として解することができる。

この理論は、対象を認識するのはどのような条件の下であるのかということを解明することはできても、対象が実在することの原因と理由を問う装置をもっていない。そもそも神の存在を証明する装置がない。この点ではヒュームについても同断であった。そしてまた、このように実在することをそれとして、つまり、認知連関とは別に問うことをやめるという点は、現代哲学の大方と軌を一にする。実在が完全性であることについて例外を認めないということ、あるいは、実在を可能性の上昇のうちに位置付けないということは、実在の何であるかを問うことをやめることである。それは経験主義的な認知論からの帰結である。

実在の何であるかを見失うことは、有限的なものの実在と無限なるものの実在との間に越えることのできない、緊張のない断絶をおくことである。そして状況により、論脈により、概念図式のありさまにより、「実在するもの」の種類が異なる。結局のところ、何が実在するのかということは、関係性のなかで人々の約定に基づいて定まることになる。ヒュームの哲学が示唆していたのがこの方向である。経験的世界において何が実在するのかという問題は伝統と制度を通して決まってくる。ライプニッツもまたこの方向を見据えていた。「普遍的調和」を背景にもちながら「精神に受け容れられる」とはそのことであった。デカルトは、精神が物体の実在を捉えるぎりぎりの接点を感覚の直接性に求めた。この点は認知論的な「実在」把握に基づいている。しかし、彼が「第六省察」における物体の実在証明において、「第三省察」における第一の神の実在証明と同じく「観念の対象的実象性」を用いたということは、認知論と存在論との接点を示すことになる。(45) デカルトにとっても、ライプニッツにとっても、実在は認知の結果以上の重さをもつ。それが経験主義によっては届かない地点である。届かないがゆえにカントにとって(『純粋理性批判』においては)最初から「存在論的証明」は不成立にならざるをえない。『純粋理性批判』において「必然的存在」は人間理性が追いかける幻であった。しかし、『遺稿』が教えていたのはこの幻が幻でないことの重さであった。ライプニッツは「必然的存在」の思考可能性を問うた。「必然的存在」は事柄の上ではその本質が実在であることを示す。このことが我々の世界構成とどのように結びつくのか。これが思うことの可能性の内実であった。すなわち、「必然的存在」という概念は、世界と世界の外側との関係を示す概念である。それゆえにア・プリオリな証明はア・ポステリオリな証明の後に措定されうる。この関係から「神」概念を形成しなければならないからである。こうして我々は、デカルトが『省察』において発見の道を辿るときにア・ポステリオリな証明をア・プリオリな証明に先立てたこと、ア・ポステリオリな第二の証明が「自分からの存在 ens a se」という規定をア・プリオリな証明に受け渡していること、ア・ポステリオリな証明が「第五省察」に数学の学としての基礎づけとして提示されなければならなかったこと、これらに理由を提示できることになる。(46)

デカルトは神の自然本性に「常に実在すること」が属していると考えた。(47) やはり、ア・プリオリな神証明がなされている『方法序説』(48)においては、しかし、〈常に実在する〉に類する表現は用いられていない。ここに「必然的実在」という用語の問題も潜んでいる。この問題をも視野に入れながらデカルト哲学における「神」概念の特徴について考えてみれば、次のようになる。「第五省察」において「必然的実在 existentia necessaria」という表現をデカルトは使わなかったが実質的にはこの考え方が採用されている。『哲学の原理』(49)においては「可能的実在」との対比の下に「必然的実在」という概念が用いられている。いずれにせよデカルト哲学において「必然的実在」は感覚知覚によって確かめられるような何かではない。彼は「必然的実在」を存在論的（論理的）視点の下に捉えていた。次に、デカルトの「実在」についての捉え方との連関を踏まえながら「必然的実在」の意味を探るならば以下のようになる。「必然的実在」と「可能的実在」との間に（現実的）実在が位置する。かつて実在したこと、今実在すること、これから実在するであろうこと、この何れも或る程度の持続の厚みをもった実在である。「可能的実在」とは、本質領域における例えば〈三角形の内角の和は二直角である〉というような本質ないし特性のありさまを示している。「可能的実在」は持続の相の下に捉えられる実在ではない。これに対して〈現実的〉実在は、いつも或る程度の持続をもつ。或る程度の持続をもつが「常に」ということはない。「必然的実在」は、実在の持続を「最も」という方向に引き延ばして、しかし、それを超えて捉えられる実在である。そう考えると、実在しうる、実在する、常に実在するという三相は実在することの三相であるが、持続を視点に観れば、ゼロ持続、或る程度の持続、程度を超えた持続、というように理解される。この理解のなかで〈現実的〉実在は、あたかも、最上級と原級の間にある比較級のようにみえる。ライプニッツが可能性の充実過程のなかで、可能性、現実性、必然性を捉えていたのに対して、デカルトは実在を基盤に可能性と現実性と必然性を捉えていた。デカルト哲学において「実在」は〈があること〉のうちに持続の論理を内包しつつ存在論の根底の一部を作るということにもなるであろう。こうしたデカルトの思索に対してヒュームの場合には、認知の理論のなかで「実在すること」の役割が求められていると考えられる。

ライプニッツは「必然的実在」という概念を「必然的存在」とは別の意味で用いることはなかったと推定された。それはまた、彼のこの概念が〈常に実在する〉という含意をもっていなかったからである。ヒュームはこの点を突き、常に実在するという把握が経験を超えていることを神不在の証拠に用いた。デカルトは既に「必然的実在」を〈常に実在すること〉という意味で用いていた。彼は神の自然本性に「常に実在すること」が属していると考えた。デカルトは「第五答弁」において、「必然的実在は、実際、神において最も厳密に解された特性であり、それというのも、必然的実在は神にだけ適合し、独り神においてだけ本質の部分をなすのだから」と述べている。[50] 必然的実在は、知覚経験を超えて世界構築理論のなかで結実してくる概念である。必然的実在は実在の頂点として本質から引き離すことができない。「第五省察」におけるア・プリオリな証明が示していることは、無限なるもののありようが、つまり、そこにおいて本質と実在が同じであることが、必然性に内実を与えるということである。必然性とは神なしの不可能性である。言い換えれば、無限なしの有限の不可能性である。

そこにおいて実在がそれの実象性（完全性）であるもの、これを措定することはまた必然的に実在するものを立てることでもあった。このことから明らかになる一つのことは、有限的存在と無限な存在とが原級と最上級という度合いの関係におかれるということであった。それを我々は存在の重さと表現した。存在の重さが存在に理由を与える。この存在の重さにおいて、真であることは最も真であることに支えられ、善いことは最も善いことを源にもつ。そして最も真であることと最も善いことは最も実在することとして一つの無限（絶対的他者）である。歴史にとって忘却はまた更新であったように、私にとって欠乏はまた希望である。それが有限的な私のありさまである。私の実在の原因は、絶対的に私ではないもの、無限なものである。

註

（1）ライプニッツの神証明については山本信『ライプニッツ哲学研究』東京大学出版会、一九五三年、四二頁から五三頁までの部分から多くを学んだ。しかし、ライプニッツの神証明のなかで「論理学と存在論的証明と宇宙論的証明」（四九頁）の三つが相互に循環しているという点については本章において示した解決の方途があると考える。「ライプニッツは、かかる循環あるいは誤謬推理を以て「証明の完成」と言う」。この「証明の完成」について、我々は論理的な道筋というよりも、説明に欠落がなくなることによって「それとともにこの論証が完成する et qui jointe avec elle acheve la demonstration」(Gerhardt, IV, 406) と解している。その理由は、提起されている二つの様相命題が、本文中に示したようにデカルトの証明の欠陥を直接的に補っているとは思えないからである。

（2） « la démonstration de l'existence de Dieu de S. Anselme, renouvellée par Descartes », Leibniz, *Die Philosofischen Schriften von G. W. Leibniz*, herausgegeben von C. I. Gerhardtt, Berlin 1875 / Olms 1960, t. IV, p. 405. 以下、Gerhardt, IV, p. 405 のように表記する。

（3） Gerhardt, t. IV, pp. 405-406.

（4） « ce qui renferme dans son idée toutes les perfections, ou le plus grand de tous les êtres possibles, comprend aussi l'existence dans son essence, puisque l'existence est du nombre des perfections, et qu'autrement qulque chose pourrait être ajouté à ce qui est parfait », *ibid.*

（5） *ibid.*

（6） « Car l'essence de la chose n'étant que ce qui fait sa possibilité en particulier, il est bien manifeste qu'exister par son essence, est exister par sa possibilité », *op. cit.*, p. 406.

（7） « Car si l'Être de soi est impossible, tous les êtres par autrui le sont aussi, puisqu'ils ne sont enfin que par l'Être de soi » …« si lÊtre nécessaire n'est point, il n'y a point d'Être possible », *ibid.*

（8） *ibid.*

（9） Cf. *Monadologie*, §44.

（10） Gerhardt, I, pp. 212-215.

（11） « Deus est Ens perfetissimum ; de Entis perfectissimi conceptu est existentia (quippe quae est ex perfectionum nemero), Ergo Deus existit », Gerhardt, I, p. 212.

（12） « Ens, de cujus essentia est existentia, necessario existit. Deus est Ens, de cujus essentia est existentia. Ergo Deus necessario existit », *ibid.*.

（13） « Dei definitio : esse Ens a se, seu quod existentiam suam a se ipso, nempe a sua essentia, habeat », Gerhardt, I, p. 212.

（14） « Ego : respondeo, dubitari posse, an Ens, de cujus essentia sit existentia, non implicet contradictionem : fateri enim me, si semel concedatur, tale Ens esse possibile, seu esse talem conceptum vel ideam, sequi quod existat », Gerhardt, I, p. 213.

（15） « a Cartesianis tamen demonstrari debere, quod tale Ens concipi possit », *ibid.*

（16）« Ego : si de praxi agatur, fateri me, quod praesumatur Entis necessarii vel Entis perfectissimi possibilitas »（*ibid.*）.

（17）*Animadversiones in partem generalem Principiorum Cartesianorum*, Art. 14, Gerhardt, IV, pp. 358-359 においても、ライプニッツは、デカルトの提示している『哲学の原理』「第一部第一四節」におけるア・プリオリな証明を批判的に検討しているが、本文中に述べたことをさらに補足するような新たな論点は見出せない。

（18）Gerhardt, IV, p. 406.

（19）G. W. Leibniz, *Principes de la nature et de la grâce fondés en raison / Principes de la philosophie ou Monadologie*, publiés par Andr Robinet, PUF, 1954/1986, pp. 91-93.

（20）「第三八節」「こうしてものの最後の理由は必然的実体のうちになければならない。そこにおいて変化の細部は、源泉のうちにあるかのように優越的にのみある。我々の神と呼ぶものはこれである」« Et c'est ainsi que la dernière raison des choses doit être dans une substance nécessaire, dans laquelle le détail des changements ne soit qu'éminemment, comme dans la source : et c'est ce que nous appelons Dieu », *op.cit.*, p. 93.

（21）「第四三節」「次のことも真である。すなわち、神のうちには実在の源泉だけではなく、実象的である限りの本質の、ないし、可能性のなかにある実象的なものの源泉のあることである」（« Il est vrai aussi qu'en Dieu est non seulement la source des existences, mais encore celle des essences, en tant que réelles, ou de ce qu'il y a de réel dans la possibilité », *op.cit.*, p. 95）。「第四四節」「というのも、もし、諸本質ないし諸可能性のうちに、あるいはまさしく、永遠的諸真理のうちに、或る実象性があるのならば、この実象性は、実在し現実的な何らかのものに、したがって必然的存在の実在に基礎をもっていなければならない。この必然的存在のうちでは、本質は実在を含み、ないしは、そこでは現実的であるためには可能的であれば十分である」（« Car il faut bien que, s'il y a une réalité dans les Essences ou possibilités, ou bien dans les vérités éternelles, cette réalité soit fondée en quelque chose d'existent et d'Actuel ; et par conséquent dans l'Existence de l'Être nécessaire, dans lequel l'Essence renferme l'Existence, ou dans lequel il suffit d'être possible pour être Actuel », *ibid.*）。

（22）「第四五節」「こうして神（ないし必然的存在）だけは、可能であるならば実在するという特権をもたねばならない。そして何かが何らかの限界、何らかの否定、したがって何らかの矛盾で閉ざさないことの可能性を、何ものも妨げることはできないのだから、「可能ならば実在するという」このことだけから神が実在するとア・プリオリに認識するのに十分である」« Ainsi Dieu seul (ou l'Être Nécessaire) a ce privilège, qu'il faut qu'il existe s'il est possible. Et comme rien ne peut empêcher la possibilité de ce qui n'enferme aucunes bornes, aucune négation, et par conséquent aucune contradiction, cela seul suffit pour connaître l'Existence de Dieu *a priori* », *op.cit.*, p.95-96.

（23） この点はデカルト哲学と同様である。デカルト哲学における二つのア・ポステリオリな証明とア・プリオリな証明の順序、および、この三つの証明の役割については、拙著『数学あるいは存在の重み』「第Ⅱ部」（七九頁から一五六頁まで）を参照していただきたい。本文中で明らかにしたように、ライプニッツ哲学においてもア・ポステリオリな証明はア・プリオリな証明に先立つ。しかもア・プリオリな証明が論理学の基礎としての様相概念を確定することに寄与しているという点でも両哲学は軌を一にしている。デカルト哲学においてア・プリオリな証明は、「第五省察」に最もよく示されているように、実在の必然性ではなく、結合の必然性の根拠を明らかにすることによって数学の学としての基礎を確立する（前掲書八五頁から八九頁参照）。両者の決定的差異は、デカルト哲学におけるア・プリオリな証明は〈明晰判明に知解されることは真である〉という明証性の規則を「神」概念に適用することを通して遂行される点にある。ライプニッツ哲学においては本文中に見たように、永遠真理を推論に適用することによって証明が遂行される。この永遠真理は、デカルト哲学においては被造的なものであるが、ライプニッツ哲学においては『モナド論』「第四三節」において示されるように「神の知性は永遠真理の領域 l'Entendement de Dieu est la région des vérités éternelles」であり、被造的なものではない（*op.cit.*, p. 95）。デカルト哲学は「私」の「思い」を精査することを通して明証性の規則を見出すが、ライプニッツ哲学においてア・プリオリな証明を遂行する上で、「私」の「思い」を経過する必要はない。

（24） « prorsus uti nullum datur ens mole maximum, vel extensione infinitum, etsi semper alia aliis majora dentur ; sed datur tantum ens maximum intensione perfectionis, seu infinitum virtute », Gerhardt, IV, p. 511.

（25） M. Dascal, *La sémiologie de Leibniz*, Aubier Montagne, 1978, p. 109.

（26） ライプニッツは次のように書いている。« Je [*scil.* Leibniz] me fatiguai des jours entiers à méditer sur cette notion de l'existence », [impossible] « de trouver aucune autre notion claire de l'existence que celle d'être senti » et « J'en conclu : que l'existence des choses consiste à être sentie par un esprit infaillible dont nous ne sommes que les effluves (cujus nos tantum effluvia essemus), c'est-à-dire par Dieu », dans Foucher de Careil, *Mémoire sur la Philosophie de Leibniz*, t. I, p. 11, par Yvon Belaval, *Leibniz -- Initiation à sa philosophie*, J. Vrin, 1975, pp. 43-44.

(27) Y. Belaval, *op.cit.*, p. 43.

(28) « Je [*scil.* Leibniz] trouvai donc que le principe intime des choses était l'harumonie universelle », dans Foucher de Careil, *Mémoire sur la Philosophie de Leibniz*, t. I, p. 11, par Yvon Belaval, *Leibniz -- Initiation à sa philosophie*, J. Vrin, 1975, p. 44.

(29) « Quicquid sentitur existit. Indemonstrabilis. / Quicquid existit sentitur. Demonstranda. / Imo non quicquid sentitur existit, sed quicquid clare distincteque sentitur », G. W. Leibniz, *Sämtliche Schriften und Briefe*, Deutschen Akademie de Wissenschaften, Darmstadt, 1990-, VI, ii, p. 282.

(30) « Existentia est alicuius sensibilitas distincta », *op.cit.*, p. 487. Cf. M. Dascal, *op.cit*, pp. 109-110.

(31) Y. Belaval, *op.cit.,* p. 43.

(32) « Et quemadmodum Existentia a nobis concipitur tanquam res hihil habens cum Essentia commune, quod tamen fieri nequit, quia oportet plus inesse in conceptu Existentis quam non existentis, seu existentiam esse perfectionem ; cum revera hihil aliud sit explicabile in existentia, quam perfectissimam seriem rerum ingredi ; ita eodem modo concipimus positionem, ut quiddam extrinsecum, quod nihil addat rei positae, cum tamen addat modum quo afficitur ab aliis rebus », L. Couturat, *Opuscules et fragments inédits de Leibniz*, Olms 1966, p. 9.

(33) たとえば、G・H・R・パーキンソンによれば、「『一般研究』における分析は試行的で不分明である The analysis in the *Generales Inquisitiones* is tentative and obscure」(Leibniz, *Logical Papers, A Selection*, Translated and edited with an introduction by G. H. R. Parkinson, Oxford, 1966, xxxvi)。

(34) Couturat, pp. 375-376.

(35) « Sed quaeritur quid significet τò existens. Utique enim Existens est Ens seu possibile, et aliquid praeterea. Omnibus autem conceptis, non video quid aliud in Existente concipiatur, quam aliquid Entis gradus, quoniam variis Entibus applicari potest. ... Ajo igitur Existens esse ens quod cum plurimis compatibile est. seu Ens maxime possibile, itaque omnia coexistentia aeque possibilia sunt. Vel quod eodem redit, existens est quod intelligenti et potenti placet ; sed ita praesupponitur ipsum Existere. Verum poterit saltem definiri, quod Existens est quod Menti alicui placeret, et alteri potentiori non displiceret, si ponerentur existere mentes quacunque. Itaque res

eo redit, ut dicatur Existere quod Menti potentissimae non displiceret, si poneretur mens potentissima exisitere. Sed ut haec definitio applicari possit experimentis, sic potius definiendum est : *Exisitit*, quod Menti alicui 〈(existenti)〉 placet, (existenti non debet adjici, si definitionem, non simplicem propositionem quaerimus) nec Menti potentissimae (absolute) displicet », L. Couturat, *Opuscules et fragments inédits de Leibniz*, Olms 1966, pp. 375-376. 上文中の〈〉で括られた部分は、ライプニッツによって後から付け加えられた部分である（cf. *op.cit.*, Explication des signes）。また、以下の引用中の（）のなかの部分については原文を省略してある。「しかし、実在するものが何を意味表示するのか問われる。というのもとにかく、実在するものは存在ないし可能的なものと、さらなる或る何かだからである。一方しかし、あらゆる概念把握する人々によって、実在がさまざまな存在に適用されるのだから、実在するもののうちに存在の或る段階（度合い）aliquid Entis gradus 以外の何が概念把握されるのか、私にはわからない。（けれども、私は、或る何かが実在しうるとは言いたくない、ないしは、可能的実在とは言いたくない。というのも、可能的実在とは本質そのもの以外の何ものでもないからである。一方しかし、我々は実在を現実的と知解する、ないし、可能性つまりは本質に付け加えられた或る何かと知解する。その意味で未来の可能的実在は、現実性から切り離された現実性と同じことになるが、このことは不合理である。）したがって、私は、実在するものは最も数多くのものと両立可能である存在、ないし、最も可能な存在である ens maxime possibile、と言う。こうしてすべての共実在は等しく可能である。あるいは同じことになるが、実在するものは知解し力能あるものに受け容れられるということである。しかし、その場合に当の知解し力能あるものの実在することが前提される。だがまさに、実在することとは、もし何であろうと諸精神が実在すると仮定されるとしたならば、或る精神に受け容れられ、かつ、他のいっそう力能あるものに斥けられないこと、と少なくとも定義することができるであろう」（傍点は引用者による）。

（36）« Omnes propositiones Existentiales, sunt verae quidem, sed non necessariae, nam non possunt demonstrari, nisi infinitis adhibitis, seu resolutione usque ad infinita facta, scilicet non nisi ex completa notione individui, quae infinita existentia involvit », L. Couturat, *Opuscules et fragments inédits de Leibniz*, Olms 1966, p. 376.「すべての実在命題は真であるが必然的ではない。なぜならば、それは、無限個の命題の使用によって、つまり無限に至る分解によってのみ証明されるからである。すなわち、それは、実在するものを無限に含む個体の完足概念によってのみ証明されるのである」。

（37） Cf. Leibniz, *Logical Papers, A Selection*, Translated and edited with an introduction by G. H. R. Parkinson, Oxford, 1966, xxxvi.

（38） Gerhardt, I, p. 214.

（39） Couturat, p. 376.

（40） このようなライプニッツの記述の背後には、パーキンソンの記しているように「実在するあらゆるものが必然的存在であるという結論を避ける」という意向があったであろう（*ibid.*）。石黒はこのテクストを取り上げて次のように指摘している。「ライプニッツは「現実存在の概念について説明できるのは、事物の完全な系列の構成要素であることだけだ」と書いている。ここで「事物（res）」が現実に存在するものを意味しているのなら、この説明は循環的であるし、可能なものを意味しているのであれば、我々は再び現実存在を個体概念の特徴として説明しているに過ぎないことになる。」（石黒ひで『増補改訂版　ライプニッツの哲学――論理と言語を中心に』岩波書店、二〇〇三年、二二六頁）。この指摘への反論として、本文中に示したように、ここで言われている「事物」が可能的なものであり、可能性のうちの特別の場合が現実性であると解釈する可能性を我々は提起したい。本文中に引用した「ものの最も完全な系列に入り込む」ことと「最も数多くのものと両立可能である」ということは同じこと、つまり「共可能性 composibilité」を意味しているであろう。論理的にはこれが可能的なものと現実的なものを分かつ基準になる。しかし、このことは「無限に至る分解によって」のみ示されうることである。経験的・実践的局面においては、この基準は効かない。可能性の特別な場合という「実在」についての解釈は、たとえば、「形而上学的完全性の原理 the principle of metaphysical perfection」（B. Russell, *A Critical Exposition of the Philosophy of Leibniz*, George Allen & Unwin, 1900 / 1975, pp. 73-74）、この考えを継承させながら展開される「充溢の原理 the principle of plenitude」（A. O. Lovejoy, *The Great Chain of Being*, Harvard University Press, 1936 /1964, p. 52）という思索と親和的であるように思われる。

（41）「必然的実在 existentia necessaria / existence necéssaire」という連辞は Gerhardt 版の中では、G.I, pp. 215, 219, 220, 249 など Eckhard の文のなかで使われ、そして G.III, pp. 446, 447, 449, 451 など Jacquelot との遣り取りのなかで用いられ、さらに *Entretien de Philarete et d'Ariste, suite du premier entretien d'Ariste et de Theodore* のなかでテオドールの説を代弁するアリストの文なかに現れる（G.VI, p. 690）。また、*Animadversiones in partem generalem Principiorum Cartesianorum* において、デカルトの『哲学の原理』の表題には使われているが、それについて展開されているライプニッツの文章の中には使われていない。決定的なことは言えないが、ライプニッツは自分固有の思索を表すのにこの表現をおそらく使わなかったのではないであろうか。

（42） *Monadologie*, p. 93.

（43） *e.g.*, Thomas, *Summa. theologiae*, p. I, qu. 3, art. 4.

（44） デカルト哲学における「完全性」と「必然的実在」について簡潔に纏めておく。ア・プリオリな神証明がなされている『方法序説』（AT.VI, 36.22-31）において〈常に実在する〉に類する表現は用いられていない。「第五省察」において「必然的実在 existentia necessaria」という表現をデカルトは使わなかったが実質的にはこの考え方が採用されている。『哲学の原理』（AT.VIII-1, 10.08-11）においては「可能的実在」との対比の下にこの概念が用いられている（拙著『数学あるいは存在の重み』「第Ⅳ部第二章」参照）。デカルト哲学における「完全性」、「必然的実在」、「実在」、「可能的実在」について、その結論の一部だけを再掲しておこう。「（一）完全性は一つ二つと数えられる規定とは考えられていない。度合い、ないし、強度を核心に据えながら、デカルト的「完全性」概念は理解されるべきである。（二）神における完全性は完全性の超出（ないし、逸脱）である。すべての完全性が一つになるところに必然的実在が立ち上がる。この「すべて」は数え上げられる〈すべて〉ではない。一つになってすべてであるような「すべて」、言い換えれば、無限ということである。（三）神において、その必然的実在がその他の一切の完全性を締め括る。神の本質をなすという点で、神について言われる実在は完全性である。（四）被造物について言われる（現実的）実在は完全性ではない。（六）可能的実在は完全性とされる。可能的実在とは本質領域におけるさまざまな本質・特性のあることを示している。そこでは三角形もその内角の和も同じく可能的に実在する」（同拙著、一六四頁）。また、デカルト的「必然性」概念については同書「第Ⅱ部第一章」を参照。

（45） Cf. *MM*. MVI, AT.VII, 79.

（46） これらの点については前掲拙著「第Ⅱ部第三章」を参照のこと。ただし、順序についてだけはその結論を再掲しておく。「「諸根拠」においても、『哲学の原理』においても、『省察』の順序とは異なり、ア・プリオリな証明が先立つ。これらにおける証明だけではなく、「第一答弁」と「第二答弁」に提示されている証明も、神の観念に必然的実在が含まれること、帰属の明証性、この二つのことが証明の核心を形成する。ア・ポステリオリな証明は、「観念」という、ものの本質開示方式を練り上げげつつ、形而上学を樹立する過程のなかでなされ、それゆえに、『省察』の流れから取り出して独立に提示するためには、ア・プリオリな証明よりも先行了解事項が複雑になる。それぞれの作品の性格と、作品の構成とともに、これが「諸根拠」と『哲学の原理』でア・プリオリな証明がア・ポステリオリな証明に先立たねばならない理由になる」（前掲書、一四九から一五〇頁）。

（47） « ut semper existat », *MM*. MV, AT.VII, 65.

（48） *DM.* IV, AT.VI, 36.

（49） *PP.* I, AT.VIII-1, 10.

（50） « Quin etiam existentia necessaria est revera in Deo proprietas strictissimo modo sumpta, quia illi soli competit, & in eo solo essentiae partem facit », *Resp.* V, AT. VII, 383.03-05.

第四章　デカルトから遡る

第一節　「自分による per se」と「自分から a se」

カントは先に見たように「存在論的証明」を「デカルトの証明」とも表現していた。おそらくカントにはアンセルムスにまで遡る構えはなかったであろう。しかし、我々はデカルトのこのタイプの証明がア・プリオリな神証明と呼ばれ、アンセルムスの『プロスロギオン』「第二章」から「第四章」に展開されているものと同様であるということを知っている。両者の証明において核心となる点を次のように示すことができる。「神」概念の表出する内容を展開することを通して、経験的事実・世界の実在を助けにすることなしに、「神」の実在を帰結することである。これもまた周知のところであるが、アリストテレス哲学を土台に据える中世スコラ哲学においては、神の実在についてのア・プリオリな証明の妥当性は認められない。アンセルムスとデカルトはこの証明を自らの形而上学の基礎に組み込み、中世スコラ哲学とカントはこの証明を認めない。この対立の底にどのような思索が潜んでいるのか。デカルト形而上学は、既に述べたように「知ることからあることへ」の進行を妥当とする点で、〈あることについてその何であるかを問う〉アリストテレス哲学を土台に据えた中世スコラ哲学の形而上学とは方向性を逆にする。カントの超越論哲学にも感覚による対象からの受容なしには認識が成立しないという前提がある。その点ではやはり、認識の成立については〈あることについてその何であるかを問う〉という構えは避けられない。しかし、カントにとって「必然的存在」の問題への展望は展望としてあったのかもしれない。こうしてカント哲学における存在問題と認識問題との架橋は残されたと言えよう。その一方でこれも既に述べたように中世スコラ哲学とデカルト形而上学の間には幾つかの概念表示における共通性だけではなく存在についての見方の連続性も見て取られた。その連続性を一言で纏めれば、「神の超越性」という点に押さえ込むことができる。もちろん、デカルト形而上学の場合にはこの超越性は信仰という梯子を必要とするわけではない。そうではなく、あくまでも理由を求める超越性であった。中世スコラ哲学の形而上学とデカルト形而上学との間の、この断絶と連続とを「存在論的証明」という主題において明らかにするためには「自分からの存在 ens a se」という概念に着目するのがよい。というのも、中世スコラ哲学はこの概念の否定的使用のみを認め、デカルトはこの概念の肯定的使用に道を開くからである。

この「自分からの存在」という概念は、「第五省察」におけるデカルト的証明を完成させるために、ライプニッツによって補われた概念であった。デカルトは「第五省察」の証明においてこの概念を用いていない。しかし、デカルトがこの概念を用いていないわけではない。「第三省察」の第二の証明において用いている。この「第三省察」第二の証明は神の観念をもっている「私」の実在の原因を求めて、「自分からの存在」に至り着くものである。その途上において、「自分から a se」ということが「それ自身によって実在する力をもつ vis per se existendi」ことへとつなげられ、これが「答弁」における「自己原因 causa sui」という把握に結びついて行く。ライプニッツの神証明に関する考察から得られたことを踏まえながら、この「自分から」という概念のデカルト的使用について調べて行こう。その準備として、トマス・アクィナスにおける「自分によって per se」という表現と、ドゥンス・スコトゥスの「自分から a se」という表現を参照することにしよう。

第二節 「自分による」

『反異教徒大全 *Summa contra Gentiles*』「第一巻第二二章」において、トマス・アクィナスは神について「あること esse」と「本質」とが同じであると論じている。神であるとは「自分によって必然的にあることである或る何かである aliquid esse quod per se necesse est esse」(1)。「自分のあることではないものは自分によって必然的にあることではない。神は自分によって必然的にあることである」(2)。「あることは、或る原因によって当の何性に適合する」(3)。その原因になるのは、自分の本質か、他の何かである。本質が当のあることに応じてあるのならば、「或る何かは自分自身にとってあることの原因 causa essendi である」。しかし、このことは不可能である。なぜならば、知解することに応じて先立つのは結果よりも原因のあることだからである。もし、或る何かが「自分自身にとってあることの原因」であるならば、「あることをもつ以前にあることが知解されなければならない」。このことは不可能ではない。これが可能なのは、自分の基体の諸原理から偶性として引き起こされた場合である。その場合には自分が自分にとっての原因となりうる。「実体的にあること esse subsaniale」について言えば、他の原因によってということしか適合しない。「他の原因によってあることを獲得するものはすべて引き起こされたもの causatum であり、第一の原因 causa prima ではない」。「神は原因をもたない第一原因である」。したがって、「他からあることを獲得する何性は神の何性ではない」。それゆえ神の「あること esse」がその何性であるということは必然的である(4)。

「或る何かは自分自身にとってあることの原因 causa essendi である」ということは実体に関しては不可能である。なぜならば、自分が自分の結果の原因であると考えるのならば、そしてその原因と結果とが同じく自分であるのならば、自分が存在する前に自分が存在することが知られていることになるからである。「神が自分によって必然的にあることである Deus autem est per se necesse-esse」とされ、そこから「神が自分のあることである Deus est suum esse」とされる。[(5)] しかし、「神は原因をもたない第一原因である」[(6)]。神は「自分によって」あるとされる場合に、示されていることは「原因をもたない第一原因」ということである。或る実体の偶性について、その実体が偶性の原因であるという意味で自分が自分の原因であると言うことはできるが、或る実体が当該の実体の原因であるということは不可能である。この意味で自己原因は不可能である。神が自分によって必然的存在であることは、「原因をもたない第一原因」であることを意味する。

第三節　「自分から」

スコトゥスの「自分から」という考えについて、我々が着目する箇所は『オルディナティオ（命題集註解）*Ordinatio*』と呼ばれているものの、最早原因のない第一原因への到達をスコトゥスが証明している部分である。[(7)]「第一の作用者が現実に実在するものである primum effectivum est in actu exsistens」ということを証明する道筋の一つのおいて次のように言われる。「自分から a se でないものは自分からであることはありえない。なぜならば、その場合には、非存在が或る何かを存在に至るまで産出することになるが、そのことは不可能であり、それならばこの場合に、当のそれは自分を引き起こすであろうし、かくしておよそ原因をもたないものではないであろう」[8]。また、「このような第一の作用者は、もし可能であるのならば、ものの内にある tale efficiens primum, si est possibile, est in re」[9]とも言われる。ここで気をつけなければならないのは、この「自分から」[10]ということとデカルト的な「自己原因」との差異である。「自分自身を作ったり、獲得したりするどんなものもない」[11]とされる。要するに、スコトゥスは自分が自分の作用原因であるという捉え方を認めていない。だからといって「自分から」ということは認められている。スクリバーノによれば、スコトゥスの神の存在証明を理解するためには、次の三つの前提が必要である。（1）「論理的様相から因果的様相へとずれて行くこと le glissement des modalités logiques aux modalités causales」、（2）あらゆるものが普遍的に因果性という結びつきをもつこと、（3）自己原因の拒絶である。「自分から」という論理的可能性から、因果的可能性へとずれて行く、というのが指摘されている肝心な点である[12]。しかし、スコトゥスの思考がこの「ずれて行く」ことを容認するであろうか。神によるものの創造において様態として実在が付け加えられるという彼に帰せられる考え方を基盤に据えるならば、論理的可能性から因果的可能性へのずれ込みは問題を解消するだけである[13]。そうではなくスクリバーノの指摘するところは、逆のことを示しているのではないのか。先に我々が引用した「自分から」という捉え方の形式からするならば、スコトゥスは、それ以上原因の系列を辿ることはできず、無限進行もないということに基づいて神の実在することを帰結していることになるであろう。そして原因の系列の行き止まりがまた論理の行き止まりであるという場を開くでもあろう。

我々が求めているのは「自分から」という思考のもっている問題が、ア・プリオリな証明の成否とどのような関連をもっているのかということである。この点で肝要な点は、論理的思考と因果的思考との区別を立てることの神証明における役割にあることがわかった。この着目を通して、もし、「自分からの存在 ens a se」という把握がア・プリオリな証明において、欠かすことのできない部分をなしているとするならば、問われるべきことは論理的思考と因果的思考の区別だということが判明する。この区別を認めるならば、ライプニッツが補強したデカルトのア・プリオリな証明は成立しないことになる。だが、そもそもこの区別は何に基づくのであろうか。ライプニッツの「充分な理由の原理」が提示していたのは、この二つの思考が一つになることであった。彼によれば、神は理由の系列における最後の理由である。それは、「それであって別様ではない」ことの理由であるとともに、「それがあるのであってないのではない」ことの理由でもある。先に示したように、可能性の追求が実在への通路になりうるという場合に、論理的思考と因果的思考の区別さえも、その区別の理由を問われ、最後の理由を組み込みながら答えられなければならないであろう。以上のことから次のことがわかる。すなわち「自分からの存在」が、ア・ポステリオリな（結果から原因へと向かう）証明ではなく、ア・プリオリな（定義から結論を導く）証明に用いられるならば、その証明の妥当性は論理と因果を一つに捉える場の提示にあるということである。もちろん、「充分な理由の原理」を形而上学の根幹に据えるのではないデカルトは、「第五省察」におけるア・プリオリな証明に「自分からの存在」という概念を用いてはいない。

第四節　「自分から」と「自己原因」

さて、これらのことからデカルト的な「自分から」という把握に光を当ててみよう。「第三省察」の第二の神証明において、「自分から」と「他から」という原因の配置の下に問いが進められ、「自分から」の原因に行き着き、それが神であるとされる。先にも見たように、それ自身からあるものは「自分によって実在することの力」

をもつものである。[14] この問題をいっそう明らかにするためには、カテルスに対する答弁を見なければならない。カテルスによれば、「自分から a se」には二重の解し方がある。自分を原因にするという積極的な受け取り方と、「他によってではない」という消極的な受け取り方である。衆目の認める理解は後者であると、彼は主張する。[15] デカルトはそれに対して、「或る何かが自分自身の作用因 aliquid sit causa efficiens sui ipsius」であることも不可能ではないと答える。[16] 原因が結果を産出する限りでなければ、原因はその理拠を元来もつことがない。原因は結果に先立っているのではない。「自然の光」から示されることは、「それについてなぜ実在するのかということを求めることの許されないような、言うなら、それの作用因へと探究することを許さないような、あるいは、もしそれが作用因をもたないならば、なぜそれを必要としないのか要請することの許されないような、どんなものも実在しない」[17]。作用因をもつことの理由は、なぜ実在するのかということの理由に重なる。このことは原因と理由が重なっていることを示す。「第三省察」においていわゆる〈因果の原理〉が設定されたときの原因とは、「作用的でかつ全体的原因 causa efficiens & totalis」であった。[18] 実在という結果を産出するということと、なぜ実在するのかということとが一つに摑まれている。そこに「自己原因 sui causa」という概念も成立する。[19] これに対して、さらにアルノーによって「神が積極的にそれ自身からあると概念されえない」[20] と反論される。アルノーはさらに、「なぜ実在するのか」という点については、「作用因によって答えられるべきではなく」、「神であるから、ないしは無限な存在だから」と答えるべきだとする。[21] このことは、アルノーが考えている作用因は〈なぜ〉という問いに答えるような原因＝理由ではないということを示している。これに対する答弁において、一方でデカルトはアルノーの解している意味での作用因の理解においては、神が自らの作用因であることを否定する。つまり、「自分による連続的な再産出」という事態をデカルトは否定し、他方において、自己原因の内実として「力能の広大無辺さ immensitas potentiae」を充当する[22]。「神の汲み尽くしえぬ力能は、それがために原因を要求することはない原因言うなら理由 causa sive ratio である」[23]。デカルトは「元来の意味で言われた proprie dictam 作用因」[24]についてはアルノーに譲りつつ、自らの作用因を「類比によって per analogiam 作用因に関係づけられうる」ものとする[25]。要するに、デカルトの「自分からの存在 ens a se」あるいは「自己原因」とは、原因と理由の系列の最後を締め括るもの、当の存在にその存在の原因と理由とを見つけることが出来るものである。スコトゥスの表現を借りるならば、この「自分からの存在」は、系列の最後として、非存在を原因にすることはありえないのであるから、その意味で自分の原因である。しかし、その場合にも、繰り返しになるが、自分が本来の意味で、つまり、トマスもスコトゥスも否定した意味で、自分の作用因であることは否定されている[26]。

註

（1）*Cont.Gent.*, lib. 1 cap. 22, n. 2.

（2）« Quod igitur non est suum esse, non est per se necesse-esse. Deus autem est per se necesse-esse. Ergo Deus est suum esse »（*Cont. Gent.*, lib. 1 cap. 22 n. 5）

（3）« Esse igitur convenit illi quidditati per aliquam causam », *Cont.Gent.*, lib. 1 cap. 22, n. 6.

（4）*Cont.Gent.*, lib. 1 cap. 22 n. 6.

（5）*ibid.*

（6）« Deus autem est prima causa non habens causam », *ibid.*

（7）「第一巻第二区分第一部第一問、第二問」*Ordinatio*, I, Dist. 2, pars 1, q. 1-2.

（8）« Quod non est a se non potest esse a se, quia tunc non-ens produceret aliquid ad esse, quod est impossibile, et adhuc, tunc illud causaret se et ita non esset incausabile omnino », *Ordinatio*, I, Dist. 2, pars 1, q. 1-2, 58, pp. 164-165.

（９） *Ordinatio*, I, Dist. 2, pars 1, q. 1-2, 53, pp. 158-159.

（10） *Ordinatio*, I, Dist. 2, pars 1, q. 1-2, 53, p. 157.

（11） *Ordinatio*, I, Dist. 2, pars 1, q. 1-2, 43, p. 151.

（12） E. Scribano, *L'existence de Dieu – Histoire de la preuve ontologique de Descartes à Kant*, Éditions du Seuil, 2002, pp. 26-33. またスクリバーノによれば、「永遠的なものにおけるあることと可能なこととは同じである in aeternis idem esse et posse」というアリストテレスの考えを変形させたものだとされる（*op.cit.*, p. 30）。

（13） スコトゥスによれば、神的知性において「イデア」が形成され、それに神的意志が働き実在化される、つまり創造ということになる。そこに実在と本質との様態的区別が成立するが、それについては、拙著『観念と存在』、七から八頁、「イデア」形成の三段階については同書一〇七頁、また、創造との関連については同書一三七頁以下を参照していただきたい。

（14） *MM*. MIII, AT.VII, 49.23-50.04.

（15） *Obj*. I, AT.VII, 95.02-08.

（16） *Resp*. I, AT.VII, 108.07-08.

（17） *Resp*. I, AT.VII, 108.18-22.

（18） *MM*. MIII, AT.VII, 40.21-23.

（19） *Resp*. I, AT.VII, 109.16.

（20） *Obj*. IV, AT.VII, 212.11-12.

（21） *Obj*. IV, AT.VII, 213.09-11.

（22） *Resp*. IV, AT.VII, 237.03-10.

（23） *Resp*. IV, AT.VII, 236.08-10.

（24） *Resp*. IV, AT.VII, 239.16-17.

（25） *Resp*. IV, AT.VII, 240.12-13.

（26） トマスについては、「また、或る何かが自分自身の作用因であることは可能ではない。なぜならば、このように自分自身よりも先にあったということは不可能だからである」« nec est possibile, quod aliquid sit causa efficiens sui ipsius ; quia sic esset prius seipso, quod est impossibile »（*Sum. theo.*, I, q. 2, a. 3）、また、「神は原因をもたない第一原因である prima causa non habens causam」（*Cont. Gent.*, lib. 1 cap. 22 n. 6）とされる。

第五章　トマスのアンセルムス批判

トマスはアンセルムスの行った『プロスロギオン』における神証明について批判をしている。アンセルムスのア・プリオリな証明がどのような難点をもっているのかを知るために、トマスの批判を『命題論集講解』(*Scriptum super Sententiis*, liber I, dist. III, qu. 1, art. 2)、『真理について』(*De Veritate*, qu. 10, art. 12)、『反異教徒大全』(*Summa contra Gentiles*, I, cap. X, cap. XI et cap. XII) および『神学大全』(*Summa Theologiae*, I, qu. 2 & qu. 3) の該当箇所について順に見て行くことにする。

第一節　『命題論集講解』

『命題論集講解』「第一巻第三区別第一問題第二項」の表題は「神の存在は自明的である(それ自身によって知られる)か、否か Utrum Deum esse sit per se notum」である。トマスの返答部分(Respondeo)を用いて、議論の組み立てを確認しよう。まず、何らかのものの認識について「当のそのものにしたがってか、あるいは我々に関してか aut secundum ipsam rem, aut quo ad nos」という二通りが区別される。神について言えば「それ自身にしたがって神はあり、自明的である」。一方しかし、「我々になぞらえることを通して」神が考察される場合に、

「神の相似と神の関与にしたがって secundum suam similitudinem et participationem」考察される場合と、「代示にしたがって secundum suppositum」考察される場合がある。その場合には神の何であるかが問われるので、我々は神の存在を論証しなければならない(1)。

この問いの下でアンセルムスの証明が吟味されるのは他の箇所でも同じである。この「第一問題第二項」における第四の「立論 argumentum」としてアンセルムスの証明が取り上げられる。「存在しないと思われえないものは自明的である illud est per se notum quod non potest cogitari non esse。ところで、神は存在しないと思われえない。ゆえに神が存在することは自明的である」という論証が対象とされる。この小前提の部分がアンセルムスの証明によるとされている。つまり、「神は、それについていっそう大きいと思われえない Deus est quo majus cogitari non potest。ところで、存在しないと思われえない当のものは、存在しないと思われうるものよりもいっそう大きい。ゆえに、神は、それがそれよりもいっそう大きい何も思われえないものなのだから、それが存在しないと思われえない」。しかし、このことは「自分の何性なしにはどんなものも思われえない」ということを用いて別の仕方でも論証される。それは次のものである。「アヴィチェンナの言うように、神の何性はそれ自身自分の存在である Dei quidditas est ipsum suum esse。ゆえに、神は存在しないと思われえない(2)」。アンセルムスによる神の定義と〈神の本質はその存在である〉ということとが結びつけられていること、アンセルムスの証明が必然的存在を中心にしていると捉えられていることに留意しておこう。

このアンセルムスの証明とされる第四の立論に対するトマスの反論を次のように纏めることができるであろう。第一に、我々が神を知解した後になっても神のあることを知解しないこともありうるし、神のないことを思うこともありうる。そこからは、第二に、誰かが神はないと否定しえない、ないしはそう思われえない、ということは帰結しない。したがって、第三に、肝心な点はそれよりもいっそう大きいと思われえない何かが代示されているというその代示ということにある。(3) ここに特徴的なことは、第一に、「ないと思われえない」という必然性の表現を中心にアンセルムスの証明が捉えられていること、第二に、「代示 suppositio」が問われている、つまり、必然性を表現する概念の代示作用が問われていることである。これを一言で纏めれば、神を必然的存在として定立することの妥当性が問われていることになる。

第二節 『真理について』

次に、『真理について』「第一〇問題第一二項」(*De Veritate*, q. 10, art. 12) を取り上げるが、ここでも「神があることは、人間精神にとって自明的であるかどうか quaeritur utrum Deum esse sit per se notum menti humanae」が問われている。(4) そこで一〇の「立論 argumentum」が検討される。その一〇の立論のうち第二のものとしてアンセルムスの証明が取り上げられる。(5) その内容は『命題論集講解』の場合と同じである。これに対する反論の骨子は次の通りである。第一に、アンセルムスのように考える人たちは、「誰も神がないといっそう内面で思うことができない nullus possit cogitare interius Deum non esse」、それほど神のあることは自明的だと思っている。しかし、内面で思われたことは言葉によって外面にもたらされる。(6) この違いがアンセルムスの証明では評価されてはいない。第二に、「それ自身の側から ex parte ipsius」、それ以上に大きなものはない、ということが自明的であるとしたならば、それでよい。しかし、いまの場合、「それ自身において最も知られているもの ea quae sunt in se notissima」を認識することについてさえ我々は欠けているところがある。だから「我々の側から ex parte nostra」すれば、神の非在を思うことは可能であるということになり、このこととアンセルムスの定義する神の存在とは両立することになる。かくして、アンセルムスの定義による神、すなわち〈それよりもいっそう大きな何も思われえない或る何か〉は我々にとっては自明的ではないことになる。したがって、アンセルムスの証明は、我々にとってアンセルムスの定義する神が不在であると思うことの可能性を排除できない(7)。我々の認識能力は限界をもっているので、神の存在を結果に基づいて証明しなければならない。第一の批判点は、言語が必ずしも思いを表していないということである。第二の批判点は、〈神あり〉ということが我々にとって自明的でないので反対も可能だということである。そしてここでも否定の思うことの不可能性が問題になっているということを指摘しておこう。

第三節　『反異教徒大全』

第三に、『反異教徒大全』「第一巻第一〇章」と「第一一章」を取り上げる(*Summa contra Gentiles*, I, cap. X, cap. XI et cap. XXII)。「第一〇章」で神の存在証明に関する五つの論点が提示され、次の「第一一章」でそれについての答弁が与えられる。アンセルムスの証明に関係する論点を取り上げてみよう。神という名前によって我々は「それよりいっそう大きな或る何かが思われえない何か」を知解する。神という名前を聞き、知解する者によってこのことが知性の内に形成される。ということは、「少なくとも知性の内に今や神はあるのでなければならない saltem in intellectu iam Deum esse oporteat」。また、知性の内にだけあるのであってはならない。というのも、「知性の内とものの内にあるものは、ただ知性の内にだけあるものよりも大きいからである quod in intellectu et re est, maius est eo quod in solo intellectu est」。一方しかし、神よりもいっそう大きな何もないということを「当の名前の理拠 ratio」が証明している。そこから残っていることは「神はある」ということが、いわば「名前の当の意味表示から明白であるかのように quasi ex ipsa significatione nominis manifestum」、自明的であるのかということである。(8) これに対する反論は三点に纏められる。第一に、神が、それよりもいっそう大きいものが思われえない或る何かであるということは、必ずしもすべての人にとって、知られてはいない。第二に、すべての人々によって、神というこの名前が、それ以上大きな或る何かが思われえない何かであると、知解されているとしたとしても、「それよりいっそう大きな或る何かが思われえない何かが、ものの自然本性のなかにあるということは必至というわけではないであろう non necesse erit aliquid esse quo maius cogitari non potest in rerum natura」。言い換えれば、「ものと名前の理拠とが rem, et nominis rationem 同じ仕方で措定されていること」、つまり、名前がものに届いているということの理由が示されないならば、精神によって当の表現が抱懐されているからといって、ものの内にあるということにはならない。第三に、神はないとしている人々にとっては何も不都合はない。というのも（それよりいっそう大きな或る何かが思われえないものよりも）「いっそう大きな思われうる或る何かが aliquid maius cogitari posse ものの内か、知性の内にか vel in re vel in intellectu」誰かによって与えられるならば、それでよいのだから。(9) 三つの批判を纏めてみると、第一は、事実としてすべての人に自明ではないこと、第二は、名前がものに届いていることの理由が示されていないこと、第三は、神の存在を否定する人からすれば、それよりいっそう大きなものが思われえなくなった途端に、さらに大きなものが見出される場合があるということである。

第四節　『神学大全』

最後に、『神学大全』「第一部第二問題」と「第三問題」(*Summa Theologiae*, I, qu. 2 & qu. 3) について調べてみよう。アンセルムスの証明に対するトマスの批判はここにおいても第一に、神が存在することの自明性に係わる。アンセルムスの証明は「神という名前が意味表示することを知解することによってただちに神が存在すると受け取られる intellecto quid significet hoc nomen Deus, statim habetur quod Deus est」ということに基礎を求めている。[10] しかし、神の存在することは「事柄そのものに応じては secundum se」自明的であるが、「我々に関してはquoad nos」自明的ではない。それゆえ、「当の命題を構成する主語と述語の何であるかについて無知である人々にとって apud illos qui praedicatum et subiectum propositionos ignorant」、自明的ではない。[11] 議論が先に進んで（「第三問題第四項」において）神の存在することが論証され、神の何であるかが「神はそのあることである Deus est suum esse」と判明するまでは、「我々にとって」自明的にはならない。したがって、アンセルムスの証明からは「名前によって意味表示されている当のことを知解することが、ものの自然本性の内にある in rerum natura ということは帰結しない」。そうではなく帰結することは「知性の内に当のことが把捉されている in apprehensione intellectus」ということだけである。[12]

このことは次のことを意味しているのであろうか。神において本質と存在とが同じであるということが論証されているとしたのならば、アンセルムスの証明を通して神が「ものの内にある quod sit in re」ということが帰結する、と。しかし、次のようにも述べられている。「もし、それよりいっそう大きな何かが思われえない或る何かが、ものの内にあるということが与えられるのでないとしたならば、それがものの内にあるということは明らかにされえもしない」[13]。ここでのアンセルムス批判は、何かが「ものの内にあること esse in re」は、その何かが「ものの内にあること」によってしか示されえない、という点にあるように思われる。このように考えてみるならば、神においてその本質が存在であるという点での「我々にとって」の自明性のなさと、「知性の内にあること」と「ものの内にあること」との区別が関連していることに思い至る。言い換えれば、神の場合には、本質と存在との同一性は、神の名前によって意味表示されることが「知性の内にあること」という点でも、「ものの内にあること」という点でも、同じく成立することを保証する。つまり、神の何であるかということが定まっているのならば、アンセルムスの証明は成立する。アンセルムスの証明が成立するためには、第一に、神があることについて論証が成立すると示すこと、第二に、神のあることを五つの途のようにア・ポステリオリに論証することと、そして第三に、何が神に属するのかを明らかにすること、これらが要求されるということになる[14]。論証可能性が見出され、神の存在がア・ポステリオリに証明され、神の何であるかが定まらないかぎり、ア・プリオリな証明は成立しない。この根底には「「何であるか」という問いは「あるかどうか」という問いの後に続く」という考え方があると言えよう[15]。

次にそのア・ポステリオリな証明について少し見ておこう。トマスは『神学大全』「第一巻第二問題第三項」において五つの神証明を行っている。すべてア・ポステリオリなものである。これらの証明は事柄として周知のところであるので、繰り返すことをせず、我々の論究にとって肝要な点だけを指摘しておこう。五つのうちの最初の二つは、運動の原因と作用因を遡行するものである。ともに感覚が証明の出発点になる。第三のものは、「可能的」なものから「必然的なもの」へと進む証明、第四のものは、「いっそう善い、いっそう真である、いっそう気高い」という序列を登って行くもの、第五は、ものが目的にしたがって配置されていることからその源へと進む。第三のものは、「我々が見出す Invenimus」ことを、第四のものは「見出される Invenitur」ことを、第五のものは「我々が見る Videmus」ことを出発点にもつ。これらの証明について、我々が着目しておかなければならないことは二点ある。第一は、「第四の途」に見られるように、真であること、善いこと、気高いことが比較級で記されていることである。このことは、もし神が最上級で語られる場合に、それよりも上がないことだけが示されるのではなく、それよりも下があることも同時に示されていなければならないことになる。つまり、同じ「第一巻」の「第四問題　神の完全性について」において示される「すべてのなかで最も完全なもの perfectissimum omnium」(16)、「第一一問題　神の唯一性について」において明らかにされる神が「第一にあるもの illud quod est primum」であり、「最も完全で自分によってある perfectissimum et per se」(17)とされる場合の最上級は、原級と比較級の上に立つ最上級でなければならない。このことが第四の途に関して我々が指摘しておかなければならないことである。そしてさらに付け加えなければならないのは、これらのことが、神の存在証明の後で示されているということである。この点では『反異教徒大全』についても同断である(18)。

我々が指摘したい第二の点は、カントの言う存在論的証明との関係から、第三の途に関することである。この証明を要約して言い直すと以下のようになるであろう。すべてが可能的なものならば、何も存在しないときがあることになる。もし、何も存在しないときがあったとしたならば、そこから何も生じないのであるから、いまも何も存在しないことになる。このことは明らかに偽である。ゆえに、ものの内には、必然的な或る何かが存在することになる。それも、無限遡行は不可能なのであるから、自分によって必然的な或る何かが存在することになる。「ゆえに、他のところから必然性の原因をもつのではなく、他のものの必然性の原因である、自分によって必然的である或る何かを措定することが必至である。これをすべての人は神と言う[19]」。

もう少し説明的に述べてみよう。可能的なものは〈存在することもしないこともある〉ということをトマスは時間に置き直す。つまり、可能的なものは過去に存在したとしても、いま存在しないことが可能である。ということは必然的なものは「常にある semper esse」ことになる。ところで常に存在するものも原因を要求する。その原因とは必然性の原因であって、〈あること〉の原因ではない。なぜならば、常にあるものにとって〈あること〉の原因は不要だからである。それゆえ、求められているのは必然性の原因である。ところで必然性をもったものだけがこれの原因たりうる。トマスはこの必然性という規定が他から与えられるという可能性を考えている（「すべて必然的なものはその原因を自分の必然性からもつか、他からもつか、もたないかのどれかである」）。しかし、必然的なものが「常にある」のならば、その「あること」つまり〈存在すること〉の原因を他に求めることはないであろう。必然的なものにとって、〈存在すること〉の必然性以外の必然性とはいったい何なのだろうか。トマスは明らかに〈存在すること〉以外の必然性を考えている。それを我々は（神の知性に刻み込まれている、あるいは、神の知性そのものである）論理的必然性と表現してよいかどうか、明確にすることができない。そこまでここで踏み込む典拠を我々はもっていない。しかしながら、「常にある」という存在の必然性と推論における論理的必然性とが統一されていると看做すことはできるであろう。論理的必然性が〈常にかくかくである〉ことを内容とするのならば、それは「常にある」ことと共にしか摑まえられえないからである。そしてこの「常にある」ことの「存在（ある）」は「存在し（あり）始める incipit esse」ことと、「存在（するもの）が何もなかった nihil fuit ens」こととも係わるのであるから、何らかの意味で〈がある〉とも通底していなければならない。この事態を「必然性」概念の根底には「である」ことと「がある」ことが一つとして見出されると表現できる。論理的必然性が、存在の必然性を支えにするのでなければこのことは成り立たない。これが第二番目に指摘しなければならないことである。

註

（1） *Super Sent.*, lib. 1 d. 3 q. 1 a. 2 co.

（2） *Super Sent.*, lib. 1 d. 3 q. 1 a. 2 arg. 4.

（3） « Ad quartum dicendum, quod ratio Anselmi ita intelligenda est. Postquam intelligimus Deum, non potest intelligi quod sit Deus, et possit cogitari non esse; sed tamen ex hoc non sequitur quod aliquis non possit negare vel cogitare, Deum non esse; potest enim cogitare nihil hujusmodi esse quo majus cogitari non possit ; et ideo ratio sua procedit ex hac suppositione, quod supponatur aliquid esse quo majus cogitari non potest », *Super Sent.*, lib. 1 d. 3 q. 1 a. 2 ad 4.

（4） *De Veritate*, q. 10 a. 12 tit.

（5） « Deus est id quo maius cogitari non potest, ut Anselmus dicit. Sed illud quod non potest cogitari non esse, est maius illo quod potest cogitari non esse. Ergo Deus non potest cogitari non esse », *De Veritate*, q. 10 a. 12 arg. 2.

（6） « Alii vero, ut Anselmus, opinantur quod Deum esse sit per se notum, in tantum quod nullus possit cogitare interius Deum non esse; quamvis hoc possit exterius proferre, et verba quibus profert interius cogitare », *De Veritate*, q. 10 a. 12 co.

（7） « Ad secundum dicendum, quod ratio illa procederet, si esset ex parte ipsius, quod non est per se notum; nunc autem quod potest cogitari non esse, est ex parte nostra, qui sumus deficientes ad cognoscendum ea quae sunt in se notissima. Unde hoc quod Deus potest cogitari non esse, non impedit quin etiam sit id quo maius cogitari non possit », *De Veritate*, q. 10 a. 12 ad 2.

（8） « Huiusmodi autem est hoc quod dicimus Deum esse. Nam nomine Dei intelligimus aliquid quo maius cogitari non potest. Hoc autem in intellectu formatur ab eo qui audit et intelligit nomen Dei: ut sic saltem in intellectu iam Deum esse oporteat. Nec potest in intellectu solum esse: nam quod in intellectu et re est, maius est eo quod in solo intellectu est; Deo autem nihil esse maius ipsa nominis ratio demonstrat. Unde restat quod Deum esse per se notum est, quasi ex ipsa significatione nominis manifestum », *Cont. Gen.*, lib. 1

cap. 10 n. 2.

（9） « Primo quidem, quia non omnibus notum est, etiam concedentibus Deum esse, quod Deus sit id quo maius cogitari non possit: cum multi antiquorum mundum istum dixerint Deum esse. Nec etiam ex interpretationibus huius nominis Deus, quas Damascenus ponit, aliquid huiusmodi intelligi datur. Deinde quia, dato quod ab omnibus per hoc nomen Deus intelligatur aliquid quo maius cogitari non possit, non necesse erit aliquid esse quo maius cogitari non potest in rerum natura. Eodem enim modo necesse est poni rem, et nominis rationem. Ex hoc autem quod mente concipitur quod profertur hoc nomine Deus, non sequitur Deum esse nisi in intellectu », *Cont. Gen.*, lib. 1 cap. 11 n. 2.

（10） *Sum. Theo.*, I, q.2, a.1, ob.2.

（11） *Sum. Theo.*, I, q.2, a.1, Resp.

（12） « Nec potest argui quod sit in re, nisi daretur quod sit in re aliquid quo maijus cogitari non potest : quod non est datum a ponentibus Deum non esse », *Sum.Theo.*, I, q.2, a.1, Resp.

（13） « non tamen propter hoc sequitur quod intelligat id quod significatur per nomen, esse in rerum natura ; sed in apprehensione intellectus tantum. Nec potest argui quod sit in re, nisi daretur quod sit in re aliquid quo maijus cogitari non potest : quod non est datum a ponentibus Deum non esse », *Sum.Theo.*, I, q.2, a.1, Resp.

（14） 川添信介は一般向けかもしれないが、次のように書いている。トマスにおいては「神の本質と存在とが同じであるということ自体の認識は、神の観念を眺めることだけからは出てこないという点です。私の立場では、神の存在は世界、それも端的には我々の感覚に現れている世界を眺めることからしか証明できません。極端に言えば、哲学的には神は世界との関係においてしか認識できない」（川添信介「創造の理法――トマス・アクィナスとデカルト」『岩波新・哲学講座２　神と実在へのまなざし』岩波書店、一九九八年、一一一頁から一一二頁）。

（15） « quaestio *quid est*, sequitur ad quaestionem *an est* », *Sum.Theo.*, I, qu. 2, a. 2.

（16） *Sum.Theo.*, I, q. 4 a. 1 ad 3.

（17） *Sum.Theo.*, I, q. 11 a. 3 co.

（18） *Cont. Gen.*, lib. 1, cap. 28 n. 5, n. 6, n. 7, n. 8 において「神が最も完全である perfectissimus」とされている。

(19)　« Ergo necesse est ponere aliquid quod sit per se necessarium, non habens causam necessitatis aliunde, sed quod est causa necessitatis aliis : quod omnes dicunt Deum », *Sum.Theo.*, I, q. 2, a. 3.

第六章　アンセルムスの証明

我々は本書においてカントの言う「存在論的証明」に対する批判的観点を蓄積してきた。その上に立ってアンセルムス（Anselmus Cantuariensis, 1033-1109）によるア・プリオリな証明の広がりと深さを探索して行こう。そのア・プリオリな証明は『プロスロギオン *Proslogion*』（一〇七七年から七八年）の「第二章」から「第四章」にかけてなされている。この証明の意義を明らかにするために、『真理について *De Veritate*』（一〇八〇年から八六年）を参照しながら彼の真理観を探り、『グラマティクスについて *De Grammatico*』（一〇六〇年から六三年）を参照しながら彼の言語観を探ることにする。著作年代としてはこの両書は『プロスロギオン』の前後に位置する。この『プロスロギオン』の前後に執筆された二作品の読解を先立てることによって、我々はア・プリオリな証明の意義に近づくことができるであろう。前後から設計図を探った後で『モノロギオン *Monologion*』（一〇七五年から七六年）の神証明を検討する。しかる後に、プロスペクティブな（前進的な）視点の下に、『プロスロギオン』の神証明へと向かう。[1] このプロスペクティブな視点からの検討の重要性は次の点に存する。第一に、所謂「存在論的証明」としての形式的独立性のために、ア・ポステリオリな証明の次にア・プリオリな証明がなされるという順序の問題について従来あまり着目されてこなかったことである。第二に、アンセルムスの神証明の順序が、デカルトの『省察』における神証明の順序と同型性をもっていることの理由を解明することである。このように『モノロギオン』の神証明の次に『プロスロギオン』の神証明を検討することは「存在論的証明」と呼ばれるア・プリオリな証明の意義を明らかにする上で重要なことなのである。

第一節 『真理について』

「教師 magister」と「弟子 discipulus」との対話として展開されるこの作品の主題は「真理」であり、その目的は、真理の定義と真理がどのようなものかを明らかにすることに設定されている。ここではアンセルムスの真理論における最も肝心な点、つまり、「正しさ（正直）rectitudo」と「この上ない真理 summa veritas」という二つの概念に特徴づけられるアンセルムスの真理観を見て行く。(2) そのためにまずこの対話篇の概略について紹介しておく。

『モノロギオン』において提示された「真理 veritas」の規定をいっそう展開するようにと促されるという機縁の下に、この対話篇は始まる。その「第一章」の表題は「真理は始まりも終わりももたないこと *Quod veritas non habeat principium vel finem*」である。「第二章」で、「命題 enuntiatio vel oratio」について言われる二つの真理に関して述べられる。肯定命題の目的は「あるところのものをあると意味表示する significare」ことであり、「あるところのものをあると意味表示するときに、（命題）は意味表示すべきことを意味表示している」、つまり「正しく recte 意味表示している」。逆に言えば、命題が「正しく意味表示するときに意味表示は正しい」、したがって肯定命題が「あるところのものをあると意味表示するとき、意味表示は正しく」、かつ、そのときに「意味表示は真である」。とするならば、「正しい」ということと「真である」こと、「正しさ（正直）rectitudo」と

「真理」とは別ではないことになる（この rectitudo という語は、線などが真っ直ぐなことも、答えの正しさも、倫理的行為の正しさをも意味する）。これに対して否定命題、つまり、「ないところのものをないと意味表示する」命題についてはどうか。この場合にも命題はその意味表示しようとするところを、たとえそれが偽であれ、意味表示しているのである。つまり、偽なる命題であれ、真なる命題であれ、命題として成立している限り、それは無意味ではなく、何かを意味表示している。

そうすると「だがたしかに、ないところのものをあると表示する場合に、その命題を真とは言わないのが通常であるが、それでも、為すべきことを為しているのだから、真理と正しさを（その命題は）もっていることになる(3)」。それゆえ、「あるところのものをあると意味表示する場合には、為すべきことを二重に果たしていることになる。というのも、意味表示しており、意味表示を受け取り、それもそれが為されたことのための意味表示を受け取ったからである(4)」。既に見たように、命題がものの真理を表現するためには、二つの基準を満たしていなければならない。すなわち、命題が命題として成立しているという意味での真と、当の命題が、命題外的な一定の事態を射当てているという意味での真である。「真」に二通りがあるということになる。これを現代流に言えば、まったく同じではないにせよ、統語論上の規則に違反していず、しかも意味論の規則に従って検証される場合には、二重に真であることになる。この二つをアンセルムスは、「正しい意味表示」と、命題が「為さねばならぬことをしている」こととに分ける。命題が「正しく意味表示する recte significat」ことのなかには「ないときにあるとすること」つまり偽の場合も含まれる。そして命題が「為すべきことを為す facit quod debet」とは、「それを意味表示するために作られたそれを意味表示する significat ad quod significandum (oratio) facta est」ことである。このように二重に正しくなければ、通常の意味での判断の真には届かない。真理を「正しさ」として規定するところにアンセルムスの真理観の特徴が見出される。この「正しさ」が命題についてだけではなく「意見 opinio」（「第三章」）、「意志 voluntas」（「第四章」）についても言われる。意志についても「正しい」意志は「真なる」意志なのである。さらに「第五章」では「自然本性的行為と自然本性的ではない真理 actio naturalis et non naturalis veritas」について論じられる。

一つ飛ばして、「第七章」において、「この上ない真理 summa veritas」を通して「ものの本質の真理について *De veitate essentiae rerum*」論じられる。これまで「命題」、「意見」、「思い cogitatio」、「意志」、「行為 actio」（「感覚 sensus」を含むと言われる）などの真理について語られてきた。そこで「教師」は次のように問う。「さて、ここまで見回してきたこと以外に、真理がそこにおいて知解されねばならないというものが、最高真理以外にあるかどうか思い返してみなさい(5)」、と。「弟子」には「この上ない真理」というものがどのようなものかわからない。「教師」は次のように説明する。「君はいつか、あるいはどこかに、この上ない真理のうちにない或る何か、またある限り、そのあることを最高真理から受け取らなかったような或る何か、あるいは、そこ［この上ない真理］におけるそれとは他でありうるような或る何かがあると考えるのか(6)」。この問いを以下の三つの問いに展開することができる。①この上ない真理の内にあるのではない何か、②この上ない真理から、「ある限りの inquantum est」あることを受け取らなかった何か、③この上ない真理においてあるのとは異なってありうる何か、このどれかが、いつか、どこかにあるのか、という問いである。「教師」は説明しながら新しい段階へと進めている。「教師」による説明の部分をさらに説明すれば、あらゆるものがそこにおいてあり、あらゆるものがそこからあることを受け取る何か、そのような何かが最高真理と言われている。そして「教師」はその最高真理からいわば〈逸れて（逸脱して）〉あると言えるのか、と訊ねている。「弟子」はそのようなものはない、と答える。

さらに次の段階へと進む。「あるものは何であれ、それがそこに［つまり最高真理において］あるものであるかぎり、真にある vere est」ということが確認される。(7)「この上ない真理において」ということと、先の「この上ない真理におけるそれとは他でありうるような或るもの」はないということから、「あるものはすべて、それがこの上ない真理の内においてあるところのものと異ならないから、真にある」と結論される。

「この上ない真理」において、言い換えれば「この上ない真理」に与ることによってあると言われうるものが、「この上ない真理の内に」と他なる仕方であるのならば、そのものが真理であるとは言えなくなる。「この上ない真理の内に」と他ではない（別様ではない）ということが確認されているがゆえに、つまり、他であることの可能性が否定されているがゆえに、結論において「他ではない」ということが明示される。議論は「ありうる posse esse」から「あらねばならない debere esse」に至るという構造をもつ。この「あらねばならない」という表現はア・プリオリな神証明の核心をなす「ないことのありえない non posse non esse」という必然性の表現と同じことを示している。「正しくあること recte esse」は必然的にあることと同じである。以下、引用を重ねながら、到達地点を示すことにしよう。「したがって、真理はあるところのすべてのものどもの本質（あること）のうちにある。というのも、それらがこの上ないこの真理の内にあるところのものだからである」(8)。「だから、もし、すべてがそこに「この上ない真理の内に」あるということであるのならば、疑いもなくすべてはあらねばならないということである」(9)。「実にあるところの何であれ、あるのでなければならず、正しくある」(10)「したがって、あるところのすべては正しくある」(11)。要するに、あるすべてのものは「この上ない真理」の真理性に与ってはじめて真にある、すなわち、正しくある。それゆえに、あるすべてのものども「一つの」本質の内に真理はある。「真理」と「あること esse」は「この上ない真理の内」で分かたれないというように〈一つ〉であり、その「この上ない真理」に与ってはじめて、ものは真にあり、正しくある。ものの真理ともののあること（本質）が、意志について成り立ち、それゆえに意志についても真偽を問えるのである。このことに基づいて、「行為 actio」における「ねばならない」、つまり「正しさ」も成立する。「第八章」において「ねばならない debere」「必然」と「ねばならないわけではない non debere」「非必然」および「うる posse」「可能」と「えない non posse」「不可能」の知解について整理される。[12]「第九章」は必然と非必然が観点の異なりに生じて同じ行為について生じることが述べられ、しかし、意味表示の水準で見れば、「すべての行為が真なることか偽なることを意味表示することと *Quod omnis actio significet verum aut falsum*」が示される。[13]

「第一〇章」は「この上ない真理 De summa veritate」を主題的に論じ、以上のことがさらに明確に述べられる。つまり「この上ない真理が正しさ」であり、「この上ない真理が何かに負っている debeo［何かによって必然化されている］から正しさなのではない。というのも、すべてのものがこの上ない真理に対して負っており debent［この上ない真理がすべてのものを必然化し］、だが実に、この上ない真理はどれにもまったく負ってはいない」と言われる。[14]かくして「この上ない真理」は、他のすべての真理と正しさとの「第一原因 prima causa」であることが判明する。弟子の言葉であるが次のように言われる。「もの（ども）の実在の内 in rerum existentia にある真理はこの上ない真理の結果であるのだから、そのものの実在がまた思いに帰する真理と、命題の内にある真理との原因である」。[15]そして「もし、それの原因である［この上ない真理］が常にあるのでないとしたならば、命題の真理が常にあるということもありえない」。[16]『モノロギオン』が想起されて、このような仕方で「この上ない真理に始まり principium［原理］があったこと、あるいは終わり finis［目的］があるであろうこと、このことは不可能である」とされる。[17]

次の「第一一章」において「真理の定義 definitione veritatis」が提示される。真理は、既に「正しさ rectitudo」として規定されている。しかし、その「正しさ［真っ直ぐさ］」は「棒の真っ直ぐさ rectitudo virgae」というようなことではない。そのような「身体の視覚によって認知される visu corporeo cognosci potest」「物体の正しさ［真っ直ぐさ］」さえ「理性によって知解される ratione intelligitur」[18]。こうして真理の定義は以下のようになる。すなわち「真理とは精神だけが知覚可能な正しさである veritas est rectitudo mente sola pereceptibilis」[19]。この定義を歪めずに理解するために、トマス・アクィナスが『真理について De veritate』で述べていることを参考にしよう。その「第一問題第一項」においてトマスはアンセルムスの『真理について』における真理についての上記の定義を取り上げている。トマスはイスラエルのイサアク（Isaac Ben Salomon Israeli）の名前と共に「真理はものと知性との適合一致である Veritas est adaequatio rei et intellectus」という定義、アンセルムスの「真理は精神によって知覚可能な正しさである」という定義、アリストテレスの「あるところのものがあると、あるいは、ないところのものがないと言われる場合 cum dicitur esse quod est aout non esse quod non est」という表現を挙げている。そのアンセルムスの定義について、トマスは「というのも、当の正しさは或る特定の適合一致にしたがって言われるのだから rectitudo enim isata secundum adaequationem quandam dicitur」という付け加えをしている[20]。これに先立ってトマスはこの「第一項」の答弁部分において「すべての認知は諸認知内容の認知されているものへの相似を通して成し遂げられる[21]」と述べ、また、その次に「ゆえに、これ［存在 ens が知性と同じくなること］が真なるものが存在に付け加わること、つまりは、ものと知性の合致ないしは適合一致である[22]」、とも記している。トマスは「適合一致」の立場を確立した視点からアンセルムスの定義を取り上げている。そのために「正しさ」が「適合一致」によって制約される必要があったのではないのか。アンセルムスの言う「正しさ」は「この上ない真理」を原因とするものであった。その意味でもアンセルムスの真理観は、ものと知性との相同性に基づく所謂「対応説」とは異なり、「この上ない真理」という第一原因との垂直関係において構築されていると考えられる。アンセルムスにおいて真理の探究は精神によって遂行される「正しさ」の探求であり、経験的事実を要することなしに第一原因としての神に行き着くことによって終わる探求であった。

第二節　『グラマティクスについて』

『グラマティクスについて *De Grammatico*』という対話篇に関して何かを述べるためには、D・P・ヘンリーの三つの著作を参照することは必須であるとされている[23]。そして彼がこの対話篇を読み解く上で、ポーランドの数学者・哲学者・論理学者であるレジニエフスキー（Stanisław Leśniewski, 1886-1939）の存在論を使っていることも踏まえておかなければならない[24]。また、アンセルムスがこの書物を書く上で、伝統として受け継いだものには、D・P・ヘンリーによれば、アリストテレスの『範疇論 *Categoriae*』と『命題論 *De Interpretatione*』がある。さらに、ボエティウス（Boethius, 480-524 / 52）によるアリストテレスについての註釈、『範疇論』への入門書であるポリピィリオス（Porphyrios）の『イサゴーゲ *Isagoge* 』についての註釈も知っていたと言われる。その他のアリストテレスの『分析論前書 *Analytica Priora*』、『分析論後書 *Analytica Posteriora*』、『トピカ *Topica*』、『詭弁論論駁 *De Sophisticis Elenchis*』など、先の二書と共にいわゆるオルガノンと呼ばれるものについては、知らなかったとされる[25]。なぜこのようなことを述べておくのかというと、「アリストテレス著作集」のラテン訳が未だ公刊されていないアンセルムスの時代は、いわばアリストテレス哲学の継承における谷間のような時代と看做され、この時代には、論理学的な進歩は見出されないと考えられてきたからである。[26]そのような事情もあって、アンセルムスの『グラマティクスについて』という作品も顧みられることが少なかったが、D・P・ヘンリーによって、その論理学的、哲学的意義が明らかにされることになる。我々はこの対話篇を解釈することはできないが、D・P・ヘンリーを導きとして、課題である『プロスロギオン』における神証明の意義の解明に向かうための鍵をこの対話篇に探ることにする。

『グラマティクスについて *De Grammatico*』という表題をもつこの対話篇は論理学的問題を扱う。この作品の名前である《*De grammatico*》という表現を日本語に精確に翻訳することは不可能である。なぜならば、《grammaticus》というラテン語は《grammatica》から派生した語であるが、形容詞でも名詞でもあり、日本語で「文法的」あるいは「文法的知識をもった」ということと「文法家」あるいは「文法的知識をもった人」をも表す。《Grammaticus》という語がそのようにD・P・ヘンリーによれば「派生語 paronymy」であるがゆえの多義性をもち、これが実体を表すのか、性質を表すのかという問題が生じる。日本語ではこのような多義性は生じないかもしれない。それでは日本語では無意味な問題かというとそうではない。

やや精確さに欠けるかもしれないが、日本語を使って考えてみれば、次のようになるであろう。たとえば、ここに〈白いチョーク〉と〈赤いチョーク〉があるとする。今、私が「白いのを取ってくれ」と言えば、言われた人は〈白いチョーク〉を取ってくれる。とするならば、「白いのを取ってくれ」と私が言った場合の「白い」は色という性質だけを示しているのではなかったのである。一方、〈白いチョーク〉と〈白い鉛筆〉と〈白い机〉と〈白い花〉が目の前に置かれているとする。そのときに私が「白いのを取ってくれ」と言っても、誰もどれを取ってよいのかわからないだろう。このとき「白いのを取ってくれ」と私が言った「白い」は色という性質しか示してはいない。また、「白いのならば、あの小屋にいっぱいいるよ」と言われた場合に、この「白い」のがブタだか鳥だか猫だか犬だかわからない。このように「白い」は色という性質を示したり、「もの（事物）」という実体を示したりする。「人間」という言葉もそうである。「彼は人間ではない」というときの「人間」は人間性という一つの性質を示し、「人間を一人必要とする」という場合の「人間」は実体としての人間である。そのような問題がこの対話篇で問われていると思っておくとよいであろう。

このことは個々の言葉の用い方の規則を問うことに留まるような事柄ではない。『グラマティクスについて』の探求基盤にあるのは「論理的考察によって要求される文の形式と、日常の語らい usus loquendi によってもたらされ、しばしば誤解に導く印象との区別」の問題である。(27) アンセルムスにとっては「三位一体」について語る語り方と日常的な語り方とを区別しなければならなかったのである。(28) その区別は、P・リクール（P. Ricoer, 1913-2005）『活き活きした寓意 *Métaphore vive*』における「神学的言説 discours théologique」と「哲学的な言説 discours philosophique」との異なりだけの問題ではなく、両者と「日常的な言説 discours quotidien」との区別の問題である。(29) もっと平板な例を使えば、日常的に用いる「水」で示されるものを我々は飲むが、純粋な H^2O である科学的な「水」で示されるものを飲めば腹をこわすというようにである。現在では半ば故意に紊乱されているとしても、学問的に語るときの語り方と日常的に語るときの語り方は、同じようでありながら異なっている。それが『グラマティクスについて』における核心的な問題である。« Grammaticus » を論理学者は質と言い、文法学者は実体と言う。その矛盾的事態を両立的に捉え、しかも区別を明確にする。これが課題になる。

『グラマティクスについて』は次のような「弟子 discipulus」の質問から始まる。「グラマティクスは実体か質か、どちらなのかお教え下さい」。(30)「グラマティクスは実体か」という表現に奇妙さが感じられるかもしれない。

「文法（家）は実体であるか質であるか」と日本語で言った場合の奇妙さである。少し先走って、「ものについて de re」と「語について de voce」（本書では「語について」と「言われたことについて de dicto」との区別をつけない）の区別を取り入れながら、問いの場所を探ってみよう。これも精確な例にはならないが、たとえば、「月給取りは名詞か動詞か」と問われるならば、即座に「名詞である」と答えるだろう。また、「月給取りは人なのかブタなのか」と問われるのならば、やはり「人である」と答えるであろう。それに対して、「月給取りは名詞なのか鳥なのか」と問われると、何だか不思議な気分になる。「月給取りは名詞か動詞か」と問われる場合に、我々はこの問いが文法的な問いであることにただちに気づく。というのも、この場合に「月給取り」という語の文法的な役割が問われていることは明らかだからである。「月給取りは、自営業者か俸給生活者か」と問われた場合には、「月給取り」という語の文法的役割ではなく、その語によって指し示されている特定の社会的地位の社会全体における役割が問題になっている。このように、この二つの文の属する「話の宇宙、あるいは、全体集合 discourse of universe」が異なっていることを我々は了解していることになる。アンセルムスはこの区別を「ものについて」と「語について」の区別として示す。D・P・ヘンリーは、これを「もの中心的主張 thing-centred assertion」と「語中心的主張 word-centred assertion」と訳す。「対象言語 object-language」とそれを対象にする「メタ言語 metalanguage」の区別を念頭におくと理解が進むかもしれない。「月給取りは名詞か動詞か」というのは、したがって「語について」の問いであり、「月給取りは、自営業者か俸給生活者か」という問いは、「ものについて」の問いということになる。

しかしながら、「ものについて」と「語について」という区別を了解済みのこととして前提にしてしまえば、「実体なのか、質なのか」という先の問いが容易に答えられるのかというと、そうはならない。というのも「ものについて」と「語について」という区別そのものがどのようにして成り立つのかということが、ここで問われている当のことだからである。また、「語について」が文法的言説、「ものについて」が社会についての言説に、そのまま対応するということでもないからである。また、「グラマティクスは実体か質か」と問われる場合に、「グラマティクス」という語が名詞か形容詞かと問われているわけではない。たしかに、「グラマティクス」が「派生語 paronym」であることの文法的根拠はこの語が名詞的でも、形容詞的でもあるという点に、もっと精確に言えば、人を示す具体名詞でも、性質を示す抽象名詞でもあるという点に存する。しかし、より根本的な問題は、このような多義語を用いて事態について語るとはどのようなことであり、その際に顕わになる、言語と事態ないしものとの水準分けがどのようにして必要になり、そのことを通して我々が事態ないしものないし世界について精確に語ろうとする際に何を踏まえなければならないのかということを明らかにし、結局ところ、存在するものの存在構造を言語によってどのように把握するのか、ということを解明することである。

この意味で「実体か質か」という問いはきわめて根源的な問いなのである。「実体」と「質」は周知の如くアリストテレスのカテゴリー上の区別である。アリストテレスにおいて何が「ウーシアー」とされているかということにはさまざまな議論があるが、今はその点に立ち入らない。当面のところ個物と類を実体と看做しておいて、実体を除いたすべて、付帯性（偶性）も含めて質としておく。[31] アリストテレスの十のカテゴリーは、通常、大きく言って「実体」、「属性」、「様態」に分けられるが、ここでは実体とその他のカテゴリーという最も基本的な区分が問題になる。そのように捉えておいて、たとえば、長浜くんは実体であり、「長浜くんは真面目である」という「真面目さ」は質である。「人間」は実体であり、「人間性」は質である。このように考えてみると、実体であり、かつ質であるようなものはない。つまり、「グラマティクスは実体か質か」という問いは、連言（そして

／かつ）で結べば矛盾を生じる強選言的な問いだということになる。たとえば「そのチョークを取ってくれ」とは言っても「そのチョークの白さを取ってくれ」とは言わないように、我々にとって実体と質の区別は或る種の自明性をもっている。「あの人は誠実だ」と言うときに、我々は「誠実」が「あの人」の性質であって、「あの人」が「誠実」の性質ではないということを了解している。この了解がなければ果たして話が通じるかどうか疑問である。というのも主語・述語構造は基本的にはこの実体・質構造の上に成り立っているからである。「グラマティクスは実体か質か」という問いは、この根底的区別の境界線を問う問いであり、同時にそのことを通して、我々がその上に立っている世界了解の基本的な存在構造をいわば炙り出す問いでもある。

さて「グラマティクス」のような語をアンセルムスは「名詞に由来して言われる denominative dicuntur」語とする、あるいは「名詞由来語 nomen denominativum」とも言われる(32)。《Grammaticus》は《grammatica》（文法学）という名詞から派生した語である。この派生語が実体を示す語なのか、質を示す語なのか、ということが目下のところ問われていることである。先に述べたように、この問いは強選言的な問いでありながら、これを質とする者と実体とする者がいる。というのも、すべての《grammaticus》は人であるという点では、実体を示すと考えられるし、他方、《grammaticus》は《habens grammaticam》（文法をもつこと）を意味するという点では、質を示すと考えられるからである。どちらが正しいのか、と弟子は問うのである(33)。

この問いに対してアンセルムスが答えて行くその流れを細かく追うことをせずに、D・P・ヘンリーのまとめに従って、以下、重要な論点を四段階に絞って答までを辿ることにしよう。

（一）「グラマティクス grammaticus」が質を表示することの証明(34)

①「すべての人は文法なしに知解される(35)」。すなわち、「人」なしには「文法」は成立しないが、「文法」なし

に「人」を定義できる。また、「どんなグラマティクスも文法なしにはグラマティクスであると知解されえない[36]」ことから、「グラマティクス」が「文法」に依存し、逆ではないことが示される[37]。「グラマティクス」が「文法」に依存し、「文法」が「人」に依存する。

②「グラマティクスは、その一方で、人と文法を一つのものとして意味表示せず、文法を自分によって per se、人間を他によって per aliud 意味表示する[38]」。こうして「グラマティクス」が「自分によって」「文法」を意味表示する場合に、「グラマティクス」は質を意味表示し、他方、「グラマティクス」が「他によって」「人」を意味表示する場合に、「グラマティクス」は実体を意味表示していることがわかる。

(二)「グラマティクス」が「他によって」実体(人)を意味表示すると言われる場合の「他によって」とはどのようなことなのか。ここでの「自分によって per se」と「他によって per aliud」の区別は、〈厳密に・本来的に〉と〈間接的に・非本来的に〉という区別に近い。もっと、精確に言えば、(「グラマティクス」によって実体が指されるという場合のように)派生語における名辞の「間接的意味表示 oblique signification」はその名辞の対象に対する指示ということになる。アンセルムスはこの働きを« appellatio »と呼ぶ。我々はこれを「指示」と訳しておく[39]。そこでアンセルムスは次のように記している。「グラマティクスは人を指示する(人がそう呼ばれるものである)にもかかわらず、本来的には人の意味表示とは言われない[40]」。「グラマティクスは文法の意味表示であるが、しかし、文法を指示しない[41]」。つまり、「グラマティクス」は「自分によって」「文法」を意味表示し、「他によって」「人」を意味表示する。この場合の「他によって」「人」を意味表示するということを精確に言えば、「グラマティクス」は「人」を指示するということなのである。「グラマティクス」(文法的・文法家)が「自分によって」「文法」に依存し、「文法」は「他によって」「人」に依存する。これがここで「他によって」という言い方によって表現されている。

（三）（a）「グラマティクスは人である grammaticus est homo」と（b）「グラマティクスは文法である grammaticus est grammatica」との差異。

（a）も（b）も「通常の語り方 usus loquendi」ではない。[42]「通常の語り方」で言えるのは（c）「或る」「人間はグラマティクス（文法的・文法家）である homo est grammaticus」になる。それは「グラマティクス（文法的）な人は文法的・文法家である grammaticus homo est grammaticus」のことである。（a）と（b）は厳密に言えば異なるが、「通常の語り方」としては結局のところ（c）という同じ値をもつと考えてよい。そして、（b）は「通常の語り方」に適合しないにもかかわらず、「グラマティクス」が質を意味表示する以上は可能な表現でなければならない。とするならば、「通常の語り方」ではない語り方、「自分による」語り方が同じ水準においてではなく成立しなければならないことになる。

「自分による」という語り方が成立するような場における「ある est」と、（b）における「ある」とさらに「通常の語り方」で語られる「ある」、つまり、（c）における「ある」とは異なっているのでなければならない。この「ある」の次元の差異をD・P・ヘンリーは（b）の「ある」を「いっそう高い次元の「ある」higher-order « est »」、（c）の「ある」を「いっそう低い次元の「ある」lower-order « est »」と表現する。それはまた彼によれば「語について de voce」と「ものについて de re」との区別に対応し、また（b）のように名辞に関して「理論内的 intra-theoretical」であるか、（c）のように「理論外的 extra-theoretical」であり、対象と係わる、つまり、指示をもつか、という区別にも対応する。[43]（b）は一定の理論のうちにおける語の意味づけ関係を示し、（c）はその理論から外に出て対象との関係を示すことになる。また、「いっそう高い次元の「あること esse」」は、

「がある」ことではなく「何であるか」つまり定義を示していることになる。しかし、これは（b）と（c）のように「次元」を明確に区別した場合のことであり、（c）の場合に、つまり、「通常の語り方」において、（b）のことが含意されているからこそ、（c）における「グラマティクス」という語の意味表示が了解され、（c）の文が使用可能になる。たとえば（b）「〈白い〉は色である」そして（c）「あの壁は白い」とした場合に、（b）は〈白い〉という名辞が色の名前であることを意味表示し、しかし〈白い〉がどこかにあることを示しはしない。それに対して、（c）の「白い」は「壁」があってはじめて成り立つ「白い」であり、その意味で「存在前提 presupposition」に関与している。そして（c）が有意味な文として成り立つためには（b）が了解されていなければならない。だから、「グラマティクス」という名辞も、「いっそう高い次元の「あること esse」」と「いっそう低い次元の「あること esse」」、理論内的な面と理論外的な面の両面に、また、「語について」と「ものについて」の両方に関わっているのである。それゆえに「グラマティクス」は実体か質かという問題も生じたということになる。

（四）こうして「グラマティクスは質である grammaticus est qualitas」ということは、この「である est」が「意味表示 significatio」と解される場合は正しく、「グラマティクスは実体である grammaticus est substantia」はその「である」が「指示 appelatio」と解される場合に正しいということになる。[44][45]

以上、『グラマティクスについて』の概要をD・P・ヘンリーの整理を下敷きに辿ってきた。アンセルムスの精緻な議論、D・P・ヘンリーの解読のためのさまざまな思考装置を上手く掬い上げることは至難であるが、我々はアンセルムスの言語に関する思考から二つの重要な教えを引き出すことができる。その第一は「意味表示 significatio」と「指示 appelatio」の区別である。この区別は「である」ことと「がある」こととの相異をも含蓄し、いわば意味領域と指示領域の区別へと結びつくものであった。その意味領域は存在前提を含ませることなく「である」と語る領域である。それに対して、存在前提なしには「である・がある」を含む文が無意味になってしまうのが指示領域である。たとえば、「月がとっても青い」という場合に、月の実在が前提されてはじめてこの文は有意味になる。つまり、この文が真か偽かと問うことができる。しかし「美はまた善である」と言われる場合には、この世のどこにも「美しいもの」が実在しなくとも、この文を了解することは可能である。もっと精確に言えば、「美はまた善である」と述べられる場合に、「これ」つまり、特定の個物が美しくかつ善いことが示されていないとしても、了解可能ということである。言い換えれば「美」は何かを指示できる言葉であればよい、現実的に何らかの個物を指示している必要はないということである。この意味領域と指示領域の区別は、また、後のスコラ哲学において問題とされる「本質のあること esse essentiae」と「実在のあること esse existentiae」の区別に対応するであろう。

第二は、意味領域に狙いを定める語り方こそ、本来的で厳密な語り方、つまり、「自分による per se」語り方であり、指示領域に関わる語り方は「通常の語り方 usus loquendi」として厳密ではない語り方とされていたことである。ここから、世界についての精確な把握の形成、言い換えれば、世界についての言語的表現の仕組みが意味領域として構成されると考えられていることも理解されるであろう。世界についての把握は、アンセルムスの場合には「類、種、種差」という概念装置を中心にしてなされる。たとえば、「人間」という種は、類である動物と種差である理性によって「人間は理性的動物である Homo est animal rationale」と示される。アンセルムスからすれば、この「ある est」は「意味表示」の役割を果たしている。

これらの得られたことを、もう少し我々の方へと引きつけながら纏め直してみよう。絶えず流動する現実に、より少なくコミットする意味領域においてこそ世界についてのいっそう厳密な把握が可能であるということは、一見現実から飛翔して空中楼閣を築き上げることを促しているように見えるかもしれない。しかし、けっしてそうではない。現実に対する力をもたないような思想は、哲学の名に値しないということと、先に述べたこととは異なる。そもそも我々が言葉を用いるということは、流れ去り戻っては来ない現実を定着しようとすることである。言葉の意味が絶えず変わってしまうならば、それはもう言葉とは言えない。言葉によって世界を捉えるところにこそ世界の現実は成立する。そして世界を捉えるとは、一定の体系（システム）、あるいは、一定の概念図式を下敷きにしてなされる。そのようにしてこそ世界についてのいっそう厳密な、そして論争可能であるような把握、理解も可能になる。このような知的営みの成果である世界把握としての哲学が、現実世界に大きな力を与えるものか、そうではないのかということは世界把握が提示されるのでなければ検討されもしない。「ある」ということに二つの階層を認める。つまり、意味領域の「ある」と指示領域の「ある」。意味領域をなす「いっそう高い次元のある」が、指示領域をなす「いっそう低い次元のある」を意味として支える。「ある」ということの使い方がわかっているからこそ、現実世界のなかで指示されたものが「実在」するということの意味もわかるようになる。「白いものがある」の「ある」も「白さがある」の「ある」も同じく「ある」のであるが、「あり」方が異なる。一方は、理論内部的な存在を示し、もう一方は時空世界のなかの実在を示す。意味領域において、意味連関として世界を捉えるということは、それを基盤にして世界把握が展開される体系の核心を構築することである。その探求は「がある」を指示的に利用するのではない意味領域においてなされる。そこに形而上学も存立する。

第三節　『モノロギオン』

次に『モノロギオン *Monologion*』の神証明について検討することにしよう。ここでは経験的事実から出発するという意味でア・ポステリオリな三つの神証明がなされている。要点だけを切り抜けば、（一）さまざまな善いものがあるということから、（二）さまざまなものが存在することから、（三）価値の序列からという三つである。この著作の意図を「序文 Prologus」から引用しておくことにしよう。「神性の本質（あること）divinitatis essentia に関する省察について、また、この省察と係わりある諸問題について、私は数人の修道者と日常的な言葉で語り合ったことがあるが、それを自分たちの省察に供するために、一種の範例として記述して欲しいという要望が彼らからしばしば熱心に寄せられた[46]」。さらに、この省察を記述する場合の仕方として次のような条件が求められた、とアンセルムスは書いている。彼らは「どのようなことも聖書の権威 auctoritas scripturae にまったく頼らず、個々の研究を通して達した結論はどれも平易な文体、一般向きの立論、そして単純な討議によるもので、それは理由の必然性 rationis necessitas が簡潔に要求し、真理の明晰性が明らかに明示するものである限りで」と望み、「さらに彼らは単純でおよそ愚かしい反論でさえも無視しないで欲しいとした[47]」。この作品の目的は「神性の本質」つまり〈神の何であるか〉を明らかにすること、それも他の修道士たちが辿り直すことができるように、聖書の権威に依存せず、「理由 ratio」に従って論じて行くことである。もちろん、アウグスティヌスの『三位一体論 *De trinitate*』を基盤にしながら「三位一体論」を可能な限り論理的に解明することが狙われていることは言うまでもない[48]。

この書の「第一章」の表題は「存在するすべてのもののうちで最善で、最大で、最高のものが存在すること Quod sit quiddam optimum et maximum et summum omnium quae sunt」である。そしてそれが神と呼ばれる何かであるとされて神の存在証明がなされる。神と呼ばれている何かの「何であるか」を明らかにして行く作業である。しかし、アンセルムスはこの書で「神 Deus」という語を用いるのは、この「第一章」と最終章である「第八〇章」においてだけである。神の「何であるか」を問う、その問いの究明が神の存在証明に結実する。

第一の神証明は「第一章」と「第二章」においてなされる。その出発点は次のように示される。人は誰でも善いものを求める(49)。その善いと考えているものが人によって異なってもかまわない。「したがって、或る人が次のように沈黙のままに自分に語りかけるということが容易に生じる。つまり、善いものは無数にあり、それらは甚だしく別個であり、その別個性を、我々は身体的諸感覚によって経験し、精神の理性によって識別している、と。そういうわけで、或る一つのものがあって、それによって善いもののそれぞれが善い、と信じられねばならないのか、それとも他によってそれぞれが善い、と信じられねばならないのか」、ということになる(50)。このように「他によって per aliud 」あるのか、「自分によって per se」あるのかという問いを進めて行くならば、最後には「自分によって善いもの per se bonum」に到達することは必然である。この「それによって一切が善いものである当のそれは大きな善いもの magnum bonum である」。「この上なく善いものはまたこの上なく大きい summe magnum(51)」。したがって「或る何かは、最も大きく最も善い、すなわち、あるところのすべてのなかでこの上ない summum、ということは必然である(52)」。「他によって」と「自分によって」という分別を通して「最も善い」、「最も大きい」が「すべてのあるもののなかでこの上ない」もの、つまり、「この上なく善いもの summum bonum」に収斂する。「他によって」と「自分によって」という区別それ自身は程度とか、段階とは別の事柄である。しかしながら、我々は『グラマティクスについて』の検討を通して、指示領域において「他によって」あるものが意味領域における「自分によって」あるものに支えられて初めてその十全な意味表示を完成させるということを知った。「他によって」と「自分によって」という区別が上昇として捉えられるためには、いっそう高次の「あること esse」とそれによって「あること esse」とが、順序として存在の度合いをもつことを必要にしている。そしてまた『真理について』が「正しさ rectitude」を基礎に「この上ない真理 summa veritas」へと収斂して行く、言い換えれば、垂直関係としての真理論を提示していることも、存在の度合いの表現を裏打ちしている。

第二の証明は次の「第三章」において展開されている。ここで証明されるべきは「何であれ、あるものがそれによってあり、そのそれは自分によってあり、そして、あるところのすべてのなかでこの上ない、当のその或る本性があること」である[53]。その証明を以下の七つの段階に整理することができる。

(一)「あるものはすべて、或る何かによってあるか、あるいは、無によってある[54]」。

(二)「しかし、無は無によってある。というのも或る何かによってない或る何かがあるとは思われえないからである[55]」(傍点は引用者による)。

(三)「したがって、何であれあることは、或る何かによってあることなしにはない[56]」。この系列を辿って行くならば、

(四)こうして「それによって一切があるところのものは、一つであるのか、あるいは、多数であるのか」のいずれかということになる[57]。

(五)ここで四通りの選択肢の可能性が浮かび上がる。それによって一切があるところのものは、①一つであ

るか、②多数のそれが一つへと関係づけられているのか（この二つは、一つによってあることに帰着する）、③多数のものが個々に自分によってあるか、④多数のものが相互にそれ自身によってある、つまり、それぞれが他のものによってあるか、のいずれかである。ところで、②は一つによってあることに帰着する。③は一つのものによってある、というのと同じことになる。④は、たとえば或るものが別のものに存在を与え、同時にその別のものが先の或るものに存在を与えるということを示すが、このことは不条理である。

（六）「かくして、真理はそれによって一切があるそれが複数あるということを排除するのだから、あるところの一切が、それによってあるそれが一つであることは必然的である(58)」。

（七）その一つのものは、「この上なく善く、この上なく大きく、あるところのすべてのなかでこの上ないもの summe bonum et summe magnum, et summum omnium quae sunt」である。それは「本質（あること）、言うなら実体、言うなら本性と言われている sive essentia sive substantia sive natura dicatur(59)」。

「第三章」において提示される第二番目の証明は、このように「或る何かによってある est per aliquid」という問いが垂直に展開されることによって成し遂げられる。そのことは『真理について』で明らかにされることになる真理と存在と善との等根源性に支えられている。しかしその一方「最も大きい」、「この上ない」ということと「大きい」との間に、言い換えれば、比較級と最上級の間に超越が介在するとはされていない。それはあたかも意味領域において或る語の意味表示は語相互の意味関係によって決まり、その点で語は十全な意味表示が可能になるが、或る語が世界への指示関係を意味表示するためには意味領域における意味表示に支えられていなければならないのと同様である。別の言い方をすれば、「語について」が「ものについて」に先立ち、前者が後者に内容を与えるという関係において捉えられていることとも並行する。この思考の基本的構えを「プラトン的」と呼ぶことができるかもしれない。

『モノロギオン』における第三のア・ポステリオリな証明は次の「第四章」に提示される。それは「価値の段階 gradus dignitatis」への着目の下で遂行される。その道筋を簡便にのみ記しておく。
（一）たとえば馬は木よりも本性において「よりよく melior」、人間は馬よりも本性において「いっそう際立っている praestantior」。[60]（二）「したがって、それがいっそう下位に順序づけられるどのような本性もないというように、或るものの、ないしは或るものどものいっそう上位にある何らかの或る本性が必然的にある」。[61]
この証明は存在のよさに関する位階秩序を前提にしている。ここには「そのようなさまであり、「質的に」同じようであるものがただ一つあるのか、あるいは、複数あるのか」という問題が控えている。[62]「第三章」で得られたことに基づいて「自分によってあり、他の一切がそれによってある、それはすべての実在するもののなかでこの上ないものである」とされ、[63]「第三章」と同じ結論が繰り返される。

このようにして神の存在が証明されるとともに、神の何であるかが明らかになってくる。神はこの上なく善いもの、この上なく大きいもの、この上なきもの、この上ない価値のものである。この最上級は、結局、『真理について』の「この上ない真理」がそうであったように、それによって他のものがあり、その他の一切の原因であることを示す。ここでも「自分によって」と「他によって」という区別が存在と価値の上昇に適用されている。さて最後に、『モノロギオン』の最終章「第八〇章」において前章の結論である三位一体の真実が「思われ、それどころか躊躇うことなしに主張される。なぜならば、神と言われるそれは、無ではなく、あるからであり、そしてこのこの上ない本質にだけ神という名前は本来的に割り当てられているからである」とされる。[64]『モノロギオン』の到達地点をこのことが刻んでいる。すなわち、ア・ポステリオリな証明を通して神の何であるかを獲得することであり、それを礎に三位一体の真実を解き明かすことである。指示領域を構成する経験的世界の地図を完成させるためには意味領域において「自分によって」という仕方を用いて「神」という名前を書き込まなければならない。このように神の何であるかが定まり、そこから『プロスロギオン』の証明が始まる。神証明において、順序としてはア・ポステリオリな証明がア・プリオリな証明に先立っていなければならない。そうでなければ神の何であるかが定まらず、何を証明すべきか明確にならないからである。この事情を一般的に言うならば、「何であるか」が定まらなければ、「それがある」ことを証明することもできない。ということは「何であるか」を論究するべき場がなければならない。そして論究する場に何もなければ、論究は始まらない。「何であるか」を究明するにも究明されるべき「何かがある」のでなければならない。論究する場は意味領域であり、知解することによってその意味が確定する領域である。「語について de voce」の論究の場は意味確定の場であり、その意味確定によって「ものについて de re」の指示の可能な場が支えられる。そのように「語について」「意味表示 significatio」を確定する場における「ある」は「指示 appellatio」に適用される「ある」よりもいっそう高次の、あるいは、いっそう大きな「ある」になる。これらのことが明らかになれば、『プロスロギオン』におけるア・プリオリな証明を理解することも容易になるであろう。

第四節　『プロスロギオン』

『プロスロギオン *Proslogion*』は『モノロギオン』の書かれた次の年から、その次の年にかけて書かれたとされている。つまり、一〇七七年から一〇七八年である。「序文 Prooemium」にこの書物を執筆することになった意図が記されている。それによると『モノロギオン』の場合には「多くの立論の連鎖から構成されていた esse multorum concatenatione contextum argumentorum」が、『プロスロギオン』においては、「それだけで、なぜ神が真にあるのか、そしてなぜ神は他の何ものも要することのないこの上なく善いものであるのか、そしてなぜ一切が神によってあり、かつ、善くあるには神を要するのであるのか、さらに何であれ神的実体について我々が信じていることは何か、これらを付け加えるために、それだけで十分な一つの立論が、もしかして見出されうるのではないか、と私独りで探求し始めた[65]」。ここで求められているのは、神についての幾つかの立論を連結することによって得られる諸帰結が、たった一つの立論から得られる、そのような立論を見出すことである。だから、その「一つの立論 unum argumentum」はそれだけで完結しているのでなければならない。言い換えれば、他の立論で得られる帰結を前提にしない立論でなければならない。『プロスロギオン』で求められているのは、「神」の定義が知解されているならば、そこからだけで結論が得られるという意味で無前提な証明である。

「第二章」において神についての定義が提示される。「あなたは、何もそれよりいっそう大きいと思われえない或る何かであると、私たちは信じている credimus te esse aliquid quo nihil majus cogitari possit[66]」。「愚か者 insipiens」であれ、誰でも「この或る何かを知性の内にあると知解する quod intelligit in intellectu eius est[67]」。信仰をもたないものであれ、異教のものであれ、この定義で思われていることを知解する。「語について」の限りでこの思いの「意味表示」は知解されている。知解されているとは「知性の内にある」ということである。しかし、この意味表示内容が「ものについて」の「指示 appellatio」に成功しているかどうかわからない。思っていても、この意味表示を知解できないという人が現れたならば、『モノロギオン』に戻って「この上ない真理」、「この上なく大きいもの」などの思いが我々の「日常の語り方 usus loquendi」のなかでどのような位置を占めているか示せばよい。それでも先の意味表示が知解されないとしたならば、その人は「愚か者」でもない。たまたまそのように思っていないだけである。『プロスロギオン』におけるア・プリオリな証明の出発点には定義の意味表示が知解されていること、言い換えれば、言語的理解の得られていることがある。それは宗教を共にせず、時代も文化も異なっていても同じことである。もう少し砕いて言い直せば、「この上なく大きい」つまり「最大」ということが〈いっそう大きい〉ことの先に知解されているならば、この定義も知解されていることになる。さらに我々の形而上学に引きつけて言い直すならば、「無限」ということについて、アンセルムスの言葉を借りれば「正しく」知解されているということである。この局面での「正しく」ということを、我々の言葉にすれば、「順序正しく」思考を進めるということになる。

このように解釈してみるならば、アンセルムスの『プロスロギオン』における神証明の核心は「語について」から「ものについて」へと、同じことになるが意味領域から指示領域へと、D・P・ヘンリーの用語を借りれば、「いっそう高次の「ある」」から「いっそう低次の「ある」」へとどのように越境できるのかという点にあることがわかる。この越境の可能性は「いっそう大きい」ということが「知性の内にある」と「ものの内にもある」との間で成り立つことにかかっている。言い換えれば、或る思いについて、それの意味表示が知解されるだけであるよりも、それの意味表示が知解され、かつ、それの意味表示にしたがって指示までも知解される方が、いっそう大きいということである。「それよりもいっそう大きいものがない」という思いについて知解が成立するならば、「それよりもいっそう大きいものはない」という思いを超えて知解が成り立たないこともわかる。つまり、その思いを超えた思いはないということがわかるのである。「第二章」の最後に次のように言われる。「ゆえに、何もそれよりいっそう大きいと思われないことが当てはまる或る何かが、知性の内にも、ものの内にも実在する

existit ことに何の疑いもない」、と。[68]

「第三章」は「何もそれよりいっそう大きいと思われえないことが当てはまる或る何か」について「それはなおも、ないと思うことができないというように、真にある」ことを示す。[69]「ないと思うことができない non cogitari posse non esse」という否定の不可能性の表現は「あると思うことの必然性」を示している。「あると思うことの必然性」は「それよりいっそう大きいもの」という思いの内容が「知性の内にも、ものの内にも実在すること」の後に来ることによって、二つの「実在」を統括するという意味で「存在」の必然性に到達する。この必然的存在が「神」だとアンセルムスは言う。[70] 存在の必然性が存在に遅れて到達されるのはなぜなのか。それは存在と必然性とが一つの事ではないからである。存在から存在の必然性への移行は、意味領域から指示領域への越境とは異なる事である。存在の必然性に到達して何が異なるのか。存在の必然性への到達によって「神はある」という命題の必然性が獲得される。言い換えれば、この主語とこの述語との結合の必然性である。存在の必然性は、こうして結合の必然性をもたらす。結合の必然性とは主述関係をなすあらゆる文の強度としての論理的必然性である。「神はある」は知識の強度を測る秤になる。

さらに「第四章」では「愚か者は心のなかで思うことのできないことを言ったのはどのようにしてか」という問いの答が提示される。[71] 我々は『真理について』と『グラマティクスについて』を検討して、ア・プリオリな証明にとって基盤になる考え方を捉えた。その基盤に立つならば、ここでのアンセルムスの答えを容易に理解することができる。アンセルムスは次のように答える。すなわち、「というのも、ものを意味表示する語が思われる場合にものが思われる仕方と、ものであることそのことが知解される場合に思われる仕方とは異なるからである」、と。[72]「愚か者」は語の意味表示は知解していても、当の語がその意味表示をもったものをものとして指示することを知解していないのである。別の言い方をすれば、「愚か者」は「語について」という水準に留まり、「ものについて」という水準には到達していないのである。これに到達するためには意味表示領域における「ある」が指示領域における「ある」よりもいっそう大きいということを知らなければならない。

このように『プロスロギオン』「第四章」に示されていることは、必然的存在という概念に依拠した新たな証明ではなく、既に証明されたことに対する反論への予めの答弁である。この答弁の整理は、『真理について』と『グラマティクスについて』という二つの対話篇において見出されると考えられる。しかし、この証明に対する反論は真理と言語の問題に留まらず、必然性という概念そのものに向かう。その場が以下に続くガウニロの反論であり、アンセルムスによるそれへの答弁である。『プロスロギオン』における「一つの立論」の予想される反論に答えることは、真理（『真理について』）と、言語（『グラマティクスについて』）と、論理（「ガウニロへの答弁」）の基礎設定を明確にすることである(73)。さて、この順序は我々に何を教えているのか。我々の主題に即してプロスペクティブな順序で辿り直すならば、次のようになる。

第一に、言語論の基礎設定が見定められた（『グラマティクスについて』）上で、第二に、経験的事実のあることを前提にするという意味でア・ポステリオリな三つの神証明（『モノロギオン』）がなされ、第三に、三つの証明が一つになるア・プリオリな神証明（『プロスロギオン』）がなされ、第四に、必然性の内実（『プロスロギオン』）が究明され、第五に、言語的な営みだけではなく、行為についても、真であることの源泉が明らかにされる（『真理について』）。この順序をもう少し内容に即して展開するならば、以下のようになる。「日常的語り方」を用いる経験的世界についての記述を足場に「指示」領域から「意味表示」の領域へと上昇し、「この上ない」という存在と真理と善とを一つにする場所に到達する。そこにおいても真偽が問われる場合、つまり、主語と述語の結合の揺るぎなさが、「この上ない」ものの存在の必然性に基づいて、結合の必然性として見出される。その論理的基礎の上に立って先の上昇過程が整理されるときに「語について」から「ものについて」への、「知性の内」から「知性の外」への越境の根拠が「あること」の度合いとして結実し、「語について」と「ものについて」という異なりを貫く真理の基準として「精神によって知覚された正しさ」が示される。以上はまた、ア・プリオリな証明は、何らかのものが実在することを前提にしないという意味で無前提な証明であるが、経験されている事柄の言語的表出を先立てて、「いっそう大きい」ということを求めなければ証明にならないことを示している(74)。

カントはアンセルムスの証明を名指して「存在論的証明」と呼んだわけではない。彼が狙ったのはデカルト『省察』の「第五省察」における証明である。カントには、なぜデカルトが「第三省察」で二つのア・ポステリオリな証明を先立てたのか、その意義が不明であったろう。なぜならば、カントによれば「宇宙論的証明」と「自然神学的証明」の根底に「存在論的証明」が位置するからである。先に見たようにアンセルムスにおいてもア・ポステリオリな証明の後にア・プリオリな証明が置かれている。なぜ、アンセルムスとデカルトはこの順序を採用したのか。それは両者に共通する考え方があったからであろう。「神」の何であるかが定まらなければ、ア・プリオリな証明はできないとする考え方である。「神」の何であるかを定めるとは我々の知識の枠組みのなかで、「それよりもいっそう大きいものはない」という知の位置を明確にすることである。デカルトの場合であるのならば、「無限」についてすっかりわかることがなくても(包括的把握が不可能 incomprehensibilis であっても)、「いっそう大きい」という程度を超えて「無限」(この上ない存在 ens summum)が設定されることを「知解する intelligere」のでなければ、知識の真理性、行為の善性、存在の根源性について、理由をもって論じることはできない。アンセルムスの場合にも、繰り返しになるが、『プロスロギオン』を考察する前に、『真理論』、『グラマティクスについて』、『モノロギオン』を考察してわかったことは、『プロスロギオン』の証明が、真理と善とが一つになる「正しさ」が真理の基準とされ、「意味表示」と「指示」を区別し前者が後者の制約になる言語論が設定され、経験的事実から「自分によって」あるものへの到達可能性が確保されることが基盤になっているということであった。どのような証明であれ、知識と論理（言語）を基礎設定にしなければ成り立たないのは自明である。言い換えれば、ア・プリオリな証明があらゆる点で無前提な証明ではないということである。そうではなく、経験的事実の実在が何も確認されていないとしても、主語概念の内容から当該主語によって表現されている何かが実在することを帰結できる、これがア・プリオリな証明であり、カントの言う「存在論的証明」である。カントにとってみれば、感性的直観が与えられていないのに概念を形成してしまえば誤謬になる。彼は『純粋理性批判』第二版の「序論」に次のように書いている。「私たちの認識はすべて経験とともにはじまる。この点については、まったく疑いの余地はない。というのも、もし対象によるのでなければ、認識能力はいったいなにによって呼びさまされ、活動するようになるというのだろうか」。それとともに、同じ箇所で、カントは「私たちの認識がすべて経験とともに開始されるからといって、認識はそれゆえにことごとく経験から生じるというわけではない」とも書く(75)。しかし、このカントの言う「ア・プリオリな認識」は経験を形式的に制約するとしても、「いっそう」という程度とは無縁であろう。ア・ポステリオリな認識（経験）を上昇すれば、ア・プリオリな認識に至るというのでもない。結局のところ、カント的なア・プリオリな認識は、真と善と存在が一つである根拠にはならない。カントはここで、認識は必ずしも経験から生じるわけではないとも書いていた。言ってみれば、アリストテレス的な「能動知性」が仄めかされているわけだが、それに積極的役割が与えられているわけではない(76)。

アンセルムスとデカルトからすれば、ものの実在が前提になる経験に依存することなしに、知解されるべき内実を獲得できるたった一つの例外がある。アンセルムスにとっては「それよりもいっそう大きいものはない或る何か」であり、デカルトにとっては「無限」である。その例外を定めておかなければ知識はぐらぐらになる、つまりは相対主義の侵入を許すことになる。カントは感性的直観の向こう側に実在するはずもない「もの自体 Ding an sich」という想定を残してしまった。この質料でしかない「もの自体」に真理と善と存在を統括する場を委ねることはできない。結局のところカントは相対主義の泥沼に陥ることを、我々に許してしまったのである。カントは「もの自体」という迷妄を残し、感性的直観なしには概念の成立を認めなかった。いや、感性的直観なしの概念を純粋理性の「弁証論的仮象 transzendental Schein」と看做した。彼にとって直観なき概念は空虚であり、概念なき直観は盲目であった。しかし、本書のなかで我々が辿ってきた道程を振り返るのならば、概念なき直観とは、言語表現にはならないということを示している。言語表現との関わりなしには外的ものについての「認知」も「知覚」も成り立たない。カントは、結局のところ、経験的認識説、つまり、「感覚に前もってなかった何ものも知性の内にはない」という立場をいささかも越えることができなかったのではないのか。「超越論的弁証論」において、我々の思索領域（意味領域）を認識の基本的制約として捉えることができなかったのではないのか。カントのこの立場はもう一つの欠損を生み出す。「能動知性」、要するに、知性の創造性の消去である。「この上ないもの」つまり「無限」という知性的表現と、知性の創造性とを見失ったことが、現代社会を、世俗を金銭に還元する金融資本主義へと、泥沼の相対主義へと、情報操作で人心を惑わす情動主義へと、それゆえにいっそう力ある者の利己主義的支配へと社会を頽廃させることになったのである。(77)

註

（1） アンセルムスのテクストについては以下のものを使用する。S. Anselmi Cantuariensis Archiepiscopi, *Opera Omnia*, 2 toms, Ad fidem codicum recensuit Franciscus Salesius Schmit, Friedrich Frommann Verlag (Günter Holzboog), Stuttgart, 1984. 以下、このSchmitt 版から引用する。また、翻訳については古田暁訳『アンセルムス全集』聖文舎、一九八〇年を参照した。また、著作年代については、B. Davies and B. Leftow (eds.), *The Cambridge Companion to Anselm*, Cambridge University Press, 2004, p. xii によった。

（2） 古田暁訳の訳は「正直《せいちょく》」である（この訳語の採用理由については『アンセルムス全集』聖文舎、一九八〇年、二四九頁から二五〇頁を参照）。シュミットの訳は“Rechtheit”（dans Anselm von Canterbury, *De Veritate / Über die Wahrhait*, Lateinisch-deutsche Ausgabe von P. F. S. Schmitt, Friedrich Frommann Verlag (Günther Holzboog), 1966）である。

（3） « Vera quidem non solet dici cum significat esse quod non est ; veritatem tamen et rectitudinem habet, quia facit quod debet », *De Veritate*, c. 2, p. 179.

（4） « Sed cum significat esse quod est, dupliciter facit quod debet ; quoniam significat et quod accepit significare, et ad quod facta est », *ibid.*

（5） « Iam considera an praeter summam veritatem in aliqua re veritas sit intelligenda, exceptis iis quae supra conspecta sunt », *De Veritate*, c. 7, p. 185.

（6） « An putas aliquid esse aliquando aut alicubi, quod non sit in summa veritate, et quod inde non acceperit quod est, inquantum est, aut quod possit aliud esse, quam quod ibi est ? », *De veritate*, c. 7, p. 185.

（7） « Quidquid igitur est, vere est, inquantum est hoc quod ibi est», *ibid.*

（8） « Est igitur veritas in omnium quae sunt essentia, quia hoc sunt, quod in summa veritate sunt », *ibid.*

（9） « Si ergo omnia hoc sunt quod ibi sunt, sine dubio hoc sunt quod debent », *ibid.*

（10） « Quidquid vero est quod debet esse, recte est», *ibid.*

（11） « Igitur omne quod est, recte est », *ibid.*

（12） 行為は為す者と為される者という別個の観点から見られなければならない。「そういうわけで同じ行為が、別個の考察からすれば、あらねばならず、そして、あらねばならないわけではない、ということがしばしば起こりうるということを君もわかることになる」« Vides ergo saepissime posse contingere, ut eadem actio debeat esse et non debeat esse diversis considerationibus », *De Veritate*, cap. 8, p. 188.

（13） *De Veritate*, cap. 9, p.188.

（14） « summa veritas non ideo est rectitudo quia debet aliquid. Omnia enim illi debent, ipsa vero nulli quicquam debet », *De veritate*, cap. 10, p. 190.

（15） « D. …Ut cum veritas, quae est in rerum existentia, sit effectum summae veritatis, ista quoque causa est veritatis, quae cogitationis est, et ejus, quae est in propositione », *ibid.*

（16） « Quippe veritas orationis non semper posset esse, si eius causa non semper esset », *ibid.*

（17） « impossibile est principium summae veritatis fuisse aut finem futurum esse », *ibid.*

（18） *De Veritate*, cap. 11, p. 191.

（19） *ibid.*

（20） S. Thomas AQUINAS, *Quaestiones Disputatae, I. De Veritate*, Marietti, 1964 et Thomas d'Aquin, *Première Question disputée La Vérité, Texte latin de l'édition Léonine* / Introduction, traduction et notes par Christian BROUWER et Marc PEETERS, J.Vrin 2002 に拠っている

（21） « Omnis autem cognitio perficitur per assimilationem cognoscentis ad rem cognitam », Thomas Aquinas, *De Veritate*, art. 1, Responsio.

（22） « Hoc [*scil.* ut ens intellectui concordet] est ergo quod addit verum super ens, scilicet conformitatem sive adaequationem rei et intellectus», Thomas Aquinas, *De Veritate*, art. 1, Responsio.

（23） この三つの著作とは、D. P. Henry, *Commentary on "De Grammatico" – The Historical-Logical Dimensions of a Dialogue of St. Anselm's*, D. Reidel Publishing Company, 1974 と D. P. Henry, *The "De Grammatico" of St. Anselm – The Theory of Paronymy*, Notre Dame, 1964 と D. P. Henry, *Medieval Logic & Metaphysics*, Hutchinson University Library, London, 1972 である。以下、D. P. Henry(1974) のように標記し、これに引用、ないし、参照ページ数、ないし、(1974) の場合には、項番号を加えることにする。

これらの著作の重要性は、たとえば、M. M. Adams, Re-reading *De grammatico* or Anselm's introduction to Aristotle's *Categories*, in *Documenti e Studi sulla Tradizione Filosofica Medievale* XI, 2000, pp. 83-112 と J. Marenbon, Some Semantic Problems in Anselm's *De grammatico*, in *Latin Culture in the Eleventh Century*, ed., M. W. Herren, C. J. McDonough and R. G. Arthur, Turnhout, Brepls, 2002, II, pp. 73-86 という二つの論文、あるいは、古田暁訳『アンセルムス全集』聖文舎一九八〇年の解説（二〇三から二〇四頁）の冒頭を読むだけでもわかる。

（24）cf. D. P. Henry (1964), p.111 & p.122 : D. P. Henry (1972), p.3 : D. P Henry (1974), p. 2 & p. 7, etc.

（25）D. P. Henry (1972), pp. 4-5.

（26）「アンセルムスの後退 Anselmian regresses」D. P. Henry (1972), p. 56.

（27）D. P. Henry (1974), p. 11.

（28）D. P. Henry (1974), p. 13.

（29）P. Ricœr, *Métaphore vive*, Éditions du seuil, 1975, cf. VIIIe Étude, pp. 325, *sqq*.

（30）« [Grammaticus] utrum sit substantia an qualitas », *De Grammatico*, 1.000 / p. 145.

（31）「ウーシアー」については中畑正志「移植、接ぎ木、異種交配――「実体」の迷路へ」（村上勝三／東洋大学国際哲学研究センター編『越境する哲学――体系と方法を求めて』春風社、二〇一五年、二三二頁から二六六頁参照。

（32）これをD・P・ヘンリーは"paronym"と訳し、古田は「名詞由来語」と訳す。もちろん、アリストテレス『カテゴリー論（範疇論）』における「派生名的 παρώνυμος」に由来している。アリストテレス（中畑正志訳）『カテゴリー論』「第一章」には「『派生名的』と呼ばれるのは、他の何かからそれの名称に対応する呼称を、語形を変化させることによって得ているものである。「たとえば、読み書きのできる人 γραμματικός が読み書きの知識 γραμματική から、勇敢な人が勇敢さから、その名称を得ている場合がそうである」（『アリストテレス全集Ⅰ』岩波書店、二〇一三年、一二頁）。また、山本光雄訳『アリストテレス全集Ⅰ』岩波書店、一九七一年、三頁では「文法学 γραμματική から文法家 γραμματικός」という訳語が使われている。

（33）D. P. Henry (1974), 1.000 / *Opera Omnia*, t. I, p.145. この「派生語」についてのアリストテレス『カテゴリー論 *Categoriae*』、『命題論 *De Interpretatione*』以来の、とりわけ六世紀のボエティウス（Boethius, Ancius Mnlius Severinus）の著作がアンセルムスに与えた影響、あるいはプリスキアヌス（Priscianus Caesariensis、六世紀に活躍したラテン語の文法学者で『文法学教程

Insutitutiones Grammaticae』の著者）との関係については、D・P・ヘンリーによってさまざまな箇所で言及されている（たとえば、D. P. Henry (1964)IV, p. 79 *sqq*. : (1972)Part I, § 3 : (1974), § 1 など）。これの紹介は本書の範囲を越える。

（34） Th.7-Th.13, 3.101-4.602.

（35） Th.7 « Omnis homo potest intelligi sine grammatica », 3.102 / cap. II, p.146. これをD・P・ヘンリーは « Every man can be understood wothout literacy » と訳す（*e.g.* Henry-1964, p. 151）。

（36） 3.312.

（37） « Nullus grammaticus potest intelligi grammaticus sine grammatica », 3.312 / cap. IV, p. 148.

（38） Th.10 « Grammaticus vero non significat hominem et grammaticam ut unum, sed grammaticam per se et hominem per aliud significat », 4.232 / cap. XII, p. 157.

（39） D・P・ヘンリーはこれを « referring, calling » あるいは « referrence » と訳している（D. P. Henry (1974), *e.g.*, pp. 207 -208）。清水哲郎はそれぞれ「表示（sgnificatio）」「〈呼名〉（appellatio）」と訳している（「人声天語――初期中世における言語理解とアンセルムス」（哲学会編『ギリシャ・中世哲学研究の現在』有斐閣、一九九八年、一〇六頁から一〇七頁。

（40） « Et hoc nomen quamvis sit appellativum hominis, non tamen proprie dicitur eius significativum », 4.233 / cap. XII, p. 157.

（41） « et licet sit significativum grammaticae, non tamen est eius appellativum », 4.234/ *ibid.*

（42） 4.2341 / cap. XII, p. 157.

（43） Henry-1964, e.g., pp. 112-120 & pp. 136 *sqq*.

（44） 4.5122 / cap. XVI, p. 162.

（45） Cf. « Cum vero dicitur quia grammaticus est qualitas : non recte nisi secundum tractatum ARISTOTELIS *De categoriis* dicitur », *ibid.*

（46） « Quidam fratres saepe me studioseque precati sunt, ut quaedam, quae illis de meditanda divinitatis essentia et quibusdam aliis huius modi meditationi cohaerentibus usitato sermone colloquendo protuleram, sub quodam eis meditationis exemplo describerem », *Monologion*, t. I, p. 7.

（47） « quatenus auctoritate scripturae penitus nihil in ea persuaderetur, sed quidquid per singulas investigationes finis assereret, id ita esse plano stilo et vulgaribus argumentis simplicique disputatione et rationis necessitas breviter cogeret et veritatis claritas patenter ostenderet. Voluerunt etiam, ut nec simplicibus paeneque fatuis obiectionibus mihi occurrentibus obviare contemnerem », *ibid.*

(48) *Monologion,* Prologus, t. 1, p. 8.

(49) 「すべての人は善いと考えているものだけを享受したがる」« omnes frui solis iis appetant quae bona putant », *Monologion,* cap. I, t. I, p. 13.

(50) « Facile est igitur ut aliquis sic secum taccitus dicat : Cum tam innumerabilia bona sint, quorum tam multam diversitatem et sensibus corporeis experimur et ratione mentis discernimus : estne credendum esse unum aliquid, per quod unum sint bona quaecumque bona sunt, an sunt bona alia per aliud ? », *Monologion,* cap. I, t. I, p. 14.

(51) « illud ipsum, per quod cuncta sunt bona, esse magnum bonum » , ... « quod est summe bonum, est etiam summe magnum », *Monologion,* cap. I, t. I, p. 15.

(52) « necesse est aliquid esse maximum et optimum, id est summum omnium quae sunt », *Monologion,* cap. II, t. I, p. 15.

(53) « *Quod sit quaedam natura, per quam est, quidquid est, et quae per se est, et est summum omnium quae sunt* », *Monologion,* cap. III, t. I, p. 15, Title.

(54) « Omne namque quod est, aut est per aliquid aut per nihil », *Monologion,* cap. III, t. I, p. 15.

(55) « Sed nihil est per nihil. Non enim vel cogitari potest, ut sit aliquid non per aliquid », *Monologion,* cap. III, t. I, pp. 15-16.

(56) « Quidquid est igitur, non nisi per aliquid est », *Monologion,* cap. III, t. I, p. 16.

(57) « Quod cum ita sit, aut est unum aut plura, per quae sunt cuncta quae sunt », *ibid.*

(58) « Cum itaque veritas omnimodo excludat plura esse per quae cuncta sint, necesse est unum illud esse, per quod sunt cuncta que sunt », *ibid.*

(59) *Monologion,* cap. III, t. I, pp. 15-16.

(60) « Qui enim dubitat quod in natura sua ligno melior sit equus, et equo praestantior homo, is profecto non est dicendus homo », *Monologion,* cap. IV, t. I, p. 17.

(61) « Est igitur ex necessitate aliqua natura, quae sic est alcui vel aliquibus superior, ut nulla sit cui ordinetur inferior », *ibid.*

(62) « Haec vero natura quae talis est, aut sola est aut plures eiusmodi et aequales sunt », *ibid.*

(63) « Nam cum paulo ante ratio docuerit id quod per se est et per quod alia cuncta sunt, esse summum omnium existentium», *ibid.*

(64) « Videtur ergo, immo incuntanter asseritur, quia nec hihil est id quod dicitur deus, et huic soli summae essentiae proprie nomen dei assignatur », *Monologion,* cap. LXXX, t. I, p. 86.

(65) « coepi mecum quaerere, si forte posset inveniri unum argumentum, quod nullo alio ad se probandum quam se solo indigeret, et solum ad astruendum quia deus vere est, et quia est summum bonum nullo alio indigens, et quo omnia indigent ut sint et ut bene sint, et quaecumque de divina credimus substantis, sufficeret » *Proslogion*, Prooemium, t. I, p. 93.

(66) *Proslogion*, cap. II, t. I, p. 101.

(67) *ibid.*

(68) « Existit ergo procul dubio aliquid quo maius cogitari non valet, et in intellectu et in re », *Proslogion*, cap. II, t. I, p. 102.

(69) « Quod utique sic vere est, ut nec cogitari possit non esse », *Proslogion*, cap. III, t. I, p. 102.

(70) 「そして、これがあなた、主よ、我々の神である。主よ、私の神、あなたは、ないとは思うことができないように真にある」« Et hoc es tu, domine deus noster. Sic ergo vere es, domine deus meus, ut nec cogitari possis non esse », *Proslogion*, cap. III, t. I, p. 103.

(71) « *Quomodo insipiens dixit in corde, quod cogitari non potest* », *Proslogion*, cap. IV, t. I, p. 103, Title.

(72) « Aliter enim cogitatur res cum vox eam significans cogitatur, aliter cum id ipsum quod res est intelligitur », *Proslogion*, cap. IV, t. I, p. 103.

(73) 「これらに対して本書の作者は何を答えるのか Quid ad haec respondeat editor ipsius libelli」t. I, pp. 130-139.

(74) 『プロスロギオン』「第二章」から「第四章」にかけての立論については本書「第Ⅱ部」と「第Ⅲ部」で論究した以外にも沢山の解釈がある。ここでは論説できなかったが教示を受けた以下の二つの論文だけを挙げておく。清水哲郎「アンセルムスの存在論的証明と普遍問題」『途上』一五号、一九八五年、四七頁から六九頁。花井一典「神の存在論的証明への一考察」『東北哲学会年報』No.7、一九九一年、一頁から一五頁。

(75) « *Daß alle unsere Erkenntnis mit der Erfahrung anfange, daran ist gar kein Zweifel; denn wodurch sollte das Erkenntnisvermögen*

sonst zur Ausübung erweckt werden, geschähe es nicht durch Gegenstände, ... » « Wenn aber gleich alle unsere Erkenntnis mit der Erfahrung anhebt, so entspringt sie darum doch nihil eben alle aus der Erfahrung », I. Kant, *Kritik der reinen Vernunft*, B2. 邦訳はカント（熊野純彦訳）『純粋理性批判』作品社、二〇一二年による。

（76）「能動知性」と知性の創造性については、拙著『知の存在と創造性』「序論」、五頁から一六頁を参照。

（77）現代における哲学の役割と金融資本主義については、拙論「持続可能性と哲学の課題」、『エコ・フィロソフィ』研究第二号、二〇〇八年三月、一四三頁から一五六頁を参照。

第Ⅳ部　形而上学から道徳へ

――自我論的道程と宇宙論的見地の統合――

はじめに

哲学的立場はさまざまな表現をもっている。相対主義と絶対主義、一元論と多元論、一元論と二元論、唯物論と観念論、存在論と認識（知識）論、主観主義と客観主義など。これらのどの立場に立つにせよ、自らに対立する立場をどのように包摂するのかということに応えなければならない。我々が提起しているのは、方向としての絶対主義であり、「私」から「無限」へと超越することを通して、存在論と認識（知識）論、主観主義と客観主義にそれぞれの場を提供し、精神と身体が合して一つの主体になって行為の場を開く形而上学である。方向としての絶対主義とは、真理は一つであることの根拠とそれに向けての探求の多様性を保証するものである。「思うこと」がそのまま「あること」である比類なき「私」という存在の自己開披を通して、自らの超越を果たし、「無限」の位置測定を行う。そこに他としての存在の場が開かれる。この過程は、また、「知ることからあることへと向かい」、超越を経て、「あるものについてそれの何であるかを知る」という認知の場、すなわち、自然科学が探究される場を開く。

本書の第Ⅰ部において、我々は、デカルト形而上学の革新性が「知る」を始まりにするものでありながら、「存在」を論じる点に存することを見た。第Ⅱ部において、カントの所謂「神の存在論的証明」批判を基軸に据えながら、「無限」を論じる場合に、「必然的存在」の問題がどのように介入してくるのかを明らかにした。それとともに論理的「必然性」は、その故郷を存在の「必然性」にもち、それゆえに真理の相対主義を脱することができることも示された。第Ⅲ部において、ア・ポステリオリな証明が、ア・プリオリな（より先なるものからより後なるものへという）順序でなされる「存在論的証明」に先立つことの理由が明らかにされた。そこにまた「必然的存在」と「自己原因」とが、存在の度合いの頂点において合致することも見出される。しかし、このことが見出されるためには、意味領域を形成する「それ自身による per se」語り方が、指示領域をなす「通常の語り方 usus loquendi」を制約し、逆ではないという視点の下であることも見出された。以上はデカルト形而上学の刷新という観点から見出された成果である。我々は、この第Ⅳ部において、刷新されたデカルト形而上学の全体的筋道を提起する。

第一章　自我論的道程から超越を経て宇宙論的見地へ

第一節　経験主義的認識理論の転倒

「感覚の下にまずあったものでなければ、何も知性の内にあることはない Nihil est in intellectu quod non praefuerit sub sensu」(1)。この公式はアリストテレス的な認識理論として多くの人たちに認められてきた。この理論によれば我々は感覚器官を介して外的世界から情報を受け取る。このように知識の成立を説く理論を我々は、経験主義的認識理論と呼ぶ。デカルトは『省察』「第一省察」においてこの外界についての認識理論を「さあ、それでは我々が眠っていることにしよう(2)」という仮定によって疑い、この理論の基礎が薄弱であることを露わにした。現実世界の出来事を認知する際に、その確実性の基礎として自分の目覚めを差し出すことはできない。このことによって経験主義的認識理論の確実性が「目覚め」という事実を巻き込まざるをえないことがわかる。というのも、「目覚め」が感覚器官の或る種の働きの結果であるのならば、「目覚め」に確かさを与えるためには脳の働きについての研究が求められるからである。言い換えるならば、この経験主義的認識理論を確実であるとするためには、更なる基礎理論が必要になるということである。したがって、経験主義的認識理論を「第一哲学 prima philosophia」にすることはできない。デカルト『省察』の「第一省察」における疑いの道が示しているのはそれだけではない。疑いの道が次の段階に進むと、感覚から得られた情報の空間的配置に関しては、数学が確実性を提供するという仕組みがわかる。(3) さらに、経験主義的認識論の基礎の一部をなす数学的真理についても、その確実性の基礎に「私の起源の作者 author meae originis」への問いが含まれていることが判明する。ここに至って(4)、数学を「第一哲学」に設定することもできなくなる。(5) こうして最後に「しかしながら、私の精神に刻み込まれた或る古い意見があり、その意見によれば、すべてを為すことができ、私が実在しているように私を創造した神がある」とされるが、この「古い意見(6)」をも超える道が示される。以上のことは「第一哲学」を、経験主義的認識理論に求めることも、数学に求めることもできないことを示している。それとともに、この「第一哲学」が「私」を超えた「この上ない力能をもった神(7)」の探求として開かれることも明らかになる。その探求が仏訳の表題では『形而上学的諸省察 *Méditations métaphysiques*』と呼ばれる。デカルトは或る書簡で「私の形而上学 ma Métaphysique」に「第一哲学についての諸省察」という表題を与える理由を述べている。すなわち、「私が論じているのは特に神と心についてというのではけっしてなく、総じて哲学することによって認識されうる第一なることごとのすべてについてだから」、と。(8)

経験主義的認識理論についてデカルトは次のようにも述べる。「この六つの省察が私の物理学の基礎をすべて含んでいて」、「六つの省察を読むであろう人たちが、知らず知らずに私の原理に慣れて、それらがアリストテレスの原理を破壊していると気づく前に、私の原理が真であると熟知することを、私は望んでいるのです(9)」。ディネ師宛の書簡において「新しい哲学 nova philosophia」とされている「私の哲学 ma philosophia」と対比される「古くて俗衆の哲学 vetera & vulgaris Philosophia」は、また、「逍遙学派の哲学 Peripatetica Philosophia」でもある。(10) この新しい哲学が経験主義的認識理論と決定的に方向を異にすることは、たとえば、『掲貼文書への覚え書

Notae in programma』の次の表現に看て取ることもできる。すなわち、「思いによって形成されないどのような観念も感覚によって我々に表示されはしない」のだから「したがって、精神、言うなら思う能力に、本有的でなかった何ものも我々の観念の内にはない」[11]。経験主義的な認識理論の方向性を感覚から知性へと特徴づけることができるのに対して、デカルトはこれを逆転し知性から感覚へという方向性の下に知識の成立を示した。デカルトの「第一哲学」ないし「形而上学」は知性によって観念の理論として形成されることになる[12]。「形而上学」が観念論として展開されるということは、アリストテレス的認識理論を転倒させることに留まるわけではない。存在についての思考にも連携している。「存在論 ontologia」という言葉をデカルトは一度も用いたことがないと思われるが、上に見た転倒がデカルトの存在についての理論、つまりは存在論にも大きな改変を求めるものであることは容易に理解される。

第二節 「知ることからあることへ」

それではデカルト形而上学における存在論上の革新とは何か。この問いはきわめて大きな問いであり、答えるのに困難であると考えられるかもしれない。しかし、一度、哲学史的先入見を離れてデカルトの言葉を読み解けば、答は容易に見出される。彼は「第七答弁」において「知ることからあることへの結論づけは妥当である」と書いている[13]。また、「第一答弁」では「第三省察」における第一の神証明について、この「私の証明の力は」「他のさまざまな思いのなかに、この上なく完全な存在者の観念が私の内にあると気づく」という「この全体として見れば一つのことに依存している」と書く[14]。この一つのことを開けば二つになる。第一に、「何であるか quid sit」が「あるか an sit」に先立つということがある。デカルトは次のように書いている。すなわち、「真なる論理学の諸法則に基づいて、どのようなものについても、何であるかを予め知解することなしに、あるかと問うてはならない」と。[15] これの逆、すなわち、「あるか an sit」の後に「それが何であるか quid sit」を問うという見地を宇宙論的見地と呼ぶ。第二に、「無限 infinitum」と「包括的把握の不可能性 incomprehensibilitas」の問題がある。「包括的把握の不可能性」という捉え方の由来を求めるのならば、周知の通り一六三〇年四月のメルセンヌ宛書簡に戻る。

第一の点から考えて行こう。本章の冒頭に記したアリストテレス的な経験主義的認識説に依拠するならば、既に感覚されてしまっているのではないものをどのようにして知ることができるのであろうか。この場合に、人が対象にするものを認知する際の理論を使うことはできない。なぜならば、神による創造ということを除いて経験主義的認識説を採用すれば、感覚されない何かの「ある」ことを、認識理論を適用して説明することはできないからである。感覚されない何かについて我々が知らないならば、そのことは「思うことからあること」に向かって知識の成立を説くことができないということを示す。そのように考えれば、ブルダンの「知ることからあることへの結論づけは妥当ではない」[16]という反論は至極当然であると考えられる。[17] ブルダンの思考が、「あるもの」についてその何であるかを探究するという宇宙論的見地を基礎にしているからである。形而上学に「存在のかぎりで存在 ens inquantum ens」を問うという役割を割り振るならば、その形而上学は宇宙についての理説である物理学の後に位置することになる。なぜならば、予め「あるもの」が与えられているのでなければ、知識についての理論を構築することはできないからである。デカルトが自らの「形而上学」を「第一哲学」と重ね、なお且つアリストテレス的認識説を採用するのであるのならば、「ある」ものが「ある」のでなければ存在への探求も、真理への探究もはじまらないことになる。しかし、デカルトは思うのでなければあることもない比類なき存在である「私」を足場にして形而上学の確立に向かった。したがって、デカルトは宇宙論的見地とは異なる途を見出したのでなければならない。

それではデカルトが自分の原理を「知ることからあることへ a nosse ad esse」と示していることは何を意味しているのか。そもそも思うことからあることへと移行することなどできるのか。「思うこと」について短い注記をしてから、先に進むことにする。「第二省察」においてデカルトは「思うもの」を「疑い、知り、肯定し、否定し、意志し、意志すまいとし、また想像し、感覚する」ものへと展開している[18]。これをデカルトの用語法に従って「知性、意志、想像力、感覚」へと振り分けることができる。これらのなかで「知性」、つまり「知ること」は一つの特別な位置を占める。「感覚」の場合には、その働きを明晰判明に説明するためには身体についての記述を含めなければならない。「想像力」の働きに身体への依存性を認めるのか否か、その点については議論の余地があるのかもしれないが、今はその点を問わず、「私が判明に想像する」[19]場合に、「広がるもの res extensa」つまり空間が対象になっていること、および、想像力の使用が物体の実在を「蓋然的に probabiliter」証明することだけを指摘しておく[20]。そして「意志」は働きであり、それだけで内容をもつことはない。「意志はどんな限界によっても輪郭づけられていないと私は経験する」[21]。意志は知性の提供する内容に肯定ないし否定を与える働きであり、それ自体として取り上げて考察するならば、意志は内容をもつわけではない[22]。残っているのは知性だけである。「私は知性のみによって（諸）観念だけを知覚する」[23]。このように「知る」ことは判断を成立させる意志の働きとは異なる能動性をもつ。つまり、観念を知覚するという能動性である。我々がこの点に注記を施したのは次のことを明確にするためである。すなわち、デカルトが自分の原理を「知ることからあることへ」と述べるときのこの「知ること nosse」は知性の働きだということである。こうして「思うことからあることへ」と「知ることからあることへ」、この二つを総称して「知ること intelligere vel percipere（知解すること、ないし、知覚すること）からあることへ」と表現することができる。観念が知られていない場合の「知ること」には対象がない。つまり、「知ること」が働いていない。観念は知られることによって、観念として私の内にあることになる。知る働きを働きとして取り出すならば、知ることは知られるものの産出であることになる。言い換えるならば、知ることは知られて「ある」ということを産出する。その「ある」は、「私の外に実在する」ことに対して知ることとの上で先立つ。

もし、デカルトが、自分の形而上学の形成を「知ることからあること」へと展開したと考えているのならば、その展開の「始まり commencement」は『省察』の表現を使うならば、「私はあり、私は実在する ego sum, ego existo」[24]が提示されるその箇所に求められて当然である。我々が『省察』の途をデカルトと「共に真面目に省察する」場合に[25]、その思索の進行は次のようになる。すなわち、「実在措定」を伴う一切の事柄が確実性の根拠を失い、そのことが「思い cogitatio」という領域を浮き出させる。いま「実在措定」という言葉を用いたが、この点についても注意が必要である。この「実在 existence」が「第三省察」における「私の外に実在すること extra me existere」[26]を指しているのならば、この「始まり」において、「思い」によって「思われる」その「思い」を存在論的に純化して捉えようとするためには、この意味での「実在」という表現は不適切である。なぜならば、これも「第三省察」以降の課題になるが、観念が「私の内にある in me esse」[27]という存在様態との対比の下に、「私の外に実在する」という表現の意味が確定するからである。それゆえ、「第二省察」における「私はあり、私は実在する」が提示される場には、これらさまざまな存在様態が、いまだ判別されないという仕方で「不判明に

confuse」に胎蔵されていると看做すべきである。言い換えれば、「実在措定」という分かり易い表現を使ったとしても、その「実在」は概念として未だ不判明な表現であることを銘記しておかねばならないということである。

このことが示しているのは、「私はあり、私は実在する」という言明の開く地点が、いずれは「私の内にある」をも、「私の外に実在する」をも、そこから開き出されるような源泉でなければならないということである。一体このことは何を表しているのか。それは或る点では平明なことであり、何度も言われてきたことでもある。人が『方法序説』「第四部」の表現を使い「私は思う、ゆえに私はある je pense, donc je suis」と語り出し、また、『哲学の原理』「第一部第一〇項」の表現を用いて「私は思う、ゆえに私はある ego cogito, ergo sum」と語り出しているときに、デカルトの念頭におかれていること、それが「私はあり、私は実在する」で言われていることである。そしてアリストテレス的哲学との決定的な対立としてデカルトが提起した「知ることからあることへ」ということを、これら三つの表現に重ねてみるならば、我々は、「私」という点に限定されているにせよ、この三つの表現が「知ること」から「あること」への移行を示していることを理解する。「私」という点に限定されているからこそ「知ること」から「あること」への移行が可能になり、その移行が現実化したのである。「私」が何を思おうが思っているかぎり、思いの働きと分離不可能である「思われている思われ」はないのではなく「ある」。これがアリストテレス主義に対するデカルト的存在論の革新である。事態は平明である。要点だけを繰り返すならば、「私は思う」その「思い」は「思われ」として「ある」ということである。デカルトはこの「思い」が「思われ」である、その地点から「思われている」内容を精査することを通して、形而上学の構築へと向かう。この「私は思う」ということの発見から「第三省察」における第一の神の実在証明までの歩みを、我々は「自我論的道程 itinéraire égologique」と呼ぶ。この自我論的道程における確実性は、「私」が思うことを止めればあることも止める比類なき存在であることに支えられている。

第二の点は「無限」と「包括的把握の不可能性」という問題であった。神について「包括的把握ができない incompréhensible」という考え方は、一六三〇年四月一五日[29]、五月六日[30]、五月二七日[31]のメルセンヌ宛書簡に現れ、一六四一年一月二一日[32]のメルセンヌ宛書簡においてアウグスティヌスからの一節の引用によって、この考え方の継承が認められ、『省察』「第三省察」にも確認することができ[33]、また、『哲学の原理』「第一部第一九項」において再確認でき[34]、『ビュルマンとの対話』[35]にも見つけることができ、一六四九年のクレールスリエ宛書簡[36]にも現れる[37]。

神は「無限実体[38]」であり、その「無限」は知性によって捉えられる。それに対して、想像力は「無際限」なく[40]」、神を大きな人間のように想像するのは、「知性作用と想像作用との混同[41]」によっている。想像することによって我々は無際限な広がりに到達できるけれども、「それ以上大きいものがありうると知解することができる[42]」。言い換えれば、「概念する concevoir」範囲に比べると、想像する範囲はきわめて限られている[43]。そのように世界は「無際限に広がる何らかの諸空間」であり、これを「真に想像可能なもの、つまり、実象的なものであると我々は知覚する[44]」。想像力が広がりを構想して、その広がりが次から次へと連なり、想像力の行使可能な範囲を超えて溢れ出て、さらに大きくなって行く系列を知性は無際限と捉える。知性はまた、無際限を超えて神を「無限」と捉える。「神においては、どこから見てもどんな限界も我々は認識しないばかりでなく、また積極的に神は限界をもたないとも我々は知解する[45]」。我々は知性の働きによって神が無限であると知ることができるが、神は無限であるがゆえに、我々によって包括的に把握されることはない。言い換えれば、我々は無限をすっかりわかり終えることはない。神において「意志することと認識することは一つのことである」[46]。その神の意志を我々は窺い知ることはできない。だから、物理学の対象については、「目的」から取ってこられるような理由は役に立たない。というのも「神の目的を探索することができる、と私が考えるならば無謀以外の何ものでもないからである」[47]。物理学は自然現象を対象にするが、その対象を「目的」に応じて配置するならば、それは人間の傲慢に他ならない。

神は無限であると知解することはできるが、神について包括的に把握することはできない。自然現象を「目的因」から説明することが無駄であるのは、神においては知ることと一つである意志を、我々がて包括的に把握することは不可能だからである。有限である我々は神を無限だと知るがそれを包括的に把握できない。それは無限が有限を覆うからである。言い換えれば、実象性の段階において無限実体は有限実体を凌駕しているからである[48]。物体的なものを認識できるという意味で、精神は物体よりも「優越的なあり方」[49]をするが、無限実体と有限実体の関係についてはそうではない。存在においても認識においても「無限の知覚が有限の知覚に先立つから」である[50]。

註

（1） *E.g.*, Aristoleles, *De sensu et sensato*, c.6, 445b16-17 ; Thomas Aquinas, *Summa Theologiae*, pars I, q.84.a.6, a.7, qu.85.a.1 ; G. Ockham, *Opera Philosophica et theologica*, *Opera theologica*, t.I, 54-15, 67-21, 68-13 ; « il n'y a rien dans l'entendement qui n'ait premièrement été dans le sens », *Discours*, IV, AT. VI, 37 & « facile mihi persuadebam nullam plane me habere in intellectu, quam non prius habuissem in sensu. », *MM*, M6, AT. VII, 75.

（2） « Age ergo somniemus », *MM*, MI, AT.VII, 19.

（3） « atqui Arithmeticam, Geometriam, ... aliquid certi atque indubitati continere. », *MM*, MI, AT. VII, 20.

（4） *MM*, MI, AT.VII, 21.

（5） « Essent vero fortasse nonnulli qui tam potentem aliquem Deum mallent negare, quam res alias omnes credere esse incertas », *MM*, MI, AT. VII, 21.

（6） « Verumtamen infixa quaedam est meae menti vetus opinio, Deum esse qui potest omnia, & a quo talis, qualis existo, sum creatus », *MM*, MI, AT. VII, 21.

（7） « Supponam igitur non optimum Deum, fontem veritatis, sed genium aliquem malignum, eundemque summe potentem, et calidum, omnem suam industriam in eo posuissse, ut me falleret », *MM*, M1, AT. VII, 22.

（8） « car je ne traite point en particulier de Dieu & de l'Âme, mais en génénral de toutes les premières choses qu'on peut connaître en philosophant », à Mersenne, 11 novembre 1640, AT. III, 235 / GB, p. 1324 / Arm. t. I, 424.

（9） « ces six *Méditations* contiennent tous les fondements de ma Physique » …« et j'espère que ceux qui les liront, s'accoutumeront insensiblement à mes principes, et en reconnaîtront la vérité avant que de s'appercevoir qu' ils détruisent ceux d'Aristote », à Mersenne, 28 janvier 1641, AT. III, 297-298 / GB, 1394 / Arm. t.I, 449.

（10） それぞれ AT. VII, 578, 575, 576., *etc.*, AT. VII, 579 (Alquié, l'anncienne et commune philosophie /Verbeek, la philosophie ancienne et ordinaire), AT. VII, 580.01-02, 08-09, 580. 17-18, *etc.*.

（11） それぞれ、« nullarum rerum ideas, quales eas cogitatione formamus, nobis ab illis exhiberi », *Notae in programma*, AT. VIII-2, 358, Alquié, t. III, 808 : « au contraire qu'aucunes idées des choses ne nous sont représentées par eux telles que nous les formons par la pensée ; » et « Adeo ut nihil sit in nostris ideis, quod menti, sive cogitandi facultati, non fuerit innatum, solis iis circumstantiis exceptis, quae ad experientiam spectant », AT. VIII-2, 358 (Alquié, t. III, 808 : «en sorte qu'il n'y a rien dans nos idées qui ne soit naturel à l'esprit ou à faculté qui'il a de penser ; si seulement on excepte certaines circonstances qui n'appartiennent qu'à l'expérience » *Notae in programma*, AT. VIII-2, 358).

（12）「哲学」と「形而上学」と「第１哲学」の関係については、*MM*, Praefatio, AT. VII, 9 ; à Mersenne, 11 novembre 1640, AT. III, 235-239 ; la *Lettre-Préface* des *PP*, AT. IX-2, 14-16 ; cf. J.-L. Marion, *Sur le prisme métaphysique de Descartes*, PUF, 1986, pp. 9-50.

拙著『デカルト形而上学の成立』勁草書房、一九九〇年／（改訂第二版）講談社、二〇一二年、三四四頁以下を参照。

（13） « *A nosse ad esse valet consequentia* », *Resp*. VII, AT.VII, 520.

（14） « Ex hoc enim uno tota vis demonstrationis meae dependet », *Resp*. I, AT. VII, 107.

（15） « iuxta leges verae Logicae, de nulla unquam re quaeri debet *an sit*, nisi prius *quid sit* intelligatur », *Resp*. I, AT. VII, 107-108. メルセンヌ宛書簡には「神学者達は通常の論理学に従って、神については、あるかを問うよりも前に何であるかを問う」（*à Mersenne*, 31 décembre 1640, AT. III, 273 / GB, 1356 / Arm, t. 1, 439-440 : « j'ai lu des Théologiens qui, suivant la Logique ordinaire, *quaerunt prius de Deo* quid sit, *quam quaesiverint* an sit »）という文章が見出される。この箇所で、デカルトは「第一答弁」における juxta leges logicae meae という表現を juxta leges verae logicae に置き換えてくれと頼んでいる。「私の立論をトマスから取ってきた、と［カテルスが］私を批判している」箇所に対応する。ここについてアルモガトは「神があるかどうかを探求した後で」の「書き間違い un lapsus」ではないかと記している（Arm. 958, n. 7 : « ils cherchent de Dieu *ce qu'il est* avant d'avoir cherché *s'il est* ». « On peut se demander s'il n'y a pas un lapsus (au lieu de : *après avoir cherché*), comme le suggère F. Alquié, *Œuvres philosophiques de Desartes*, Paris, 1967, t.2, p.304 »）。それはまた、アルキエが指摘していたところである（« *Cherchent d'abord, de Dieu, ce qu'il est avant d'avoir cherché s'il est.* Nous nous demandons s'il n'y a pas ici une erreur de texte. Le sens devrait être en effet : cherchent de Dieu ce qui'il est après avoir cherché s'il est. Sinon on ne voit plus en quoi ce que Descartes appelle la *logique ordinaire* diffère de la *vraie logique*, puisque l'une et l'autre prescrivent le même ordre », Alquié, t.2, 304, n. 4）。アルキエは神についても、スコラ哲学においては「がある」から「何であるか」を問うという方向が正しいと考えているのであろう。アルキエの指摘も、アルモガトの指摘も正しいと考えられる。要するに、デカルトにとって「真なる論理学」ないし「私の論理学」は、神についても「あるかを問うよりも前に何であるかを問う」ことを求める。「知ることからあることへ」という問いの方向性に例外はないということである。

（16） « *A nosse ad esse non valet consequentia* », *Obj*. VII, AT.VII, 519-520.

（17） Cf. « quia quaestio *quid est*, sequitur ad quaestionem *an est* », Thomas Aquinas, *Summa theologiae*, p. I, qu. 2, art. 2.

（18） « Sed quid igitur sum? Res cotigans. Quid est hoc ? Nempe dubitans, intelligens, affirmans, negans, volens, nolens, imaginans quoque, & sentiens », *MM*, MII, AT. VII, 28.

(19) « distincte imaginor ... rei quantae extensionem », *MM*, MIII, AT. VII, 63.

(20) « probaliliter inde conjecio corpus existere », *MM*, MVI, AT. VII, 73.

(21) « nam sane nullis illam limitibus circumscribi experior », *MM*, MIV, AT. VII, 56.

(22) « [voluntas, sive arbitrii libertas] non tamen in se formaliter & praecise spectate, major videtur ; quia tantum in eo consistit, quod idem vel facere vel non facere ... » , *MM*, MIV, AT. VII, 57.

(23) « per solum intellectum percipio tantum ideas » , *MM*, MIV, AT. VII, 56.

(24) *MM*, MII, AT. VII, 25.

(25) « serio mecum meditari », *MM.* Praefatio, AT. VII, 9.

(26) « Sed alia quaedam adhuc via mihi occurrit ad inquirendum an res aqliquae, ex iis quarum ideae in me sunt, extra me existant », *MM.* MIII, AT. VII, 40.

(27) « illos ...cogitandi modos, ··· , quatenus cogitandi quidam modi tantum sunt, in me esse sum certus. », *MM.* MIII, AT. VII, 34-35.

(28) *DM.* IV, AT. VI, 33.

(29) *à Mersenne*, 15 avril 1630, AT. I, 144-146 / GB, 146-148 / Arm. t. I, 72-73.

(30) *à Mersenne*, 06 mai 1630, AT. I, 150.07 / GB, 150 / Arm. t. I, 75-76.

(31) *à Mersenne*, 27 mai 1630?, AT. I, 152.09-10 / GB, 152 / Arm. t. I, 76-77.

(32) *à Mersenne*, 21 janvier 1641, t. III, 284.04-12 / GB, 1380 / Arm. t. I, 444.

(33) *MM.* MIII, AT. VII, 46.18-2 & 52.02-06.

(34) *PP.* I, a. 19, AT. VIII-1, 12.12-16.

(35) *Entretien avec Burman*, AT. V, 154 : Beyssade, texte 15, 47-49.

(36) *à Clerselier*, 23 avril 1649, AT. V, 356 / Arm. t. II, 727.

(37) Cf. Jean-Marie Beyssade, Création des vérités éternelles et doute métaphysique, *Studia Cartesiana 2*, pp. 86-105, Quadratures, Amsterdam, 1981.= Jean-Marie Beyssade, *Descartes au fil de l'ordre*, PUF, 2001, pp. 107-132.

(38) « Dei nomine intelligo substantiam quandam infinitam, independentem, summe intelligentem, summe potentem, & a qua tum ego

ipse, tum aliud omne, si quid aliud extat, quodcumque extat, est creatum », *MM.* MIII, AT. VII, 45.11.

(39) « substantia non imaginatione, sed solo intellectu percipitur », *Resp.* V, AT. VII, 364.

(40) « il n'y a rien en Dieu qui soit imaginable », à Chanut, 1 janvier 1647, AT. IV, 607 / GB. (1 février 1647), 2388 / Arm. (1 février 1647), t. 2, 680.

(41) « confundis intellectionem cum imaginatione, fingisque nos Deum imaginari instar hominis alicujus permagni », *Resp.*V, AT. VII, 365.

(42) « quia non possumus imaginari extensionem tam magnam, quin intelligamus adhuc majorem esse posse », *PP.* I, art.26, AT. VIII-1, 15.

(43) « Et comme les bornes de notre imagination sont fort courtes & fort etroites, au lieu que notre esprit n'en a presque point, il y a peu de choses, même corporelles, que nous puissions imaginer, bien que nous soyons capables de les concevoir », *à Mersenne*, 8 juillet 1641, AT. III, 395 / GB. 1484 / Arm. 472-473.

(44) « Ubicunque enim fines illos esse fingamus, semper ultra ipsos aliqua spatia indefinite extensa non modo imaginamur, sed etiam vere imaginabilia, hoc est, realia esse percipimus », *PP.* II, art. 21, AT. VIII-1, 52.

(45) « quia in eo [*scil.* Deo] solo omni ex parte, non modo nullos limites agnoscimus, sed etiam positive nullos esse intelligimus », *PP.* I, art.27, AT. VIII-1, 15.

(46) « car en Dieu ce n'est qu'un de vouloir & de connaître », *à Mersenne*, 6 Mai 1630, AT. I, 149 / GB. 150 / Arm. t. I, 75.

(47) « non enim absque temeritate me puto posse investigare fines Dei. », *MM*, MIV, AT. VII, 55.

(48) « illa [scil. idea] per quam summum aliquem Deum, ...plus profecto realitatis objectivae in se habet, quam illae per quas finitae substantiae exhibentur », *MM.* MIII, AT. VII, 40.

(49) « aliqua creatura corpore nobilior, in qua [omnis realitas] contenentur eminenter », *MM.* MVI, AT. VII, 79.

(50) « priorem quodammodo in me esse perceptionem infiniti quam finiti », *MM.* MIII, AT. VII, 45.

第二章　宇宙論的見地と存在の度合い

第一節　「実在する」は述語であるのか。

次に、デカルト存在論の特質を浮き出させるために、デカルトが「第五省察」において行ったア・プリオリな神証明を取り上げ、この証明と「存在」との関わりを探ることにしよう。まず、この証明に対するガサンディ、ライプニッツ、カントの批判の要点を明らかにする。彼らの批判点を次の二点に絞ることができる。第一は、「存在する」、「実在する」が述語であるのか、つまり、この概念がものの性質を言い表す役割を果たすことができるのかという点である。第二は、「必然的実在」という概念によって論理的必然性だけではなく、存在に関わる必然性を表現できるのかという点である。アンセルムスが『プロスロギオン *Proslogion*』「第二章」から「第四章」に展開している神のア・プリオリな証明に対する批判が中世においてなされてきたにもかかわらず[1]、カントは「神」という概念から神の実在を帰結する証明を「存在論的（デカルト的）証明」と呼んだ[2]。このことが、カント哲学において「存在を存在として ens quantum ens」問うことがどのようにして可能なのかという課題に連なることを既に本書「第Ⅲ部第一章」において論じた。したがって、ここではそのことを問わず、デカルト形而上学における存在問題と「第五省察」のア・プリオリな証明との関連に集中する。そして、若干の繰り返しを含みながらも、存在論的証明への批判について幾つかの指摘を行うことを通して、このことへの批判がデカルト形而上学のどのようなことを、どのように浮かび上がらせるのか。これらの点を明らかにしよう。

ガサンディによるア・プリオリな神証明への批判の要点は『形而上学討究 *Disquisitio Metaphysica*』「第五省察」「第二懐疑 Dubitatio II」「再抗弁第一項 Instantia. Art. I」の標題に簡潔に示されている。そこには次のように記されている。「実在は特性ではなく、ものを規定するどのような類でもない」(3)。ここでガサンディは「特性」と「属性」を次のように規定している。「特性という言葉で、物理的な何らかのもので、知性的な操作に依存しないものを指示すること、それに対して属性という語は知性によって［ものに］帰属させられ、つまりは、知性による述語づけに依存する何らかの論理学的なものであることが知られている」と(4)。上に述べたように、デカルト形而上学の方向性が「知ることからあることへ」である限り、このガッサンディの批判は「第五省察」におけるア・プリオリな神証明への批判にはならない。それにもかかわらず、「ある」がものの述語ではないという批判はカントによって再提示される。カントは『神の現存在論証の唯一可能な証明根拠 *Der einzig mögliche Beweisgrund zu einer Demonstration des Daseins Gottes*』の「第一部第一考察第一節 Erste Abteilung, Erste Betrachtung, 1」の標題を「現存在は何らかのものののどんな述語ないし規定でも全くない」と掲げている(5)。そして周知のところであるが、『純粋理性批判』「超越論的弁証論 Die transzendentale Dialektik」において「あるは明らかに何ら実象的な述語ではない、つまり、何らかのものの概念に付け加わりうる或るものの概念ではない」と記している(6)。カントもここで「論理的述語」と「実象的述語」を区別し、「ある」は「実象的述語」ではないとしている。カントがこれらにおいて「あることSein」と「現存在Dasein」と「実在Existenz」をどのように区別しているのか定かではない。この点をさらに追及するならば、「もの自体Ding an sich」という概念を主題の一つに据えながらカントの超越論哲学の基本設定のなかで、彼が「実在する existieren」という概念の使用をどのように根拠づけるのかという問いに行き着くであろう。そしてその場合にカントによる「デカルトの証明」に対する批判は次のことを明らかにすることになる。すなわち、実は、カント哲学が経験的認識論の上に立った存在についての観方をしているということである。別言すれば、「超越論的統覚」という把握が存在問題への変更にまで浸透していなかったということである。しかし、我々の課題に迫ることにとってこの点への探求は必要ではない。ここでは「ある」が述語であるかどうかという問題が経験主義的認識説と深く連携していることを指摘するに留める。カント哲学もこの点で例外ではなく、『純粋理性批判』の認識理論においても対象による「触発 Affektion」なしには認識は成立しないのである。

それではデカルト形而上学において「実在 existentia」は「ものの述語」なのか。「第五省察」においてデカルトは次のように述べている。つまり、神は「この上なく完全な存在」であり、(7)「というのも、実在を欠いた神（この上ない完全性を欠いたこの上なく完全な存在）を思うことは私にとって自由ではないのだから(8)」と。神の観念において実在はこの上ない完全性、つまり、神の本質を構成する述語の一つであり、神の観念において「本質と実在は切り離しえない non posse separari」という不可分離性をもっている。(9)したがって、実在は神の述語であると言わなければならない。実在しない神を思うことの不可能性、すなわち、実在する神を思うことの必然性は論理的な必然性だけではなく、実在の必然性を巻き込むことになる。このことは「第五省察」では顕然化しないが、諸「答弁」を参照すれば明らかになる。しかし、その点について論じる前に、デカルト形而上学において（神ではない）被造的実体に帰せられる実在が当の実体の述語ではないことを確認しておく。ガサンディは先に見たように「実在」は「特性 proprietas」ではないとしていた。この「特性」は「ものの側から a parte rei」の規定を示している。それに対してガサンディは「属性」を知性によって帰せられる論理的なものと規定していた。デカルトが「第六省察」において行っている所謂「物体の実在証明」の特質として次のことを指摘できる。スピノザの『デカルトの『哲学の原理』』「第一部第二一定理」における物体の実在証明は、明証性の規則の直接的適用から結論を引き出す証明であった(10)。それに対して、デカルトのそれは「感覚的なものの観念を受け取り、認識する能力」が、物体的なものの実在を前提しなければ、「私は［その能力の］どんな使用もちえない」こと(11)、言い換えれば、「それらの観念が物体的なものから発してくると信じることの傾向性(12)」の保証の上に成り立つ。これら物体の実在と精神に関するデカルトの思考をまとめるならば、次のようになる。すなわち、先にも示したように精神には物体の広がりが「優越的に eminenter」含まれる」のだから、そして物体が認識能力をもっているとは考えられていないのだから、物体は精神に対する認識依存性をもつ。被造的実体の実在についての認識は、物体に対する精神の「認識する」という優越性のもとに、感覚を正しく用いることに依存する。精神も実体として世界のうちに実在すると解される場合には、身体を介してその実在は認識される。一言でまとめれば、実在は神の完全性の一つという意味で、神にとって「実象的述語、ものの述語」である。しかし、被造的実体についての実在は「ものの述語」、実体の属性を構成する完全性ではない。「実在する」がものの述語、すなわち当のもののものとしての規定性であるのは、無限である神の場合だけである。その実在に関する神の超越性が「必然的」実在と「自己原因」という表現で示される。デカルト形而上学において、問われるべきことは、実在が述語であるかどうかではなく、神についてだけ例外を認めるかどうかということである。このことが存在論的証明に対するもう一つの批判の検討からわかる。

第二節　「必然的実在」という概念

次に、カントが指摘した存在論的証明に対するもう一つの批判点を取り上げる。それは「最も実象的な存在という理念」(ens realissimum という概念) から「必然的存在」(ens necessarium) へと至り着くことの不可能性である(13)。この「最も実象的な存在」における最上級を「すべての実象性 omnitudo realitatis」という概念を使って理解し、これにカントの「凡通的規定の原則(14)」を適用するならば、「必然的存在」の実質をなす「最も実象的な存在」という概念が一個の概念として成り立たなくなるという批判である。カントのこの批判はライプニッツの次の批判と根を同じくしていると考えられる。以下、繰り返しになるが再述しておく。ライプニッツはデカルトの証明を次の三段論法として提起する。「神は最も完全な存在である。最も完全な存在の概念には実在が属する(実在は諸完全性のなかに入るのだから)。ゆえに、神は実在する」。これに対してライプニッツは次のように修正を提案する。「それの本質が実在である存在は必然的に実在する。神は、それの本質が実在である存在である。ゆえに神は必然的に実在する」。この論証に反対する者は小前提が証明されるべきだとするが、ライプニッツはそれを認めない。その理由は、次の定義が立てられるのならば小前提を証明する必要はないからである。「神の定義、つまり、それ自身からの存在であること、ないし、自分自身から、つまり、自分の本質から自分の実在をもつ存在であること」。問われるべきは「それの本質が実在である存在が矛盾を含んでいないかどうか」という点にある。「というのも、そういう存在が可能である、ないし、そういう概念あるいは観念が可能であるということをひとたび受け容れるのならば、それが実在すると帰結することを私は認めるからである(15)」。

このことから〈必然的存在が可能であるのならば、実在する〉とされる場合の、必然的存在の可能性とは思うことの可能性であることがわかる。なぜならば、事柄それ自身としてみるならば、上に述べられたように「自分からの存在Ens a se」は自分自身に可能性を与えるのであり、それゆえ、「デカルトによって証明されなければならないことは、そのような存在が概念されうるということ」[16]だからである。「実際の問題というのならば、必然的存在、あるいは、最も完全な存在の可能性が前提されていることを、私は認める」[17]。ここで注意しておかなければならないことの一つは、ライプニッツが「必然的存在」と「自分からの存在」を証明上の役割として区別していないということである。カントの批判とライプニッツの批判を簡潔にまとめ直してわかることは、（デカルトによる）神の実在の論証について批判されている点が次の二点だということである。第一は、最も完全な存在が矛盾を含まないかどうかということ、第二は、「もし、最も完全な存在が矛盾を含まないのであるのならば、実在が諸完全性の数の内に入るかどうか」ということ、この二点である。第二の点について、デカルト形而上学において神についてだけ実在は完全性であるとされていることを我々は示した。それでは、第一の点、「自分からの存在Ens a se」についてはどうであろうか。

「自分からの存在」というこの概念は周知の通り「第三省察」における第二の神証明において用いられる。この箇所への応答として「自己原因」という概念は「第一答弁」と「第四答弁」に現れる[18]。しかし、「自分からの存在」および「自己原因」という概念はア・プリオリな証明では使われない。このことが胚胎している問題を明るみに出すために、デカルトによってなされたア・プリオリな神証明のうち次の六カ所について通覧しよう。ア・プリオリな神証明は『方法序説』「第四部」と、「第五省察」と、「第二答弁」「諸根拠」「定理1」と、『哲学の原理』「第一部第一四項」、「第一答弁」[19]および「第二答弁」[20]において提起されている。しかし、それらにおいてデカルトは神を「必然的存在」と規定して、それを「証明の結び目 nervus probandi」にしているわけではない。『方法序説』では「私の存在よりもいっそう完全な或る存在の観念 l'idée d'un être plus parfait que le mien」から証明を進める。[21]「第五省察」では「この上なく完全な存在 ens summe perfectum」に基づいて証明がなされる。[22]『哲学の原理』「第一部第一四項」では神の観念に「必然的で永遠的な実在 existentia ... necessaria & aeterna」の見出されることが証明の鍵になる。[23]「第二答弁」「諸根拠」「定理一」では「神の概念に必然的実在が含まれる」ということが要におかれている。[24]「第一答弁」において組まれている三段論法の小前提には「ところで神が何であるかを、十分事細かに探求した後では、神の真にして不変の本性に、実在することが属するということを、我々は明晰判明に知解する」とされている。[25]「第二答弁」における証明の小前提は「ところで、神の本性には実在することが帰属するとされている」となっている。[26] 指摘すべきことは、これらア・プリオリな証明において「自分からの存在」という表現も、「必然的存在 ens necessarium」という表現も使われていないということである。[27]「第三省察」第二の神証明を出発点にする「自分からの存在」と「第五省察」のア・プリオリな神証明を出発点にする「必然的実在」とはあたかも別の二つの系列をなしているかのようであり、その結びつきが論じられていないように見える。カントとライプニッツの「必然的存在」に関わる批判はこの点を突いたものと解される。というのも、必然的に実在する「自分からの存在」が形而上学においてそれ以外の一切から区別された上で規定されているのならば、彼らの批判は成り立たないからである。逆に言えば、「自己原因」の内実が「必然的実在」であることを解き明かせば、二人の反論に答えることができる。そこにまたデカルト形而上学における存在問題の特徴も見出されることになる。

このことに着目ながら「第一答弁」と「第四答弁」の該当箇所の流れを見ることにする。「第一反論」において「第三省察」における第二の神証明に関してカテルスはトマスの文言を引用しながら、「私はどこからあるのかa quo essem?」という問いを「作用因の因果性」の問題と関連づける。[28]デカルトは次のように答える。「或る何かがそれ自身の作用因であることが不可能であると私は言わなかった」と。[29]その次にカテルスは因果性の問題に関連しつつ、「自分からの存在」という概念の二重の意味について問う。[30]デカルトはこれに対して「自分からの存在」という概念を「否定的に negative」にではなく「肯定的に positive」に解し、その実質を「広大で包括的把握不可能な力能」とであるとする。[31]これはまた「神の実象的な力能の広大さ」とも言われる。[32]ここで我々が留意しておかなければならないことは、第一に「我々がなぜあるのか、なぜあり続けるのかということの原因を求めていた」[33]とデカルトが述べていることであり、第二に、ここには「必然的実在」という表現は不在であり、デカルトがこの概念と「自分からの存在」という概念を連関させていないことである。

「必然的実在 existentia necessaria」という概念についてみるならば、同じ「第一答弁」における「第五省察」への批判に対する答えのなかにこの概念が現れる。「明晰判明に知解されるすべてのものの概念言うなら観念のうちには可能的実在が含まれるが、必然的実在が含まれるのは神の観念の内だけである」。この必然的実在は、「現実的実在が神の残りの属性と必然的にかつ常に結合している」[34]ことを示している。必然的実在が属性間の必然的かつ常なる結合によって示される。「必然的実在」によって論理的必然性を超えて、実在の必然性、つまり、実在しないことが不可能であるという存在の仕方が示される。しかし、ここでは「必然的実在」と「自己原因」という二つの概念は関連づけられていない。周知のように、「第四答弁」においてデカルトは、アルノーの言う「神が自分自身の作用因ではないということ」を認める。[35]「言われたように、実に結果を産出している間においてしか、原因という理拠をもたないということから、原因が時間的に先立つということは要請されないということは明らかである」[36]。作用因は、結果を生み出している間しか、原因という理拠をもたないのである。デカルトは次のように述べる。つまり、「或る何かが自分自身に実在を与えうるかどうかと問われる場合に、知解されるべきは、もし問われるとしたならば、或る何らかのものの本性、言うなら、本質が、実在するために作用因を要求しないようであるかどうか、ということ以外ではない」と[37]。実在の問題が本質への問いを組み込むことになる。かくしてデカルトの「自己原因」という概念をめぐって「類比への回帰」ないし「作用因との類比」が言われることになる[38]。我々はこの問題を「類比」という視点からではなく、「なぜ cur」という問いに着目して考える。

デカルトはこの箇所でさらに次のように続けている。「その本質がきわめて広大無辺であるそのものが、実在するために作用因を要求しないということは、自然の光から我々が知覚するところである」と[39]。そして次の三段論法を提起する。つまり、「本質という理拠からは作用因は問われないとしても、しかし実在の理拠からは問われうる。ところで神における本質は実在から区別されない、ゆえに神についても作用因が問われうる」と[40]。それゆえ神について作用因が問われているときに問われていることは実在と区別のつかない「ものの本質そのもの、言うなら、形相因」なのである[41]。証明の力は神における本質と実在との引き離しがたさにある。このことに光を当てるために「第二反論」に掲げられている三段論法と[42]、デカルトが掲げる三段論法を比較してみるならば[43]、次のことがわかる。すなわち、「第二反論」者が立てたとされている三段論法では「神の本性 natura Dei」から「神の本性」が帰結することになっているが、デカルトの三段論法によれば、明証性の規則は「当のものについて de ea re」の規則であり、「神の本性 natura Dei」を介して、「神について de Deo」結論が得られる。神の本性について問うことは神について問うことと同じであり、それは神について実在を問うことが神について本質を問うことと同じであることを示している。或るものについてその実在と本質を共に問う問いとはどのような問いなのか。それは「なぜ実在するのか cur existat」と問うことである。神について「なぜ実在するのか」と問うことは、神についてのみ本質を問う問いと同じ事にならなければならない。被造物について「なぜ実在するのか」と問うことは、「原因言うなら理由 causa sive ratio」を問う問いとして「何によってあるのか a quo esse ?」と問うことである。デカルトによれば、「なぜ実在するのか cur existat ということを問い求めることの許されない何も、ないしはその作用因へと探究することの許されない何も実在しない、ということは自然の光がまさしく教えることである」[44]。「何によってあるのか」という問いは理由（形相因）を伴って作用因を問う問いなのである。この「何によってあるのか」という問いの系列を締め括るのが「神はなぜ実在するのか」という問いである。

「自分から」という表現が無原因を示してはならないのは、「否定的に negative」解されたときに「なぜ実在するのか」という問いを遮断することになるからである。それでは、この「なぜ実在するのか」という問いはどのような問いなのであろうか。「第一答弁」において「第三省察」第二の証明に対する反論への答弁を締め括るにあたって、デカルトは次のように記す。「実在しないよりもむしろ実在するのはなぜか、ということのどんな理由も与えられないような、自分からあるということ esse a se を、我々は決して仮想しえないからである」。どんな理由も与えられなくなるのは、神について言われる「自分から」ということが、「原因からのように」と解釈されてしまうからである。神の「力能の卓越性」[45]のゆえにそのように解釈されてはならないのである。「自分から」ということが無原因を示すと解釈される場合に見失われるのは、神の「力能の卓越性」である。この「力能の卓越性」に「第三省察」から内容を与えれば、「自分から」神があるならば、「自分によって実在することの力」[46]をもつということになる。

神の実在は「実在」という言葉が用いられていても、本質と一つである実在として、被造物の実在を締め括る役割を果たしている。すなわち、神において本質と一つである実在とは被造物の実在を超えてそれの原因である実在、必然的実在である。もちろん「必然的実在」という表現は「自分からの存在」という問題系列では用いられていない。しかし、「神はなぜ実在するのか」という問いが被造物の実在を締め括る役割、言い換えれば、被造物の実在の度合いを超えて答を求める問いであることを理解するならば、神の実在が「必然的実在」という表現に帰着することも理解できる。この点を明らかにするために、『掲貼文書への覚え書』を参照しよう。参照するのは「神の実在を私が論証したすべての立論[47]」についてデカルトが述べている箇所である。「このために私が引き出したすべての論拠は二つに引き戻される[48]」。その第一の論拠は、神の観念をもち、その観念に着目すれば、そこに「必然的で現実的な実在」が含まれていることが明らかになる、ということである[49]。第二の論拠は、「神のうちに認識するすべての完全性を知解するための能力をもっている」ことの証明から取り出される[50]。第二の論拠は「第三省察」における神証明の帰結として得られる「神が私を創造する際に神の観念を私に植え付けたということも、もとより驚くことではない」という表現で示される[51]。「私が不完全で、神に依存するものであるばかりでなく、…私の依存するものが、…すべてをそのものとして自分のうちに無限にもっていて、かくてそれは神である、ということも私は同時に知解する[52]」。この無限と有限との差異を『掲貼文書への覚え書』に差し戻すならば、「私は、神についての我々の概念が、それによって神以外の概念を陵駕するところのこの諸完全性の超出からだけ、私の立論を取り出した」ということになる[53]。もう一度纏めてみるならば、第一の論拠に「実在の必然性」が含まれており、第二の論拠は「私」の神認識の「能力 facultas」が無限なる神によって創造されたということである。この二つの論拠を「第三省察」の二つの証明は備えていることになる。ところでデカルトは一六四四年のメラン宛書簡において「第二証明が、第一証明とは別なものと看做されようと、あるいは単に第一証明の解明と看做されようと、それはさして重要ではない」のであり、「結果から取り出されたそれらの証明は一つになる」と記している。(54) これに「第三省察」第二証明の帰結を重ねてみよう。「もし、自分からであるのならば、既に述べたことから、当のそれは神であることは明らかである。なぜならば、実にそれは自分によって実在することの力をもつのだから、疑いもなく、自分のうちにその観念をもっているすべての完全性を、言い換えれば、私が神のうちにあると概念するすべてを現実態として所有する力ももっているからである」(55)。「なぜ実在するのか」という実在と本質を一つにした問いが超越を経て到達する頂点において「自己原因」と「必然的実在」が一つの事になる。可能的実在から現実的実在を介して必然的実在へと超越する。この構えは既に「第三省察」における「いっそうの実象性 plus realitatis」(56) という捉え方に示されている。この表現は存在の度合いを示している。実在が神についてのみ述語であり、「第三省察」における「自分からある」が「自己原因」に終着し、「第五省察」における神における本質と実在の引き離しがたさが「必然的実在」に行き着く。この二つの系列を一言で表現すれば「なぜ実在するのか」という問いに纏まる。このようなデカルトの形而上学的思考は、存在に、もっと精確に言えば、実在に度合いを認めることの上に成り立っている。また、このように考えれば、カントの批判もライプニッツの批判にも妥当な仕方で答えることができる。つまり、デカルトが「第五省察」で行ったア・プリオリな神証明は、存在に度合いを認めることができるならば、妥当な証明なのである。こうして「あるかどうか」の次に「何であるか」を問う宇宙論的見地が、デカルト形而上学においては、存在の度合いの下に展開されることになる。

註

（1） Cf. Tomas Aquinas, *Scriptum super Sententiis*, lib. I, dist. III, qu, 1, art. 2, *De Veritate*, qu. 10, art. 12, *Contra Gentiles*, lib. I, cap. X-cap. XII et *Summa theologiae*, p. I, qu. 2 & qu. 3. デカルトの時代においては、たとえば、Eustacius a Sancto Paulo, *Summa philosohiae, quadripartita, de rebus Dialecticis, Moralibus, Physicis et Metaphysicis*, Paris 1609, l. IV, pars I, disp. 1, qu. 2.

（2） « der ontologischer (Cartesianischer) Beweis », I. Kant, *Kritik der reinen Vernunt*, Philosophische Bibliothek (Felix Meiner), 1956, A603 / B630.

（3） « Existentiam non esse proprietatem neque esse ullius determinanti generis rerum » = « L'existene n'est pas une propriété, et n'est d'aucun genre déterminé parmi les choses », Pierre Gassendi, *Disquisitio Metaphysica* (1644- seu Instantia), Texte établi, traduit et annoté par Bernard Rochot, Vrin, 1962, pp. 496-501.

（4） « notum est *Proprietatis* vocem sonare quidpiam physicum, et ab intellectus operatione independens ; vocem vero *attributi* sonare quidpiam logicum, et ab intellectu attribuente, sive praedicante dependens », *op.cit.*, pp. 496-499.

（5） « Das Dasein ist gar kein Prädikat oder Determination von irgendeinem Dinge », I. Kant, *Der einzig mögliche Beweisgrund zu einer Demonstration des Daseins Gottes,* Philosophische Bibliothek (Felix Meiner), 1963 / 1974, S. 9. Cf. « so beziehe ich mich nur auf dasjenige, was im Anfange dieses Werks ist erklärt worden, daß nämlich das Dasein gar kein Prâdikat, mithin auch kein Prädikat der Vollkommenhait sei », *op.cit.*, S. 108.

（6） « Sein ist offenbar kein reales Prädikat, d.i. ein Begriff von irgend etwas, was zu dem Begriffe eines Dinges hinzukommen könne », I. Kant, *Kritik der reinen Vernunt*, Philosophische Bibliothek (Felix Meiner), 1956, A598 / B626.

（7） « ens summe perfectum », *MM*, MV, AT.VII, 66.

（8） « neque enim mihi liberum est Deum absque existentia (hoc est ens summe perfectum absque summa perfectione) cogitare », *MM*, MV, AT. VII, 67.

（9） « non magis posse existentiam ab essentia Dei separari », *MM*, MV, AT. VII, 66.

（10） « Propositio XXI. Substantia extensa in longum, latum, & profundum revera existit : Nosque uni ejus parti uniti sumus », Spinoza, *Principia philosophiae cartesianae*, p. I, prop. 21, in *Spinoza Opera*, éd. C. Gebhardt, 1972, Bd. I, p. 179.

(11) « Jam vero est quidem in me passiva quaedam facultas sentiendi, sive ideas rerum sensibilium recipiendi & cognoscendi, sed ejus nullum usum habere possem, nisi quaedam activa etiam existeret, sive in me sive in alio, facultas istas ideas producendi vel efficiendi », *MM*, MVI, AT. VII, 79.

(12) « magna propensionem ad credendum illas a rebus corporeis emitti », *MM*, MVI, AT.VII, 79-80.

(13) « die Idee eines allerrealsten Wesens » et « das notbendige Wesen », I. Kant, *Kritik der reinen Vernunft*, Phisolsophische Bibliothek, Felix Meiner, 1956, A 603, B 631.

(14) « der Grundsatz der durchgängigen Bestimmung », *op. cit.*, A 571, B 599.

(15) « Deus est Ens perfectissimum; de Entis perfectissimi conceptu est existentia quippe quae est ex perfectionum numero). Ergo Deus existit. », « Ens, de cujus essentia est existentia, necessario existit. Deus est Ens, de cujus essentia est existentia. Ergo Deus necessario existit. », « Dei definitio: esse Ens a se, seu quod existentiam suam a se ipso, nempe a sua essentia, habeat. », « an Ens, de cujus essentia sit existentia, non implicet contradictionem » et « fateri enim me, si semel concedatur, tale Ens esse possibile, seu esse talem conceptum vel ideam, sequi quod existat. », Leibniz, *Colloquium cum Dno. Eccardo Professore Rintelensi Cartesiano, praesente Dni. Abbatis Molani fratre.* dans G. J. Gerhardtt, *Die philosophischen Schriften von Gottried Wilhelm Leibniz*, t. I, pp. 212-213.

(16) « a Cartesianis tamen demonstrari debere, quod tale Ens concipi possit », *op.cit.*, p. 213.

(17) « Ego : si de praxi agatur, fateri me, quod praesumatur Entis necessarii vel Entis perfectissimi possibilitas. », *ibid.*

(18) « causa efficiens sui ipsius », *Resp*. I, AT. VII, 108 & « causa efficiens sui ipsius », *Resp*. IV, AT. VII, 237.

(19) *Resp*. I, AT. VII, 113.01-120.14.

(20) *Resp*. II, AT. VII, 149.22-152.26.

(21) *DM*. IV,AT. VI, 34.

(22) *MM*. MV, AT. VII, 65.

(23) « existentia necessaria in Dei conceptu continetur », *Resp*. II, Rat, AT.VII, 166-167.

(24) *PP*. I, AT. VIII-1, 10.

(25) « postquam satis accurate investigavimus quid sit Deus, clare & distincte intelligimus ad ejus veram & immutabilem naturam

pertinere ut existat », *Resp*. I, AT. VII, 116.

(26) « *atqui pertinet ad naturam Dei, quod existat* », *Resp*. II, AT. VII, 150.

(27) 神の存在証明に「必然的存在」の使われる伝統がないということではない。たとえば、スアレスによれば神は「自分から必然的存在 ens ex se necessarium であるのだから可能態的な存在 ens potentialis という仕方では概念されえず、独り現実態としての存在 ens actualis という仕方でのみ概念される」（F. Suárez, *Disputationes metaphysicæ*, Salamanca 1597 / Paris 1866 / Olms 1965, disp. 31, sect. 1, art. 13）。

(28) « a causalitate causae efficentatis », *Obj*. I, AT. VII, 94.

(29) « non dixi impossibile esse ut aliquid sit causa effciens sui ipsius », *Resp*. I, AT. VII, 108. Cf. J.-L. Marion, *Quaestions cartésiennes II*, PUF, 1996, Livre II, Chap. V La *causa sui - Responsiones I et IV* また V. Carraud, *Causa sive ratio*, PUF, 2002, pp. 266 sqq.

(30) « Accipitur enim a se duplici modo », *Obj*. 1, AT.VII, 95.

(31) « immensa et incomprehensibilis potentia », *Resp*. I, AT. VII, 110.

(32) « reali ejus [*scil*. Dei] potentiae immensitas », *Resp*. I, AT. VII, 111.

(33) « de causa cur sit, sive cur esse perseveret, inquisivimus », *Resp*. I, AT. VII, 110.

(34) « notandumque in eorum quidem omnium, quae clare & distincte intelliguntur, conceptu sive idea existentiam possibilem contineri » et « existentiam actualem necessario & semper cum reliquis Dei attributis esse conjunctam », *Resp*. I, AT. VII, 116-117.

(35) « Hoc enim ipso negavi illud quod Viro Cl. durum videtur & falsum, nempe quod Deus sit causa efficiens sui ipsius», *Resp*. IV, AT. VII, 235 et « Itaque possum ultro admittere quaecunque a Viro Cl. afferuntur ad probandum Deum non esse causam efficientem sui ipsius, neque se conservare per ullum influxum positivum, sive per sui reproductionem, continuam », *Resp*. IV, AT. VII, 237.

(36) « Nam, quod non requiratur ut tempore sit prior, patet ex eo quod non habeat rationem causae, nisi quamdiu producit effectum, ut dictum est », *Resp*. IV, AT. VII, 240.

(37) « cum quaeritur an aliquid sibi ipsi existentiam dare possit, non aliud est intelligendum, quam si quaereretur, an alicujus rei natura sive essentia sit talis, ut causa efficiente non indigeat ad existendum », *Resp*. IV, AT. VII, 240.

(38) « Le retour d'analogie », J.-L. Marion, *op.cit*., p. 172, sqq. et « l'analogie de la cause efficience », V. Carraud, *op.cit*., p. 276, sqq.

（39） « lumine naturali percipimus illud cujus essentia tam immensa est ut causa efficiente non indigeat ad existendum », *Resp*. IV, AT. VII, 241.

（40） « etsi non quaeratur efficiens ratione essentiae, quaeri tamen potest ratione existentiae ; at in Deo non distinguitur essentia ab existentia ; ergo de Deo quaeri potest effciens », *Resp*. IV, AT. VII, 243.

（41） « per ipsam rei essentiam, sive causam formalem », *Resp*. IV, AT. VII, 243.

（42） 「第二答弁」においてデカルトが再構成した三段論法は以下の通り。« quod clare intelligimus pertinere ad alicujus rei naturam, id potest cum veritate affirmari ad ejus naturam pertinere », « atqui pertinet ad naturam Dei, quod existat », « Ergo cum veritate possumus affirmare, ad naturam Dei perinere ut existat », *Resp*. II, AT. VII, 149-150, cf. *Obj*. II, AT. VII, 127.

（43） « Quod clare intelligimus pertinere ad alicujus rei naturam, id potest de ea re cum veritate affirmari », « atqui pertinet ad naturam Dei, quod existat », « Ergo potest de Deo cum veritate affirmari, quod existat », *Resp*. II, AT. VII, 150.

（44） « Dictat autem profecto lumen naturae nullam rem existere, de qua non liceat petere cur existat, sive in ejus causam efficientem inquirere », *Resp*. I, AT. VII, 108 et « 1. Nulla res existit de qua non possit quaeri quaenam sit causa cur existat », *Resp*. II, *Rat*., Axiomata, AT. VII, 164.

（45） « exuperantia potestatis », *Resp*. I, AT. VII, 112.

（46） « cum vim habeat per se existendi », *MM.* MIII, AT. VII, 50.

（47） « argumenta omnia quibus Dei existentiam demonstravi », *Notae*, AT. VIII-2, 361.

（48） « omnes rationes, quas ad hoc attuli, ad *duas* referuntur », *Notae*, AT. VIII-2, 361.

（49） 「我々が神についての知、言うなら観念をもち、それは、我々がこの観念に十分に注意して、私が解明したのと同じ仕方で事柄を熟慮するときには、ただこの観念の考察からだけで、我々は神が実在しないということは生じえないと認識する、そういう観念だということである。神の概念のうちに含まれている実在は、その他のすべてのものの観念に含まれているような、たかだか可能的で偶然的な実在ではなく、およそ必然的で現実的な実在だからである」。« nos habere Dei notitiam, sive ideam, quae talis est, ut, cum ad eam satis attendimus, &, eo modo quo explicui, rem perpendimus, ex sola ejus consideratione cognoscamus, fieri non posse quin Deus existat, quoniam existentia, non possibilis duntaxat vel contingens, quemadmodum in aliarum omnium rerum ideis, sed omnino necessaria & actualis, in ejus conceptu continetur », *Notae*, AT. VIII-2, 361.

（50）「私は他の立論を、もし神が実在し、我々がその神によって創造されたということが真ではないとしたならば、我々は、神のうちに認識するすべての完全性を知解するための能力をもっていなかったであろうということを、私が明証的に証明したことから取り出した」。« Aliud argumentum, quo demonstravi Deum esse, ex eo desumpsi, quod evidenter probaverim, nos non habituros fuisse facultatem, ad omnes eas perfectiones, quas in Deo cognoscimus, intelligendas, nisi verum esset, Deum existere, nosque ab illo esse creatos », *Notae*, AT. VIII-2, 362.

（51） « Et sane non mirum est Deum, me creando, ideam illam mihi indidisse », *MM*, MIII, AT. VII, 51.

（52） « hoc est dum in meipsum mentis aciem converto non modo intelligo me esse rem incompletam, & ab alio dependentem, remque ad majora, & majora, sive meliora indefinite aspirantem, sed simul etiam intelligo illum, a quo pendeo, majora ista omnia non indefinite & potentia tantum sed reipsa infinite in se habere, atque ita Deum esse », *MM.* MIII, AT. VII, 51.

（53） « ego autem ab hoc solo perfectionum excessu, quo noster de Deo conceptus alios superat, argumentum meum desumpsi », *Notae*, AT. VIII-2, 363.

（54） « Il importe peu que ma seconde demonstration, fondée sur notre propre existence, soit considerée comme differente de la première, ou seulemnt comme une explication de cette première » et « il me semble que toutes ces demonstration, prises des effets, reviennnet à une », *au P. Mesland*, 2-5-1644 ?, AT. IV, 112 / GB. 1908 / Arm. t. I, 609.

（55） « nam si a se, patet ex dictis illam ipsam Deum esse, quia nempe cum vim habeat per se existendi, habet proculdubio etiam vim possidendi actu omnes perfectiones quarum ideam in se habet, hoc est omnes quas in Deo esse concipio », *MM.* MIII, AT. VII, 50.

（56） « Nam proculdubio illae quae substantias mihi exhibent, majus aliquid sunt, atque, ut ita loquar, plus realitatis objectivae in se continent, quam illae quae tantum modos, sive accidentia, repraesentant ... » , *MM.* MIII, AT. VII, 40.

第三章　形而上学と道徳

第一節　自我論的道程における個体倫理の基礎

以上のように、自我論的道程を辿り、「私」の抱く観念のなかで絶対的に「私」ではない「無限」を見出し、かくて超越を果たし、宇宙論的見地に立って諸学問を構築する礎を、そして知識の客観的妥当性の根拠を設定する。「第四省察」においては脱自の形式としての判断の成り立ちを明らかにし、「第五省察」において必然性の範型を、神における本質と実在の引き離しがたさとして確立し、「第六省察」において「物体的なものが実在する」ことを証明し、感覚の正しい使用方法を手にして、「少なくとも、私が明晰判明に知解するもの、つまり、純粋数学（マテーシス）の対象の内に含まれている（包括的に把握されている）と観られた類的なものは、すべて、物体的なもののなかにある」という帰結を得る。(1) かくして物理学の基礎が確定される。このような経過を辿って「第六省察」の後半において身心合一体を対象とする物理学と共に「個人倫理」の基礎が据えられる。(2)

次に、個人倫理の核心を明らかにしよう。デカルトは「第六省察」において身心関係の考察から次のような結論を得る。第一に、神経系を伝わってきた「運動が直接的に精神を変状させるのは脳の一部分においてである」こと、第二に、「その一部分に生じる運動のなかの一つ一つは、或る一つの感覚を精神にもたらすだけであること」。「この事態において、もし、運動がもたらしうる感覚すべてのなかで、最もよく、最もしばしば健康な人間の保全へと導く感覚をもたらすとしたならば、それ以上によいことは何も案出されえない」。そして「経験も自然によって我々に付与されたすべての感覚がこのようであることを証示している」[3]。ここで身心関係の機微に踏み込むことはやめて[4]、身心合一体としての一人の人の倫理を考える上で「健康な人間の保全 hominis sani conservatio」と「最もしばしば requentissime」ということの重要性を指摘するに留めよう。『省察』の最後の一句を引用してみよう。「実生活上は事細かに吟味する余裕のない場合もあるのだから、我々の生活は誤謬にさらされていることを認めなければならないし、人間の自然本性の脆弱さを認識すべきである」[5]。このような現実生活における日々の行為選択に際して我々は必然的な知識を望むことはできない。我々がなすべきは自らの健康の維持に心掛けて「最もしばしば」健康へともたらす外界との接触を選び取ることである。健康維持の尺度を頻繁さに求める点に個人倫理の核心がある。

それではこの健康とは何であろうか。健康とは「身体にとって都合がよい」ことであり、「身体がよく設定されている」ことであり、我々にとっての「健全さの維持」である[6]。この「健全さ」は「健康な人間の観念 idea hominis sani」を基準にして計られるのではない。というもの、もしそう考えるならば、「健康」は「失敗作である時計と正しく時を刻む時計とを比較する」ようなものであり、それで「健康」を計るというのならば、「健康」はものに対する「私の思いによる」「外的な」「命名」ということになるからである[7]。それでは我々はどのようにして自分が健康であると評価するのであろうか。デカルトの言うところによれば次のように考えることができる。我々は自分の身体を良好に維持するために「すべての感覚は偽なるものよりもいっそうしばしば真なるものを指示することを私は知っているのだから、ほとんどいつも同じものを吟味するために感覚の内の複数を利用することができ」、「記憶力」も、「知性」も、利用することができる」[8]。すなわち、我々は健康を維持するためにできるだけ多くの種類の感覚を用い、記憶力と知性を用いる。「健康」というこの状態をさらに明確にするために、「内的感覚 sensus internus」の一つであり、大抵の場合に健康を妨げる「痛み」について考えてみよう。「第六省察」において「痛み」は外に開かれた触覚でありながらも「内的感覚」の一つである。というのも「何が痛みよりもいっそう内々でありうるのか」[9]。「痛み」は合一体の証拠として「私」に経験される[10]「私」にとって距離ゼロの感覚である。身体の外に物体がなくとも痛みは痛みである。「内的感覚」は身心の一体性を経験させる生命維持にとって最も原初的なことであり、それらは痛み、飢え、渇きによって代表される。「内的感覚」は他人の眼差しを掻潜り、合一体としての「私」の限界を教える。そこに個人倫理の枠付けが成立する。

この「個人倫理」という表現が適切であるのは、ここでデカルトによって論究されている「私」は「身体とこの上なく密接に結びつけられていて、いわば混ざり込んでいて、身体と合して一つの何かである」[11]そのような「私」だからである。「飢え、渇き、痛み」は「第六省察」において「内的感覚」と呼ばれている[12]。この身心合一体としての「私」に生じる善いことと悪いことについて論じる場を個人倫理と表現できる。もちろん、身心合一体としての一個の「私」は、多くの「私」の間に住まいする「私」であるが、しかし、ここではそのことは主題化されない。このように「第六省察」における「内的感覚」というデカルト哲学に特有な概念は、自我論的道程を通して身心合一という事態に行き着くことと、宇宙論的見地からの人間についての物理学・生理学との接点を提供する。言い換えれば、「内的感覚」への着目は「私」と「人」とが共有している生命の摑まれる場所を示している。自我論的道程は「知ることからあること」へと進み、感じられてあるに至るが、しかし、その感じられてあるもの、「内的感覚」さえも「私」に誤謬を伝えるかもしれない。この「ある」はずの「痛み」は神経系の仕組みによって理解され、対処される。ということは、この個人倫理の核心に社会倫理への萌芽も胚胎していることになる。なぜならば、「痛み」という個人倫理の核心は、「私」にとって「不判明な思いの様態 confusus cogitandi modus」[13] かつ、であり、それへの対処は人々の間で確立される物理学・生理学などによって解明されるからである。生命維持の表現である「痛み」は、一方で徹底的に「私」のことでありながら、他方で宇宙論的見地なしには対処することのできない「私」に生じる世界内的出来事である。しかし、「第六省察」において、『哲学の原理』のように宇宙論的見地から、そしてまた『情念論』においてのように、「痛み」と「気持ちよさ＝くすぐったさ chatouillement」が「情念」との区別と連関のなかで主題的に論じられることもない。というのも、「心の情念」の解明は「人」と「人」との関係を基盤にするからである。「第六省察」から『情念論』への展開は個人倫理から社会倫理への展開の次第を我々に教えるであろう。しかし、その教えを得るためには『哲学の原理』「第四部」を経過しなければならない。

第二節　痛みの物理学

『哲学の原理』「第四部第一九〇項」においてデカルトはまず「個々の神経のうちに生じる運動の多様さ」に応じて、感覚について「七つの最始的差異を指摘できる」とする。そのうちの一方が「内的感覚」であり、他方は「五つの外的感覚」である。[14] さらに「内的感覚」は二つに分けられる。[15]「内的感覚」のうちの一つは「自然的欲求 appetitus naturalis」と呼ばれ、もう一方には情念の一切が含まれる。自然的欲求は「自然的渇望 naturale desiderium」を満たすための器官に神経が運動をもたらすことによって生じる。ここでは当該の器官として「胃、食道、喉、及び、その他のいっそう内的な部分」と記されている。「第六省察」との関連からすれば、「内的感覚」の例として「痛み」をも含めることができる。なぜならば、前記の「他のいっそう内的な部分」に「自然的欲求」が生じるとするならば、それを避けなければ身体的損傷が生じることの合図をとなる欲求が含まれていなければならないからである。「痛み」はここでは触覚に分類され、それについて次の「第一九一項」に次のように記されている。「身体という統体の外皮を境界づける神経 nervi in universi corporis cutem definentes」が「通常よりもいっそう激しく刺激を受けるならば、だがしかし、そこから身体におけるどんな損傷も帰結しないならば、ここからくすぐったさの感覚が生じ、その感覚は精神にとって自然的に好ましいものである。というのも、精神が緊密に結びつけられている身体の力強さを証示するからである。だが、もし、何らかの或る損傷がそこから帰結するならば、痛みの感覚が生じる」[16]。「痛み」は身体の力強さの反対、身体の弱さを証示することになる。身体的健康に欠かすことのできない「内的感覚」としての「痛み」は「精神にとって好ましいという感覚」つまり「くすぐったさ」と皮膜の表裏のように対をなしている。

他方では、「内的感覚」は情念の一切を含むとされていた。この「内的感覚」は次のようにして生じる。「心臓と横隔膜（心臓の前庭）へと向かうきわめて狭いにもかかわらずこの小神経が、他の内的感覚を生じ[17]」、この「小神経の他の運動は、［中略］他の感情を、それらが感情である限りにおいて、言うなら、受動感情、言い換えれば、精神が自分からだけではなく、自分と内密に結合されている身体から或る何かを蒙ることからもつ、或る種の不判明な思いである限りにおいて、引き起こす[18]」。

第三節　社会的存在である人の感情

この『哲学の原理』における境地を「第六省察」と『情念論』で挟んでみよう。「第六省察」には次のような記述がある。「なぜしかし実に、その何かわからぬ或る苦痛の感覚から心の或る悲しみが、そしてくすぐったいという感覚から或る喜びが帰結するのか」、「私は自然本性によって教えられたからという以外には他の理由を別段もっていたわけではなかった」[19]。そして次に「第六省察」の「今」[20]を取り戻し、物体の実在証明をなした後では、「個別態における私の自然」である「この自然はなるほど痛みの感覚をもたらすものを避け、快の感覚をもたらすものを追いかけるということを教える」とされる[21]。ここでは『哲学の原理』「第四部」に見ることのできた身体の弱さを告げ知らせるという効用には言及されていない。『情念論』は動物精気と神経によって「痛み」の発生の仕組みを（「一三項」、「二四項」で）、また、情念との区別を（「一九項」で）、「痛み」の局在性の仕組みを（「三三項」で）、情念の傾向づけによる痛みの制御の仕方を（「四六項」で）明らかにし、「九四項」において次のように述べる。「感覚のくすぐったさは直ちに喜びに続き、痛みは悲しさに続く。そういうわけで多くの人たちはこの二つの関係を区別しない。しかしながら、それらはひどく異なり、時として喜びを伴いながら痛みを蒙ることもあり、不快にさせるくすぐったさを受け取ることもある」[22]。そして「痛みは、身体がこの行動によって受け取る損害と、身体がこの作用に抵抗することができなかった点における弱さとの標《しるし》を心に送るために自然によって設定されている」[23]。さらに「痛み」と「心地よさ」と基本情念の内の五つの情念との関係が解明される（「一三七項」、「一四〇項」）。『情念論』は、「第六省察」のように「自然本性」の個別化によって[24]「痛み」と情念との関係を説明することはない。むしろ「第一三〇項」と「第一三三項」が示しているように気象学の成果を取り入れながら子供と老人の涙もろさと情念との関係について明らかにする。このように『情念論』が『省察』と『哲学の原理』の成果を用いていることは明らかである。『情念論』は『省察』で創設された形而上学の上に成り立っているのである。

痛みが身心合一を経験的に証示する「内的感覚」であるとされていることは、「第六省察」が自我論的道程を経た後に宇宙論的見地に到達したことを示している。それに対して、『哲学の原理』では宇宙論的見地から論じられ、そのようにして「私」という視点なしに「内的感覚」の成立の次第が記される。「第六省察」において、痛みは、これ以上内的なものがないほどの身心の緊密な結合を「私」に経験させる役割を果したが、『哲学の原理』「第四部」では身体の生理的過程として「内的感覚」の発生の仕方が示されている。そこでの「痛み」がそれとして解明されるのは触覚としてであり、感情は「自分と内密に結合されている身体から或る何かを蒙ることからもつ、或る種の不判明な思い」であった。身体との合一の様態として捉えられる感情の捉え方は、身心の関係を宇宙論的見地から記述して得られる。このようにして、「痛み」は、触覚における強度がそれの尺度として成り立つことを通して、外部世界へと開ける。それに対して感情は「不判明な思い」によって説明を終えることができないという仕方で、言い換えれば、自我論的道程による説明の仕方が尽きることを通して外部世界に開ける。『哲学の原理』は感情についてそれ以上論究せずに終わる。しかし、それで「この論稿〔『哲学の原理』〕のなかで私によって見過ごされたどんな自然現象もない」のである。(25) 感情は『情念論』において示されているように人々の関係のうちにさまざまな値をもつ。纏めて言い直すならば、『省察』における「内的感覚」は自我論的道程のなかでの宇宙論的見地から捉えられた生命維持という身心合一体としての「私」の内部、つまり、皮膚で覆われた内部での出来事である。それに対して『哲学の原理』における二種類の「内的感覚」は宇宙論的見地から見られた個人としての「私」の内部、外には物体的世界が開かれており、そこから外的感覚を介して刺激を受け取るその生理学的仕組みに基づいて捉えられる「内的感覚」である。それに対して『情念論』の感情は、身心合一体としての「私」が諸個人の間に配置されて考察される。「心の受動＝情念＝感情」は他人との関係なしには説明が完結しないからである。「私」は、自我論的道程において見出されたように、思うことを止めればあることも止める比類なき存在であるとともに、宇宙論的見地から明らかにされるように物理的対象としての一個の人である。『情念論』において、すべての人が「私」であり（sum）、そして一個の人として世界の内で人々の間に実在する（existo）さまが解明される。「私はあり、私は実在する ego sum, ego existo」。これが道徳の基礎になる。最後に「第四省察」において「意志、言うなら決断の自由 voluntas, sive arbitrii libertas」について「どんな外的な力によっても我々がそれへと決定されないということを、我々は感覚する」(26)と言われていることを想起しておこう。なぜならば、この一句は「意志」の自由が、経験される行為の局面にまで貫かれていることを示しているからである。これも形而上学が道徳の基礎になることの証拠の一つである。

我々は、以上によって、刷新されたデカルト形而上学の全体的筋道を、足早にではあるが提起し終えたことになる。思うことを止めれば、あることも止める比類なき存在である「私」の自己開披を通して、「無限」を自らの知の言葉にすることを通して、一切の実在の起源に据える。こうして学問的知識の客観性の基礎である論理学、数学の基礎が築かれ、その上に自然科学的諸学問が成立し、「私」が身心合一体であり、ここを基礎に人に関わる学問の確かさも見通されることになる。しかし、その確かさは、形而上学的確実性とも、時間と空間に依存する学問的知識の確実性とも異なる。人間の振る舞いに関わる確かさは、時間と空間ばかりではなく、行為する人の経験に依存せざるをえない確かさである。

註

（1） « Ac proinde res corporeae existunt. .... saltem illa omnia in iis sunt quae clare & distincte intelligo, id est omnia generaliter spectata quae in purae Matheseos objecto comprehenduntur », *MM.* MVI, AT.VII, 80.

（2） « l'éthique d'un individu », D. Kambouchner, *L'homme des passions*, Albin Michel, 1995, t. 2, p. 238.

（3） « Adverto denique quandoquidem unus quisque ex motibus, qui fiunt in ea parte cerebri quae immediate mentem afficit, non nisi unum aliquem sensum illi infert, nihil hac in re melius posse excogitari, quam si eum inferat qui ex omnibus quos inferre potest ad hominis sani conservationem quam maxime, & quam frequentissime conducit; Experientiam autem testari tales esse omnes sensus nobis a natura inditos; » , *MM.* MVI, AT. VII, 87.

（4） Cf. D. Kambouchner, *Émotions et raison chez Descartes : l'erreur de Damasio*, 2013 et *Descartes n'a pas dit*, Les Belles Lettres, 2015, ch. 14-ch. 17.

（5） « fatendum est humanam vitam circa res particulares saepe erroribus esse obnoxiam, & naturae nostrae infirmitas est agnoscenda» , *MM.* MVI, AT. VII, 90.

（6） « corporis commodum » , « corpus est bene constitutum » , *MM.* M6, AT. VII, 89 et « conservatio valetudinis », *MM.* MVI, AT. VII, 88.

（7） « haec enim nihil aliud est quam denominatio cogitatione mea hominem aegrotum, & horologium male fabricatum, cum idea hominis sani, & horologii recte facti comparante dependens, rebusque de quibus dicitur extrinseca » , *MM.* MVI, AT. VII, 85.

（8） « Nam sane cum sciam omnes sensus ... multo frequentius verum indicare quam falsum, possimque uti fere semper pluribus ex iis ad eandem rem examinandam; & insuper memoria, ...; & intellectu » , *MM.* MVI, AT. VII, 89.

（9） « quid dolore intimus esse potest ? » , *MM.* MVI, AT. VII, 70.

（10） Cf. « les choses qui appartiennent à l'union de l'âme et du corps, ne se connaissent qu'obscurement par l'entendement seul, ni même par l'entendement aidé de l'imagination ; mais elles se connaissent très clairement par les sens », *à Elizabeth*, 28-6-1643, AT. III, 691 - 692 / GB. 1780 / Arm. t. II, 181 et « je n'explique pas sans âme le sentiment de la douleur ; car selon moi, la douleur n'est que l'entendement ; mais j'explique tous les mouvements extérieurs qui accompagnent en nou ce sentiment, lesquels seuls se trouvent aux bêtes, & non la douleur proprement dite », *à Mersenne*, 11-6-1640, AT. III, 85 / GB. 1200 / Arm. t. I, 382.

（11）« Docet etiam natura, per istos sensus doloris, famis, sitis &c., ... sed illi [*scil.* corpori] arctissime esse conjunctum, & quasi permixtum, adeo ut unum quid cum illo componam », *MM*. MVI, AT. VII, 81.

（12）« internus sensus », *MM*. MVI, AT.VII, 83. D. Kambouchner が指摘しているように、デカルト哲学における「内的感覚」を一義的に規定するのは難しいかもしれない（*L'homme des passion*, Albin Michel 1995, t. II, pp. 441, n.58, et *op.cit.*, pp. 49-75）。しかし、それは「内的感覚 sens intérieur」ないし「内的感得 sentiment intérieur」ないし「自然的欲求 appetitus naturalis」のような表現がどのような事象を覆うのかという難しさであり、「飢え、渇き、痛み」がこれらによって指されていることは明らかである。つまり、「内的感覚」が身体の健康維持のために必須の感覚であるという点は明確である。「内的感覚」という表現は「第六省察」に二回だけ使われる（AT. VII, 76 et 83）以外に、『人間論』では「内的感得 sentiment intérieur」（AT. XI, 163 & 165）と表現され、『方法序説』「第五部」には「飢え、渇き、その他の内的情念 passion intérieure」（AT. VI, 55）という言い方が見出され、「痛み」は明示されていない。『哲学の原理』の本文中に引用した部分以外にも書簡のなかでは、*à Elisabeth*, 6-10-1645 に次のように記されている« Car celles qui viennent des obiets exterieurs, ou bien des dispositions interieures du cors, comme la perception des couleurs, des sons, des odeurs, la faim, la soif, la douleur & semblables, se nomment des sentiments, les uns exterieurs, les autres interieurs », AT. IV, 310 – 311 / GB. 2104 / Arm. t. II, 235. ここでの「内的」と「外的」の区切りは明確ではないが、「飢え」が区切りになっていると考えれば、「痛み」が内的に分類されていることもわかる。『情念論』における「自然的欲求 appétit intérieur」について見れば、エリザベト宛書簡のように諸感覚が列挙されていて「内」と「外」の区切りは明示されていない。« A l'exemple de quoy il est aysé de concevoir que les sons, les odeurs, les saveurs, la chaleur, la douleur, la faim, la soif, & generalement tous les objets, tant de nos autres sens exterieurs, que de nos appetits interieurs, excitent aussi quelque mouvement en nos nerfs », *PA*. art. 13, AT. XI, 338. しかし、上記のことを考えるならば、「痛み」に区切りが、あるいは、「痛み」に両面のあることがわかるであろう。

（13）*MM*. MVI, AT. VII, 81.

(14) « Neque tamen singuli nervi faciunt singulos sensus a reliquis diversos, sed septem tantum praecipuas ad sensus internos, aliae quinque ad externos » , *PP*. IV, art. 190, AT. VIII-1, 316.

(15) « Nempe nervi qui ad ventriculum, oesophagum, fauces, aliasque interiores partes, explendis naturalibus desideriis destinatas, protendumtur, faciunt unum ex sensubus internis, qui appetitus naturalis vocatur. Nervuli vero qui ad cor & praecordia, quamvis perexigui sint, faciunt alium sensum internum, in quo consistunt omnes animi commotiones, sive pathemata, & affectus, ut laetitiae tristitiae, amoris, ofii, & similium » , *PP*. IV, art. 190, AT. VIII-1, 316.

(16) « Ac peaterea, cum isti nervi solito vehementius agitantur, sed ita tamen ut nulla laesio in corpore inde sequatur, hinc fit sensus titilationis, menti naturaliter gratus, quia vires corporis, cui arcte conjuncta est, ei testatur ; si vero aliqua laesio inde sequatur, fit sensus doloris » , *PP*. IV, art. 191, AT. VIII-1, 318.

(17) « Nervuli vero qui ad cor & praecordia, quamvis perexigui sint, faciunt alium sensum internum, in quo consistunt omnes animi commotiones, sive pathemata, & affectus, ut laetitiae, tristitiae, amoris, odii, & similium », *PP*. IV, art. 191, AT. VIII-1, 316, cf. D. Kambouchner, *L'homme des passions*, Albin Michel, 1995, t. I, pp. 74 -75.

(18) « Atque alii motus istorum nervulorum efficiunt alios affectus, ut amoris, odii, metus, irae, &c., quatenus sunt tantum affectus, sive animi pathemata, hoc est, quatenus sunt confusae quaedam cogitationes, quas mens non habet a se sola, sed ab eo quod a corpore, cui intime conjuncta est, aliquid patiatur », *PP*. IV, art. 191, AT. VIII-1, 317.

(19) « Cur vero ex isto nescio quo doloris sensu quaedam animi tristitia, & ex sensu titillationis laetitia quaedam consequatur, ... , non aliam sane habebam rationem, nisi quia ita doctus sum a natura », *MM*, MVI, AT. VII, 76.

(20) *MM*. MVI, AT. VII, 77-78.

(21) « naturam meam in particulari ... haec natura docet quidem ea refugere quae sensum doloris inferunt, & ea prosequi quae sensum voluptatis, & talia », *MM*. MVI, AT. VII, 82.

(22) « Ainsi le chatouillement des sens est suivi de si près par la joie, & la douleur par la tristesse, que la plupart des hommes ne les distinguent point. Toutefois, ils different si fort, qu'on peut quelquefois souffrir des douleurs avec joie, et recevoir des chatouillements qui déplaisent. », *PA*, art. 94, AT. XI, 399.

(23) « en sorte qu'étant institué de la nature pour signifier à l'âme le dommage que reçoit le corps par cette action, & la faiblesse en ce qu'il ne lui a pû resister », *PA*, art. 94, AT. XI, 399-400.

(24) « per naturam enim, generaliter spectatam, nihil nunc aliud quam vel Deum, spsum vel rerum creatarum coordinationem a Deo institutam intelligo, nec aliud per naturam meam in particulari, quam complexionem eorum omnium quae mini a Deo sunt tributa », *MM*. MVI, ATVII, 80.

(25) « nulla naturae phaenomena fuisse a me in hac tractatione praetermissa »,*PP*. IV, art. 199, AT. VIII-1, 323.

(26) « ita feramur, ut a nulla vi externa nos ad id determinari sentiamus », *MM*. MIV, AT. VII, 57.

あとがき

これが私にとって最後の学術書です。これまで書いてきたものは以下の六冊です。
（一）『デカルト形而上学の成立』勁草書房、一九九〇年／（改訂第二版）講談社、二〇一二年
（二）『観念と存在　デカルト研究1』知泉書館、二〇〇四年
（三）『新デカルト的省察』知泉書館、二〇〇六年
（四）『数学あるいは存在の重み　デカルト研究2』知泉書館、二〇〇五年
（五）『感覚する人とその物理学　デカルト研究3』知泉書館、二〇〇九年
（六）『知の存在と創造性』知泉書館、二〇一四年

本書はこれらを下敷きにしております。そういうわけで解釈の根拠を上記のものに負っている場合も多々あります。幾つもの梯子を背負って梯子を上ることはできません。戻らなくても納得して頂けるように書いたつもりですが、お手数をおかけすることも多いかと思います。とりわけ本書「第Ⅳ部」は、これらの研究結果を凝縮しておりますので、取りつきにくい、あるいは、飲み込みにくいところがあるかもしれません。そういうことも考慮してできるだけデカルトのテクストに語らせるように工夫しました。

さて、最後に当たって、私がこれまで研究する上で心掛けてきた幾つかのことを書いてみたいと思います。第一は、所雄章先生に学んだテクストの読み方に関わります。先生の読み方を批判的に受け容れ、（師の意向とは異なる方向であるにせよ）さらに進めたということがあります。具体的に言いますと、テクストとして、AT版で

はなく、一六四二年の『省察』第二版を使用しました。このテクストでは「第四省察」に一箇所段落区切りが登場するまで、「第一省察」から段落がないのです。「第五省察」には幾つかあり、「第六省察」ではかなりの段落区切りがあります。一つの「省察」全体に段落がない場合、AT版の段落を参照し、これまでの解釈を踏まえつつ、自分で解読し、内容に応じて段落を区切りながら、テクストを読み解いてきました。第二は、哲学史研究者が当然しなければならないことですが、フランスのデカルト研究の展開を軸に据え、フランス以外の、日本も含めて、主要な解釈に検討を加えながら、自分の解釈を作って行きました。これを上手く成し遂げるには研究者相互の協力が不可避です。一人の努力で水準を保つのはかなり困難です。私の場合には、さいわい、よい研究者仲間に巡り会い、沢山のことを学ぶことができ、世界的な研究水準を保つこともできたと思われます。デカルト生誕四〇〇年を記念して公刊されたデカルト研究会編『現代デカルト論集　フランス編・英米編・日本篇』全三巻（勁草書房、一九九六年）は、この共同作業の成果の一つです。日本における研究成果を多く取り入れることもできました。第三に述べることは、心掛けというよりも、その結果になります。『省察』のテクストを第二版に基づいて、順序に従って解明したことです。前掲の（一）では、一六三〇年をデカルト思索史上の転機に設定し、「第一省察」から「第四省察」までのテクストを分析し、デカルト形而上学の成立までの筋道を明らかにしました。デカルト形而上学を「観念」論として解釈するこの立場を、（二）において「反論と答弁」からデカルト・コーパスの全体に拡張しました。（四）においては「第五省察」のテクスト解析を通して、この「省察」を数学（論理学）の基礎づけとして明らかにしました。（五）においては「第六省察」を、物理学の基礎づけから個人倫理の確立までの展開として解読しました。（三）は、「第一省察」から「第六省察」まで、私自身の思索を用いて辿り直したものです。

こうして『省察』、『哲学の原理』、『情念論』が一つの体系に収まることがわかりました。『方法序説』は「導入」、「入門」に当たりますが、書物につけられる「序文」のように完結した後で書かれた「導入」、「入門」ではありません。これから道を共にする人にとっての導入です。デカルトの『方法序説』から『情念論』に至る体系は、出来上がった思索の流れを地図のように示すのではなく、智恵の完成までの道程《みちのり》を示しています。この体系への理解は『方法序説』から『情念論』まで、読み進めるにしたがって自分自身が成長することを通して得られます。『方法序説』は見通し、『省察』は発見し、『哲学の原理』は見直して纏め、『情念論』は人と為《な》りを仕上げます。

また、第四に、デカルト研究遂行上の特色として、中世スコラ哲学との間に断絶をおかずに、連続面を探りながら、研究を進めてきました。第五に、哲学史的常識を鵜呑みにせず、批判的に捉えて解釈を行うように努めました。第六に、「神」概念に怯えることなく、この概念を通して、デカルトが何を明らかにしたいのかという点に着目してきました。第七に、自然科学についての、たとえば、脳科学についての現代的知見を無批判的に取り入れずに、現代自然科学の基本にある考え方に戻って考えようとしました。以上の、七つのことは、思い出すばかりの心構えであり、方法でもあります。それらがよい成果をもたらしたかどうかは、本人が評価できることではありません。本人にとっては、できるだけのことを為し終えたかどうかも覚束無いところです。ご批判をいただけるだけの価値があると看做されるならば、この上なくさいわいです。

本書に収められている諸論考のうちで執筆時期の最も早いものは「第Ⅱ部」です。おそらくは四五年ほど前に書き始めたものでしょう。長い間に、少しずつ手を入れながら、今回仕上げることになりました。それに対して

「第Ⅳ部」は二〇一五年に書き上げたものです。本書の素材になった論考は以下の通りです。

第Ⅰ部

第一章　書き下ろし

第二章から第六章まで　「デカルトと近代形而上学」、神崎・熊野・鈴木編『西洋哲学史Ⅲ「ポスト・モダン」のまえに』講談社、二〇一二年六月、一四七頁から一九四頁まで

第Ⅱ部

第一章から第三章まで　「翻訳可能性と翻訳非決定性」、『白山哲学』第四八号、二〇一四年二月、三一頁から五五頁。

第四章・第五章　書き下ろし

第Ⅲ部

第一章から第三章まで　「存在と理由」、『真理の探究　一七世紀合理主義の射程』知泉書館、二〇〇五年六月、三〇七頁から三三九頁まで

第四章から第六章まで　書き下ろし

第Ⅳ部

第一章から第三章まで　La métaphysique de Descartes et le fondement de la morale (traduction : Yoshitomo Onishi), 『デカルトにおける形而上学と道徳　村上勝三の仕事を引き受けて *Descartes : la morale de la métaphysique. Pour saluer Katsuzo Murakami*』東洋大学国際哲学研究センター編『国際哲学』「別冊8」二〇一六年二月、七八頁から九七頁まで。この別冊は、フランスのデカルト研究センターと東洋大学国際哲学研究センターの共催として、二〇一五年九月一九日にパリ第一大学において開催されたコロックの報告書になっています。この企画は熊本大

学の大西克智さんと筑波大学の津崎良典さんの尽力によって進められ、成就されました。本書に収めた論考は、このときの発表のいわば「日本語版」です。

一二年前に『数学あるいは存在の重み』「あとがき」に記したことを、もう一度書きます。「私が傷つけたすべての人に陳謝しながら、私を傷つけたすべての人に感謝したい」、と。最後に、本書を編集、出版して下さった知泉書館の小山光夫さんと高野文子さんと齋藤裕之さんに深甚の感謝を捧げます。なお本書は日本学術振興会平成二九年度科学研究費助成事業（研究成果公開促進費）の交付を受けて出版されました。

二〇一七年七月一四日

青い大海原に緑の風が流れる今帰仁村にて

観念と存在 デカルト研究1
村上勝三著 A5/280p/4700円

数学あるいは存在の重み デカルト研究2
村上勝三著 A5/326p/5500円

感覚する人とその物理学 デカルト研究3
村上勝三著 A5/392p/6800円

新デカルト的省察
村上勝三著 菊/364p/4200円

知の存在と創造性
村上勝三著 A5/272p/4200円

真理の探究 17世紀合理主義の射程
村上勝三編 A5/376p/6000円

意志と自由 一つの系譜学
アウグスティヌス〜モリナ&ジェズイット〜デカルト
大西克智著 A5/484p/6800円

知られざるデカルト
所　雄章著 菊/312p/7000円

村上 勝三（むらかみ・かつぞ）
1944年生まれ。東京大学大学院博士課程卒，文学博士，東洋大学名誉教授。
〔業績〕『デカルト形而上学の成立』（勁草書房，1990年：講談社学術文庫，2012年），Concordance to Descartes' *Meditationes de Prima Philosophia*, Prepared by Katsuzo Murakami, Meguru Sasaki and Tetsuichi Nishimura, Olms-Weidmann, 1995,『現代デカルト論集Ⅰ，Ⅱ，Ⅲ』（デカルト研究会編，勁草書房，1996年），『観念と存在――デカルト研究1』（知泉書館，2004年），『数学あるいは存在の重み――デカルト研究2』（知泉書館，2005年），『真理の探究　17世紀合理主義の射程』（村上勝三編，知泉書館，2005年），『新デカルト的省察』（知泉書館，2006年），『感覚する人とその物理学――デカルト研究3』（知泉書館，2009年），『知の存在と創造性』（知泉書館，2014年），『ポストフクシマの哲学　原発のない世界のために』（村上勝三・東洋大学国際哲学研究センター編，明石書店，2015年），『越境する哲学』（村上勝三・東洋大学国際哲学研究センター編，春風社，2015年），ほか。

〔知と存在の新体系〕　　ISBN978-4-86285-264-9

2017年11月25日　第1刷印刷
2017年11月30日　第1刷発行

著　者　村　上　勝　三
発行者　小　山　光　夫
製　版　ジ　ャ　ッ　ト

発行所　〒113-0033 東京都文京区本郷1-13-2
電話03(3814)6161 振替00120-6-117170
http://www.chisen.co.jp
株式会社　知泉書館

Printed in Japan　　印刷・製本／藤原印刷

人名索引
（アルファベット順）

E

F

G

H

I

K

L

M

事 項 索 引

（訳語の理解を容易にするために原語を補ったものもある）

あ　行

か　行

さ　行

た　行

な　行

は　行

ま　行

や　行

ら　行

わ　行

文 献 表

デカルト

Meditationes de prima philosophia, in qua Dei existentia & animae immortalitas demonstratur, Paris, Apud Michallem Soly, 1641.

Meditationes de prima philosophia, In quibus Dei existentia, & animae humanae à corpore distinctio, demonstrantur, Amsteldam, Apud Ludovicum Elzevirium, 1642.

Les Méditations Métaphysiques de René Des-Cartes, touchant la première philosophie, etc. par R. Fédé, 3e éition Paris, Chez Théodore Girard, 1673.

Meditationes de Prima Philosophia, In quibus Dei existentia, & Animae humanae à corpore Distinctio, demonstrantur, Amsteldama, Ex Typographia Blaviana, 1685.

Œuvres de Descartes, publiées par Charles Adam & Paul Tannery, Nouvelle présentation, Vrin 1964-1973 / 1996.

Œuvres philosophiques (1638-1642), 3 toms, édition de F. Alquié,3 vols, Garnier, 1963-1973.

The Philosophical Writings of Descartes, 3vols, translated by J. Cottingham, R.Stoothoff, D.Murdoch, Cambridge University Press, 1984.

Correspondance publiée par Ch. Adam et G. Milhaud, 8 toms, Paris, 1936-1963 (Kraus Reprint, 1970).

Tutte le lettere 1619-1650, a cura di Giulia Belgioiosom Bompiani, 2005.

Opere 1637-1649, a cura di Giulia Belgioiosom Bompiani, 2009.

Opere Postume 1650 - 2009, a cura di Giulia Belgioiosom Bompiani, 2009.

Œuvres complètes sous la direction de J.-M. Beyssade et D. Kambouchner, Galimard, t. III, 2009, t. I, 2016 et t. VIII, *Correspondance, 1 et 2*, 2013.

Méditations métaphysiques / Meditationes de prima philosophia Texte latin et traduction du duc de Luynes / *Méditations de philosophie première,* Présentation et traduction de Michelle Beyssade, Librairie Générale Française, 1990.

Meditationes de prima Philosophia, Meditations on First Philosophy, A bilingual edition, Introduced, edited, translated and indexed by G. Heffernan, University of Notre Dame Press, 1990.

Les textes des « Meditationes », Édition et annotation par Tokoro, Takefumi, Chuo University Press, 1994.

Meditationen über dei Grundlagen der Philosophie, Auf Grund der Ausgaben von Artur Buchenau neu herausgegeben von Lüder Gäbe, Felix Meiner, 1992.

L'entretien avec Burman, Édition, et annotation, par J.-M. Betyssade, PUF, 1981.

Descartes' Conversation with Burman, Translated with introduction and commentary by J. Cottingham, Oxford

« Cartesius », texte établi par V. Carraud, l.106 & l.108, *Bulletin cartésien XIV*, dans *Archives de Philosophie 48*, 1985, Cahier 3.

Règles utiles et claires pour la direction de l'esprit en la recherche de la vérité, Traduction selon le lexique cartésien, et annotation conceptuell par Jena-Luc Marion, Martinus Nijhoff, 1977.

Concordance to Descartes' Meditationes de Prima Philosophia, prepared by K. Murakami, M. Sasaki and T. Nishimura, 1995, Olms-Weidmann.

増補版『デカルト著作集』全四巻，白水社，1993 年。

『デカルト書簡集』全八巻，知泉書館，2012-16 年。

その他

A

M. M. Adams, Re-reading *De grammatico* or Anselm's introduction to Aristotle's *Categories*, in *Documenti e Studi sulla Tradizione Filosofica Medievale* XI, 2000, pp. 83-112.

W. P. Alston, The Ontological Argument Revised in *Descartes*, ed. by Willis Doney, Macmillan, 1967, p. 278. (W. P. Alston, "The Ontological Argument Revised", *The Philosophical Review*, LXIX, 1960, p. 454).

G. E. M. Ancosmbe, *Intention*, Basil Blackwell, 1976.

S. Anselmi Cantuariensis Archiepiscopi, *Opera Omnia*, 2 toms, Ad fidem codicum recensuit Franciscus Salesius Schmitt, Friedrich Frommann Verlag (Günter Holzboog), Stuttgart, 1984.

Anselm von Canterbury, *De Veritate / Über die Wahrhait*, Lateinisch-deutsche Ausgabe von P. F. S. Schmitt, Friedrich Frommann Verlag (Günther Holzboog), 1966.

――――（古田暁訳）『アンセルムス全集』聖文舎，1980 年。

Thomas Aquinas, *Corpus thomisticum,* Subsidia studii ab Enrique Alarcón collecta et edita Pompaelone ad Universitatis Studiorum Navarrensis aedes ab A.D. MM (http://www.corpusthomisticum.org/index.html).

――――, *Première Question Disputée / La Vérité (De veritate)*, Texte latin de l'édition Léonine, Introduction, traduction et notes par Ch. Brouwer et M. Peeters, J. Vrin, 2002.

――――, *Le "De ente et essentia" de S. Thomas d'Aquin*, texte établi d'après les manuscrits parisiens, Introduction, Notes et Étude historiques par M.-D. Roland-Gosselin, Le Saulchoir, Kain, 1926.

――――, *L'être et l'essence*, tr. par C. Capelle, J. Vrin, 1980.

――――, *On Being and Essence*, trans. by A. Mauer, The Pontifical Institute of Medieval Studies, 1949 / 1968.

――――（稲垣良典訳註）『在るものと本質について』知泉書館，2012 年。
Aristoteles, *The Complete Works of Aristotle*, The Revised Oxford Translation, ed. J. Barnes, 2vols, 1984 / 1985.
――――, *Aristotelis Metaphysica*, recognovit breviqve adnotatione critica instravxit W. Jaeger, Oxford Classical Textes, 1957.
――――, *Aristotele's Metaphysics, Books Γ, Δ, E*, Translated with Notes by Ch. Kirwan, Clarendon Press - Oxford, 1971.
――――, *Aristotele's Metaphysics, Books M and N*, Translated with Notes by J. Annas, Clarendon Press - Oxford, 1976.
――――, *De l'âme*, traduction nouvelle et notes par J. Tricot, J. Vrin, 1965.
――――, *De Anima, Books II, III*, Translated with Introduction and Notes by D. W. Hamlyn, Oxford, 1958 / 1968
――――, *Aristotle's Categories and De Interpretatione*, Translated with Notes and Glossary by J. L. Ackrill, Clarendon Press - Oxford, 1963.
――――（山本光雄他訳）『アリストテレス全集 I 』岩波書店，1971 年。
――――（中畑正志訳）『魂について』京都大学学術出版会，2001 年。
――――（中畑正志他訳）『アリストテレス全集 1 』岩波書店，2013 年。
Augustinus, *Confessiones*, 1, XI, xiv, 17, *Œuvres de Saint Augustin*, t. 14, Desclée de Brouwer, 1962.
A. J. Ayer, *Language, Truth and Logic*, 2nd ed., New York, Dover, 1947.

B

K. E. M. Baier, *The Meaning of Life*, Inaugural Lecture, Canberra University College, Camberra, 1957.
J. -Ch. Bardout, *Malebranche et la métaphysique*, PUF, 1999.
J. Barnes, *The Ontological Argument*, Macmillan, 1972.
Y. Belaval, *Leibniz -- Initiation à sa philosophie*, J. Vrin, 1975.
G. Berkeley, *A Concerning the Principles of Human Knowledge*, *The Works of George Berkeley*, ed. A. A. Luce and T. E. Jessop, Nelson, 1949 / 1964.
H. Bergson, *Essai sur les données immédiates de la conscience,* 1889, Henri Bergson, *Œuvres*, PUF, 1959.
Jean-Marie Beyssade, Création des vérités éternelles et doute métaphysique, *Studia Cartesiana 2*, pp. 86-105, Quadratures, Amsterdam, 1981= Jean-Marie Beyssade, *Descartes au fil de l'ordre*, PUF, 2001, pp. 107-132.

C

V. Carraud, L'ontologie peut-elle être cartésienne ?, L'exemple de l'*Ontosophia* de Clauberg, de 1647 à 1664 : De l'*Ens* à la *Mens*, Theo Verbeek (ed.by), *Johannes Clauberg(1622-1665)*

and Cartesian Philosophy in the Seventeenth Century, Kluwer, 1999.

V. Carraud, *Causa sive ratio. La raison de la cause, de Suarez à Leibniz*, PUF, 2002.

N. Chomsky, *Cartesian Lingustics : A Chapter in the History of Rrationalist Thought*, Univdresity Press of America, 1966.

J. Clauberg, *Opera Omnia Philosophica*, 2 toms, Olms, 1968.

———, *Elementa Philosophiæ sive Ontosophia,* Groningen, 1647.

Raul Corazzon, *Theory and History of Ontology*, http://www.formalontology.it/history-continental-authors.htm

J.- F. Courtine, *Suarez et le système de la métaphysique*, PUF, 1990.

L. Couturat, *Opuscules et fragments inédits de Leibniz*, Olms 1966.

I. M. Crombie, Arising From the University Discussion, *New Essays in Philosophical Theology*, ed. by A. N. Flew and A. MacIntyre, London, 1955.

T. J. Cronin, *Objective Being in Descartes and in Suarez*, Gregorian University Press, 1966.

D

M. Dascal, *La sémiologie de Leibniz*, Aubier Montagne, 1978.

B. Davies & B. Leftow (eds.), *The Cambridge Companion to Anselm*, Cambridge, 2004.

W. Doney (ed.), *Descartes, A Collection of Critical Essays*, Macmillan, 1967.

S. Dupleix, *La métaphysique ou science surnaturelle*, Paris 1610 / Rouen 1640 / Fayard 1992, texte revu par Roger Ariew.

———, *La logique ou art de discourir et raisonner*, 1607 / 1984, Fayard.

E

Eustachius a Sancto Paulo / Eustache de Saint-Paul, *Summa Philosophiæ quadripartita, de rebus Dialecticis, Moralibus, Physicis et Metaphsicis,* Paris 1609.

F

J. N. Findlay, Can God's Existence Be Disproved?, *The Ontological Argument*, Macmillan, ed. by Plantinga, 1968, pp. 111-122.

G

P. Gassendi, *Disquisitio Metaphysica* (1644- seu Instantia), Texte établi, traduit et annoté par Bernard Rochot, Vrin, 1962.

P. Geach, Form and Existence, *Proceedings of the Aristotelien Society,* 1954-55, pp. 250-276, *Aquinas : A Collection of Critical Essays*, ed by Anthony Kenny, Macmillan, 1969, pp. 29-53.

É. Gilson, *L'être et l'essence*, J. Vrin,1948 / 1972.

R. Goclenius, *Lexicon philosophicum*, Francfort, 1613 / Marburg 1615 / Olms 1980.

———, *Conciliator Philosophicus,* 1609 / Olms 1977.

H

花井一典「神の存在論的証明への一考察」『東北哲学会年報』No. 7, 1991 年, 1-15 頁。

Ch. Hartshorne, *The Logic of Perfection*, LaSalle, III, Open court Publishing Co., 1962, pp. 84-85.

———, *Anselm's Discovery*, La Salle: Open Court, 1965.

G. W. F. Hegel, *Werke* in zwanzig Bänden, 20 toms, Suhrkamp, 1971.

D. Henrich, *Der ontologische Gottesbeweis*, J. C. B.Mohr (Paul Siebeck) 1960.

———（本間その他訳）『神の存在論的証明』法政大学出版局, 1986 年。

D. P. Henry, *The "De Grammatico" of St. Anselm – The Theory of Paronymy*, Notre Dame, 1964.

———, *Medieval Logic & Metaphysics*, Hutchinson University Library, London, 1972.

———, *Commentary on "De Grammatico" – The Historical-Logical Dimensions of a Dialogue of St. Anselm's*, D. Reidel Publishing Company, 1974.

檜垣良成『カント理論哲学形成の研究』溪水社, 1998 年。

福谷茂「形而上学としてのカント哲学」『哲学』五五号, 1994 年, 56-73 頁。

D. Hume, *A Treatise of Human Nature*, ed by L. A. Selby-Bigge, Oxford 1888-1973.

———, *A Treatise of Human Nature*, ed. D. F. Norton and M. J. Norton, Oxford, 2000.

———, *Dialogues Concerning Natural Religion,* Part IX, 2 ed. London, 1779.

———, *Enquiries concerning Human Understanding and concerning the Principles of Mind*, ed. L. A. Selby-Bigge, revised by P. H. Nidditch, Oxford 1975.

———, *Philosophical Works of David Hume* (Reprint of the 1854 edition), Thoemmes Press 1996.

———, *Unpublished Essays, Of the Immortality of the Soul*, *The Philosophical Works*, ed. by T. H. Green and T. H. Grose, Vol. 4, Scientia 1964.

———（福鎌・斎藤訳）『自然宗教に関する対話』法政大学出版局, 1975 年。

I

一ノ瀬正樹「ヒューム因果論の源泉――他者への絶え間なき反転」（ディビット・ヒューム（斎藤・一ノ瀬訳）『人間知性研究』法政大学出版局, 2004 年）。

飯田隆「存在論の方法としての言語分析」（『岩波講座・現代思想 7：分析哲学とプラグマティズム』岩波書店, 1994 年, 67-74 頁。

今井悠介「存在論とデカルト哲学の抗争　クラウベルク『オントソフィア』における端緒と体系の問題」哲学会編『根拠・言語・存在』哲学雑誌第一三一巻第八〇九号, 159-174 頁。

P. v. Inwagen, Ontological Argument, Ed. by Ch. Taliaferna, P. Draper and Ph. L. Quinn, *A Companion to Philosophy of Religion*, Wiley-Blackwell, 2020, pp. 359-367.

石黒ひで『増補改訂版　ライプニッツの哲学――論理と言語を中心に』岩波書店，2003年。

K

Ch. H. Kahn, Retrospect on the verb 'to be' and the concept of being, 5S. Knuuttila & J. Hintikka (eds), *The Logic of Being : Historical Studies*, Kluwer, 1986, pp. 1-28.

――――, *Essays on Being*, Oxford, 2009.

D. Kambouchner, *L'homme des passions*, Albin Michel, 2 toms, 1995.

――――, *Émotions et raison chez Descartes : l'erreur de Damasio*, 2013.

――――, *Descartes n'a pas dit*, Les Belles Lettres, 2015.

I. Kant, *Der einzig mögliche Beweisgrund zu einer Demonstration des Daseins Gottes*, Philosophische Bibliothek (Felix Meiner), 1963 /1974.

――――, *Kritik der reinen Vernunft*, Philosophische Bibliothek (Felix Meiner), 1956.

――――, *Kant Werke*, Akademie-Textausgabe, Walter de Gruyter & Co., 1968.

――――, *Opus postumum*, Passage des principes métaphysiques de la science de la nature à la physique, Traduction, présentation et notes par François Marty, PUF, 1986.

――――（熊野純彦訳）『純粋理性批判』作品社，2012 年。

川添信介「創造の理法――トマス・アクィナスとデカルト」『岩波新・哲学講座２　神と実在へのまなざし』岩波書店，1998 年，111-112 頁。

A. Kenny (ed), *Aquinas: A Collection of Critical Essays*, Macmillan, 1969.

W. Kneale, Symposium: Is Existence a Predicate?, *Proceedings of the Aristotelian Soiety, Supplementary Volumes*, Vol. 15, What can Philosophy Determine? (1936).

黒田亘『知識と行為』東京大学出版会，1983 年。

久保元彦『カント研究』創文社，1987 年。

L

G. Leff, *William of Ockham -- The Metamorphosis of Scholastic Discourse*, Manchester University Press, 1975.

G. W. Leibniz, *Die philosophischen Schriften von Gottfried Wilhelm Leibniz*, éd. C. J. Gerhardtt, Berlin 1875 / Olms 1961.

――――, *Opuscules et fragments inédits*, Extraits des manuscrits de la Bibliothèque royale de Hanovre par Louis Couturat, Olms, 1903 / 1966.

――――, *Principes de la nature et de la grâce fondés en raison / Principes de la philosophie ou Monadologie*, publiés par A. Robinet, PUF, 1954 / 1986.

――――, *Textes inédits d'après les manuscrits de la Bibliothèque provinciale de Hanovre*, publiés et annotés par Gaston Grua, PUF, 1948 / 1998.

――――, *Logical Papers, A Selection*, Translated and edited with an introduction by G. H. R. Parkinson, Oxford, 1966.

———, *Sämtliche Schriften und Briefe*, Deutschen Akademie de Wissenschaften, Darmstadt, 1990-.

———, *Principes de la nature et de la grâce fondés en raison / Principes de la philosophie ou Monadologie*, publiés par Andr Robinet, PUF, 1954/1986.

———, *Leibniz Lexicon : A Dual Concordance to Leibniz's Philosophische Schriften*, Compiled by R. Finster, G. Hunter, R. F. McRae, M. Miles and W. E. Seager, Olms-Weidmann, 1988.

———, *Confessio philosophi*, Texte, traduction et notes par Yvon Belabal, J. Vrin, 1993.

———, *Discours de métaphysique*, éd. G. Le Roi, Vrin, 1966.

———, *Discours de métaphysique*, éd. M. Fichant, Gallimard, 2004.

下村・山本・中村・原監修『ライプニッツ著作集』全 10 巻，工作舎，1988-99 年。

J. Locke, *An Essay concerning Human Understanding*, Edited with an Introduction by P. H. Nidditch, Clarendon Press - Oxford, 1975.

A. O. Lovejoy, *The Great Chain of Being*, Harvard University Press, 1936 / 1964.

M

N. Malcolm, Anselm's Ontological Arguments, *The Philosophical Review*, 69, 1960, repr. *Readings in the Philosophy of Religion*, ed. by B. A. Brody, 1974, pp. 37-52.

———, N. Malcolm's statement of Anselm's ontological arguments, *The Ontological Argument from St. Anselm to Contemporary Philosophers*, Edited by Alvin Plantinga, Macmillan, 1968, pp. 136-180.

N. Malebranche, *Œuvres complètes*, 20 toms, C. N. R. S.-J. Vrin, 1961-1977.

———, *Œuvres*, t. 1, Pléiade, 1979.

———, *De la recherche de la vérité, L. I - III et L. IV - VI*, Présentation, édition et notes par J.-Ch. Bardout, J. Vrin, 2006.

J. Marenbon, Some Semantic Problems in Anselm's *De grammatico*, in *Latin Culture in the Eleventh Century*, ed., M. W. Herren, C. J. McDonough and R. G. Arthur (Turnhout, Brepls, 2002, II, pp. 73-86.

J.-L. Marion, *Sur le prisme métaphysique de Descartes*, PUF, 1986.

———, *Quaestions cartésiennes II*, PUF, 1996.

G. E. Moore, Is Existence a Predicate?, in ed. by A. Plantinga, *The Ontological Argument*, Macmillan, pp. 73-74.

———, Symposium: Is Existence a Predicate? w , in *Proceedings of the Aristotelian Soiety, Supplementary Volumes*, Vol. 15, What can Philosophy Determine? (1936).

村上勝三『デカルト形而上学の成立』勁草書房，1990 年／（改訂第二版）講談社，2012 年。

———『観念と存在——デカルト研究 1』知泉書館，2004 年。

———『数学あるいは存在の重み——デカルト研究 2』知泉書館，2005 年。

――――『新デカルト的省察』知泉書館，2006 年。

――――「持続可能性と哲学の課題」，『エコ・フィロソフィ』研究第二号，2008 年 3 月，143-156 頁。

――――『感覚する人とその物理学――デカルト研究 3』知泉書館，2009 年。

――――『知の存在と創造性』知泉書館，2014 年。

村上勝三・東洋大学国際哲学研究センター編『越境する哲学　体系と方法を求めて』春風社，2015 年。

N

中畑正志「オントロジーの成立――西欧における〈ある〉と〈存在〉をめぐる思考の系譜」(23/11/2014「インド哲学における〈存在〉をめぐる議論の諸相」公開シンポジウム講演，於東京大学，発表原稿。

――――「移植、接ぎ木、異種交配――「実体」の迷路へ」(村上勝三・東洋大学国際哲学研究センター編『越境する哲学　体系と方法を求めて』春風社，2015 年「第三部第一一章」，222-266 頁。
F. W. Nietzsche, *Die föhliche Wissenschaft*, 1882, Kap. VI, B. III, 125, *Projekt Gutenberg – DE* (http://gutenberg.spiegel.de/buch/die-frohliche-wissenschaft-3245/6).

O

G. Ockham, *Opera Philosophica et Theologica*, eds., Gredeon Gál et al., St. Bonaventure, N. Y. 1967-1988.
Summa Logicae, eds. P. Boehnere, G. Gál et S brown, *Opera Philosophica*, t. I, St. Bonaventure University, 1974. (cf. http://www.logicmuseum.com/wiki/Authors/Ockham/Summa_Logicae/Book_I)
大西克智『意志と自由――一つの系譜学』知泉書館，2014 年。
J. Owens, *An Interpretation of Existence*, Center for Thomistic Studies, 1985.

P

A. Plantinga, Alston on the Ontological Argument, 1967, *Descartes, A Collection of Critical Essays*, ed. by Willis Doney, Macmillan, 1967, pp. 303-311.
――――, *The Nautre of Necessity*, Oxford University Press 1974.

Q

W. V. O. Quine, *Word & Object,* The M.I.T. Press, 1960.
――――, *From a logial point of view*, Harvard University Press, 1953.

R

P. Ricoeur, *Métaphore vive*, Éditions du seuil, 1975.

J.- J. Roussau, *Du contrat social*, Garnier, 1962.

B. Russell, On Denoting, in *Mind*, New Series, Vol. 14, No. 56 (Oct., 1905), pp. 479 -493.

———, The Philosophy of Logical Atomism, *The Monist*, XXIX(1919) / Routeledge Classics, 2010.

———, *A critical Exposition of the Philosophy of Leibniz*, George Allen & Unwin, 1900 / 1975.

G. Ryle, *The Nature of Metaphysics*, ed. by D. F. Pears, New York, 1957.

S

M. Savini, *Johannes Clauberg* Methodus Cartesiana *et ontologie*, Vrin, 2011.

A. Schopenhauer, *Über die vierfache Wurzel des Satzes vom zureichenden Grunde*, 1831, Herausgegeben von M. Landmann und E. Tielsch, Felix Meinere, 1957.

J. Duns Scotus, *Opera Omnia*, praeside P. C. Balic., St. Bonaventure.

E. Scribano, *L'existence de Dieu – Histoire de la preuve ontologique de Descartes à Kant*, Éditions du Seuil, 2002.

渋谷克美『オッカム『大論理学』の研究』創文社，1997年。

———『オッカム哲学の基底』知泉書館，2006年。

清水哲郎「アンセルムスの存在論的証明と普遍問題」『途上』一五号，1985年，47-69頁。

———『オッカムの言語哲学』勁草書房，1990年。

———「人声天語——初期中世における言語理解とアンセルムス」（哲学会編『ギリシャ・中世哲学研究の現在』有斐閣，1998年，94-112頁。

J. J. C. Smart, Metaphysics, Logic and Theology : The Existence of God, *New Essays in Philosophical Theology*, eds. by A. N. Flew and A. MacIntyre (London, 1955), pp. 28-46.

J. H. Sobel, *Logic and Theism, Argument For and Against Belief in God*, Cambridge University Press, 2009.

B. Spinoza, *Spinoza Opera*, herausgegeben von C. Gebhardt, 1925.

———, *Œuvres complètes*, Texte tradit, présenté et annoté par R. Caillois, M. Francès et R. Misrahi, Gallimard, 1954.

———, *Traité de l'amendement de l'intellect*, Traduit par B. Pautrat, Édition Allia 1999.

———, *Tractatus theologico-politicus*, *Spinoza, Œuvres* III, texte établi par F. Akkerman, traduction et notes par Jacqueline Lagrée et Pierre-François Moreau, PUF, 1999.

———, *Éthique*, Traduit par B. Pautrat, Éditions du Seuil, 1999.

———, *Traité de la réforme de l'entendement*, Introductionm, texte, traduction et commentaire par B. Rousset, J. Vrin, 1992.

F. Suárez, *Disputationes metaphysicæ*, Salamanca 1597 / Paris 1866 / Olms 1965

P. F. Strawson, Introduction to Logical Theory, Methuen, 1952.

T

田口啓子『スアレス形而上学の研究』南窓社，1977 年。

丹治信春「翻訳と理解」(『現代哲学の冒険⑤　翻訳』岩波書店，1990 年，209-259 頁。

所雄章『デカルト『省察』訳解』岩波書店，2004 年。

M. Tooley, Plantinga's Defence or the Ontological Argument, *Mind* (1981), Vol. XC, pp. 422–427.

V

Theo Verbeek, *Descartes and the Dutch, Early Reactions to Cartesian Philosophy, 1637 – 1650*, Southern Illinois University Press, 1992.

——— (ed.by), *Johannes Clauberg (1622 – 1665) and Cartesian Philosophy in the Seventeenth Century*, Kluwer, 1999.

W

L. Wittegenstein, *Tractatus Logico-Philosophicus*, The German text of Ludwig Wittgenstein's *Logisch-philosophische Abhandlung*, with a new edition of the Translation by D. F. Pears & B. F. McGuinness and with the Introduction by B. Russell, F. R. S., Routledge & Kegan Paul, 1921 / 1961.

——— (translated by G. E. M. Anscombe), *Philosophical Investigations / Philosophische Untersuchungen*, Blackwell, 1968.

M. Wundt, *Die deutsche Schulphilosophie im Zeitalter der Aufklärung*, Olms 1964.

Ch. Wolf, *Philosophia Prima sive Ontologia*, *Gesammelte Werke*, H. Abt. Lateinische Schriften t. 3, Herausgegeben von Jean Ecole, Olms, 1962.

Y

山田晶『トマス・アクィナスの《エッセ》研究』創文社，1978 年。

山本信『ライプニッツ哲学研究』東京大学出版会，1953 年・1975 年。